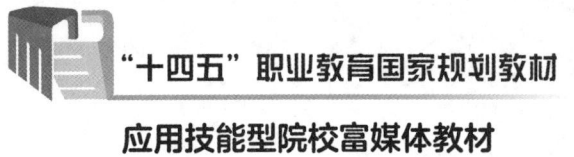

"十四五"职业教育国家规划教材

应用技能型院校富媒体教材

会计综合化项目实训

(用友畅捷通 T3)

(第三版)

孙静　张勇／主编

图书在版编目(CIP)数据

会计综合化项目实训：用友畅捷通 T3 / 孙静，张勇主编. —3 版. —上海：立信会计出版社，2024.1
ISBN 978-7-5429-7542-3

Ⅰ. ①会… Ⅱ. ①孙… ②张… Ⅲ. ①会计电算化—教材 Ⅳ. ①F232

中国国家版本馆 CIP 数据核字(2024)第 011531 号

策划编辑　　王斯龙
责任编辑　　王斯龙
美术编辑　　吴博闻

会计综合化项目实训(用友畅捷通 T3)(第三版)

KUAIJI ZONGHEHUA XIANGMU SHIXUN

出版发行	立信会计出版社
地　　址	上海市中山西路 2230 号　　邮政编码　200235
电　　话	(021)64411389　　传　真　(021)64411325
网　　址	www.lixinaph.com　　电子邮箱　lixinaph2019@126.com
网上书店	http://lixin.jd.com　　http://lxkjcbs.tmall.com
经　　销	各地新华书店
印　　刷	常熟市人民印刷有限公司
开　　本	787 毫米×1092 毫米　　1/16
印　　张	14.5
字　　数	345 千字
版　　次	2024 年 1 月第 3 版
印　　次	2024 年 1 月第 1 次
书　　号	ISBN 978-7-5429-7542-3/F
定　　价	43.00 元

如有印订差错，请与本社联系调换

第三版前言

党的二十大报告强调"统筹职业教育、高等教育、继续教育协同创新,推进职普融通、产教融合、科教融汇,优化职业教育类型定位"。在此背景下,产教融合、校企协同创新是职业院校的必然发展趋势。这就要求在教学中要着眼于学生职业生涯发展的需求,要注重培养学生的职业素养,必须致力于用校企合作、课程改革来促进教学,用工作任务、工作过程来凸显职业院校类型教育的特点。

会计综合化项目实训(用友畅捷通T3)是一门将岗位工作任务与软件操作相结合的综合化实训类课程,培养学生的会计信息处理能力,要求学生要有初级会计电算化的知识储备。

为服务于中小微企业的发展实际,本教材采用用友畅捷通T3财务软件,将企业一个完整月份的经济业务分解成工作任务。其业务背景设计与会计电算化技能比赛的出题思路相吻合,将技能大赛和教学实践进行了有机结合;重点讲解电算化实务操作的初始设置、总账模块、工资模块、固定资产模块、购销存、核算模块、报表模块;在附录中又给出一个完整月份的经济业务,适合作为教学测试。

本教材编写的原则:紧盯就业岗位群要求,强化职业核心能力培养,构建理论与实践一体化的教学模式;贯彻任务驱动的思路,工学结合,使课程实践教学与实际岗位需要实现"无缝"对接;突出应用性、针对性和实践性,力求反映教学改革的方向。

本教材由孙静、张勇任主编,叶桐、李赞、崇铮、王坤参与编写,主要适用于培养应用技能型会计人才的各类院校,同时也可以作为企业培训、技能大赛的使用教材。由于编者水平有限,教材中可能存在欠妥之处,恳请广大读者和专家批评指正。

联系邮箱:wangsilongjy@qq.com。

编者

工作领域一

| 企业基本信息会计电算化处理 | 1 |

一、项目案例企业背景 ………………………………………………………… 1
二、会计电算化信息维护岗位任务 …………………………………………… 3
三、会计电算化主管岗位任务 ………………………………………………… 9
四、思政小课堂 ………………………………………………………………… 70

工作领域二

| 企业日常典型业务处理 | 71 |

一、会计电算化软件操作岗位任务 …………………………………………… 71
二、思政小课堂 ………………………………………………………………… 207

工作领域三

| 企业期末财务系统处理 | 209 |

一、会计电算化软件审核记账岗位任务 ……………………………………… 209
二、思政小课堂 ………………………………………………………………… 214

工作领域四

| 企业报表编辑题 | 215 |

一、会计电算化软件主管岗位任务 …………………………………………… 215
二、思政小课堂 ………………………………………………………………… 224

附录 ……………………………………………………………………………… **225**

工作领域一　企业基本信息会计电算化处理

企业基本信息是会计电算化的重要组成部分,其主要内容包括新建账套、用户授权设置、部门设置、员工设置、往来单位设置、计量单位设置、存货设置、物料清单设置、仓库设置和项目设置等。本教材以新设的徐州欣阳有限公司为例,依托用友畅捷通 T3 财务软件,对其基本信息的会计电算化处理进行讲解。

一、项目案例企业背景

(1) 名称:徐州欣阳有限公司。
(2) 性质:有限责任公司。
(3) 地址:江苏省徐州市泉山区欣欣路 1 号。
(4) 税务登记证号:913203116273008313。
(5) 开户银行:建行基本户(9819965277)。
(6) 企业法人代表(董事长):王健。
(7) 总经理:马聪。
(8) 财务负责人:李云;会计:江蕙;出纳:张彦宏。
(9) 企业下设办公室、财务部、采购部、销售部、生产车间、工程管理部。

主要会计政策及相关操作说明:

(1) 徐州欣阳有限公司(以下简称公司)为有限责任公司,是增值税一般纳税人,不属于可以享受固定资产加速折旧企业所得税政策的行业。公司对外报送财务报告相关负责人如下:单位负责人为雨果;主管会计工作负责人为李杰;会计机构负责人为朱胜利。企业下设办公室、财务部、采购部、生产车间、销售部、工程管理部,执行《企业会计准则》。

(2) 公司的会计期间分为年度和中期,会计年度为自公历 1 月 1 日起至 12 月 31 日止,中期包括月度、季度和半年度。

(3) 公司以人民币为记账本位币。

(4) 公司采用科目汇总表账务处理程序进行账务处理。

(5) 存货按实际成本法核算,原材料及包装物发出计价采用月末一次加权平均法,材料的共同运费按数量分配,分配率保留 2 位小数,尾差计入最后一个对象。库存商品发出计价采用月末一次加权平均法,工程物资发出计价采用月末一次加权平均法。发出存货单位成本保留 2 位小数,如有尾差计入结存存货成本。周转材料价值摊销采用一次摊销法。原材料及周转材料发生盘盈时,按最近一次不含税买价作为入账价值;库存商品发生盘盈时,按当月完工入库的该库存商品的单位成本作为入账价值。

产品成本计算采用品种法,设置直接材料、直接人工、制造费用三个成本项目。其中:①原材料在生产开始时一次性投入;共同耗用的材料按产品产量分配,分配率保留2位小数,尾差计入最后一个对象;②工资及五险一金采用直接计入进行分配,分配率保留4位小数,尾差计入最后一个对象。

(6) 五险一金企业承担部分为:养老保险20%,医疗保险9%,失业保险0.5%,工伤保险0.5%,生育保险1%,住房公积金10%。

(7) 五险一金个人承担部分为:养老保险8%,医疗保险2%,重大疾病保险8元,失业保险0.5%,住房公积金10%。社保最低基数为2 330元,最高基数为10 500元,住房公积金最低基数为2 330元,最高基数为10 500元。

(8) 制造费用按生产工时比例在各种产品之间分配,分配率保留6位小数,尾差计入最后一个对象。

(9) 生产费用在完工产品与在产品之间的分配采用约当产量法,分配率保留2位小数,尾差计入月末在产品成本。

(10) 固定资产不包括研发用固定资产。固定资产折旧采用年限平均法,净残值率为4%,折旧年限分别为:房屋及建筑物20年,机器设备10年,运输设备4年,电子设备3年,折旧率保留4位小数。

(11) 应收款项(包括其他应收款)的坏账准备采用余额百分比法计提,计提比例为5%(只对应收款项计提坏账)。

(12) 期间费用(电费等)分摊方法是按实际用量,水电费分配率保留2位小数。

(13) 企业适用的增值税税率为13%;企业的增值税专用发票符合抵扣规定的均已抵扣并取得认证清单,城市维护建设税税率为7%。

(14) 企业所得税税率为25%,月度按照实际利润额计算预缴企业所得税。不存在不征税收入、免税收入、减免所得税额,且截至2020年8月31日无欠缴及多缴所得税情况。

(15) 涉及金融资产、股权投资的公允价值变动损益、资本公积、其他综合收益的结转均与相关业务合并做一张记账凭证。

(16) 企业发生的福利费能分清部门的则根据部门记入相应的科目,如果不能分清的则全部记入"管理费用"科目。

(17) 计提工会经费、职工教育经费,根据不同部门分别记入相应的会计科目。

(18) 无形资产的摊销采用直线法,土地使用权的摊销期限为50年,其他无形资产摊销期限为10年。

(19) 企业如果涉及转让专利业务,转让专利不符合免税政策。

(20) 交易性金融资产、可供出售金融资产以公允价值计量,按月确认公允价值变动。

(21) 投资性房地产按成本模式计量。

(22) 发生的涉及销货与购货退回和销售折让的业务应做红字分录。其中,涉及销售退回的业务同时结转成本时,对所有冲销业务均编写红字记账凭证。

根据上述资料,公司需要新建账套。

二、会计电算化信息维护岗位任务

(一) 岗位任职要求

该岗位应由信息技术中心指派专人兼任,负责计算机硬件、软件系统管理及维护;负责开、关服务器,维护财务网络的安全、正常运行;管理服务器数据库及数据备份工作;协助电算主管规划和推进公司会计电算化工作;负责对 VPN 证书及密钥的管理、授权工作;会同电算主管负责电算化系统的升级工作等。

(二) 岗位目标能力

(1) 知识目标:利用用友畅捷通 T3 财务软件,掌握企业账套管理、基础档案设置。

(2) 能力目标:根据企业基础信息,完成财务软件的信息建立和维护工作。

(3) 素质目标:了解企业基础信息数据的构成、建立、使用和维护。

(4) 思政目标:提升信息维护处理刻苦钻研、责任担当的职业精神。

(三) 典型工作任务

【工作任务】设置系统管理

1. 任务实施目标

(1) 选择对应服务器。

(2) 创建账套。

(3) 设置分类编码方案。

(4) 启用系统对应模块。

2. 任务实施过程

(1) 打开系统管理界面,执行"系统"—"注册"命令(见图 1-1)。

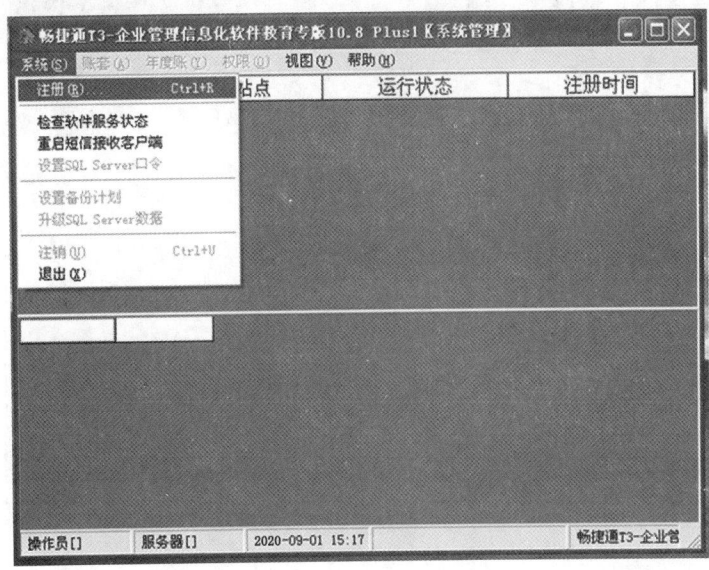

图 1-1　系统管理注册

(2)"服务器"右边有【…】按钮,点击后选择服务器机器名,再点击【选择】按钮(见图1-2)。

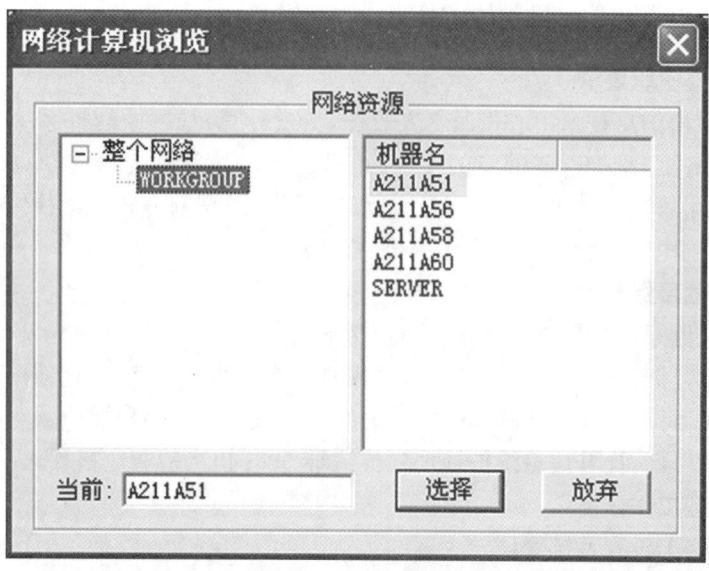

图1-2 选择服务器机器名

(3)打开"注册【控制台】"窗口,在"用户名"处输入"admin";密码为空,点击【确定】按钮,进入系统管理界面(见图1-3和图1-4)。

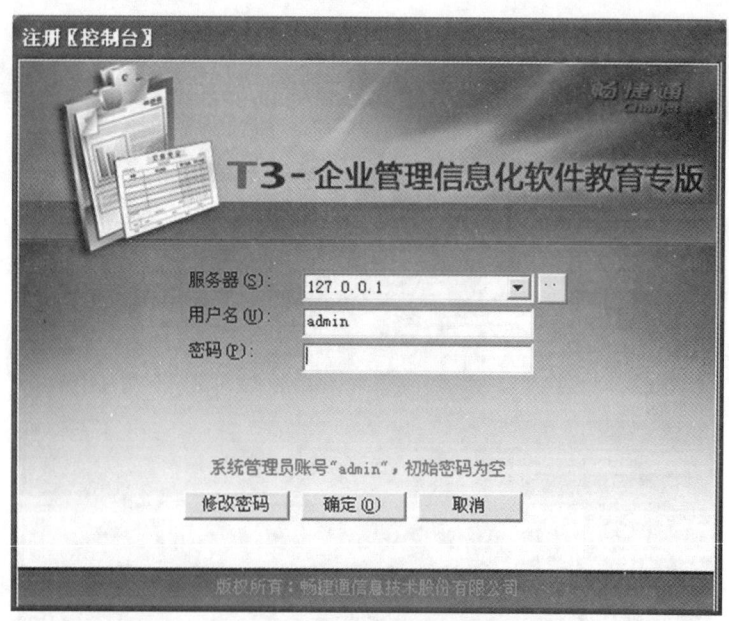

图1-3 系统管理员登录界面

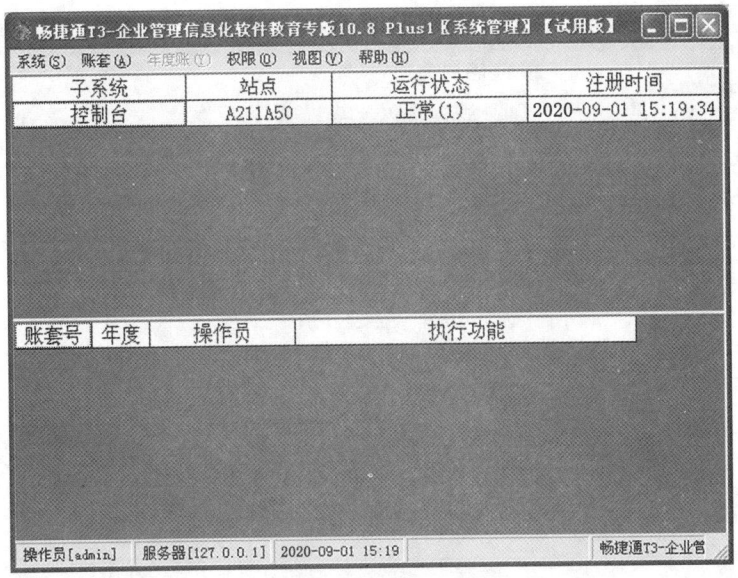

图1-4 系统管理界面

（4）在系统管理界面，执行"账套"—"建立"命令，按照题目的要求，录入相关账套信息（见图1-5）。

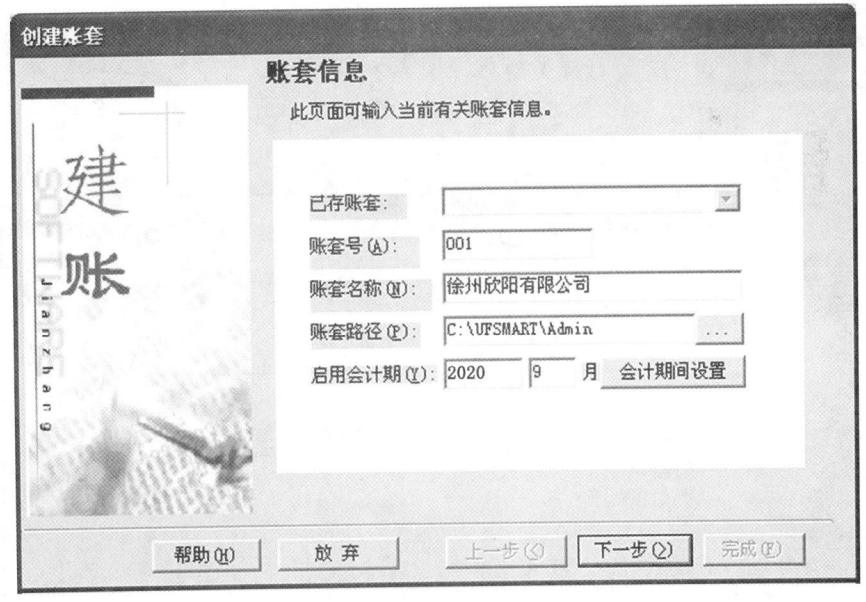

图1-5 账套信息录入

注意 由于账套号具有唯一性，所以如果原来的欣阳账套没有删除，重新恢复账套时会顺序出现002或003的账套号，这不影响题目本身。

① 点击【下一步】按钮，进入"单位信息"录入界面，并录入相关信息（见图1-6）。

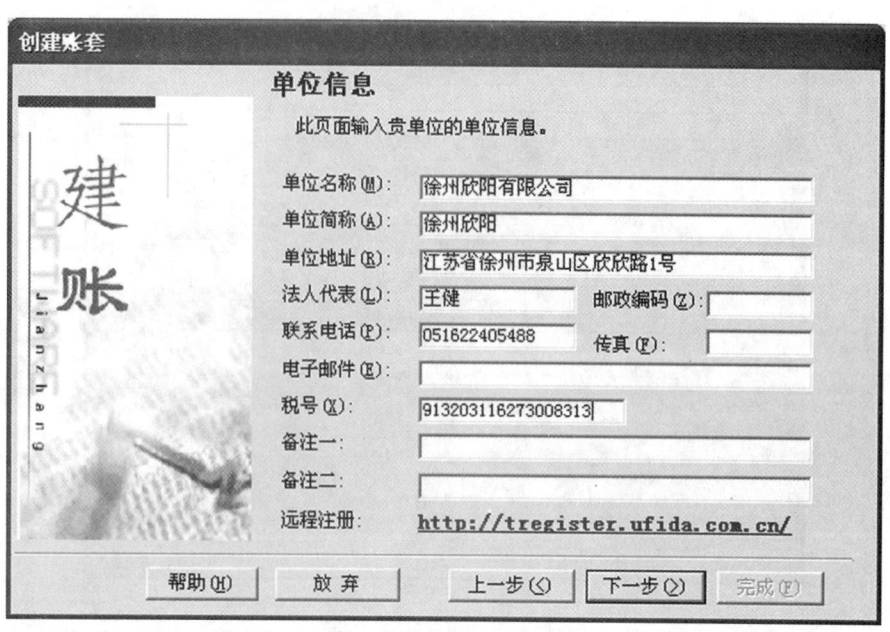

图 1-6　单位信息录入

② 点击【下一步】按钮，进入"核算类型"录入界面，并录入相关信息（见图 1-7）。

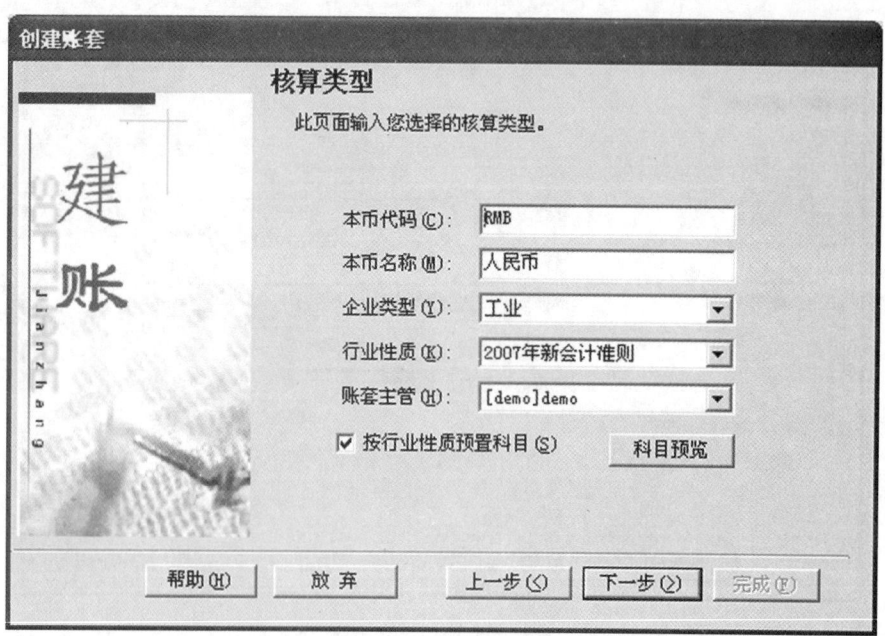

图 1-7　核算类型录入

③ 点击【下一步】按钮，进入"基本信息"分类界面（见图 1-8），根据资料选择分类完成后，点击【完成】按钮。

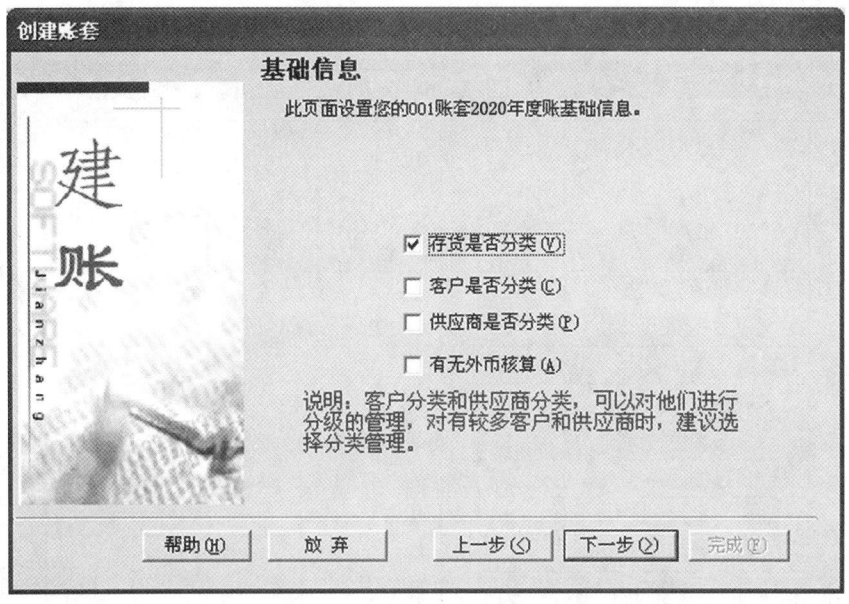

图 1-8 基础信息分类选择

(5) 进入"业务流程"界面,直接点击【完成】按钮(见图 1-9),在弹出窗口点击【是】按钮。

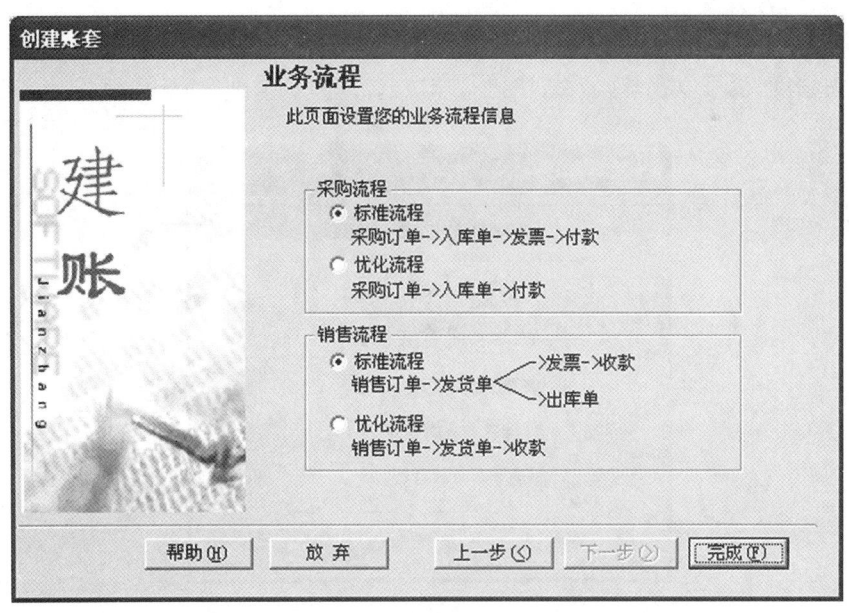

图 1-9 业务流程设置

(6) 进入"分类编码方案"界面,此时可按照以下要求修改分类编码方案:①科目编码级次"4-2-2-2";②存货分类编码级次"1-2-2-2-3"。然后点击【确认】按钮(见图 1-10)保存修改。分类编码方案还可以在基础设置中进行修改。

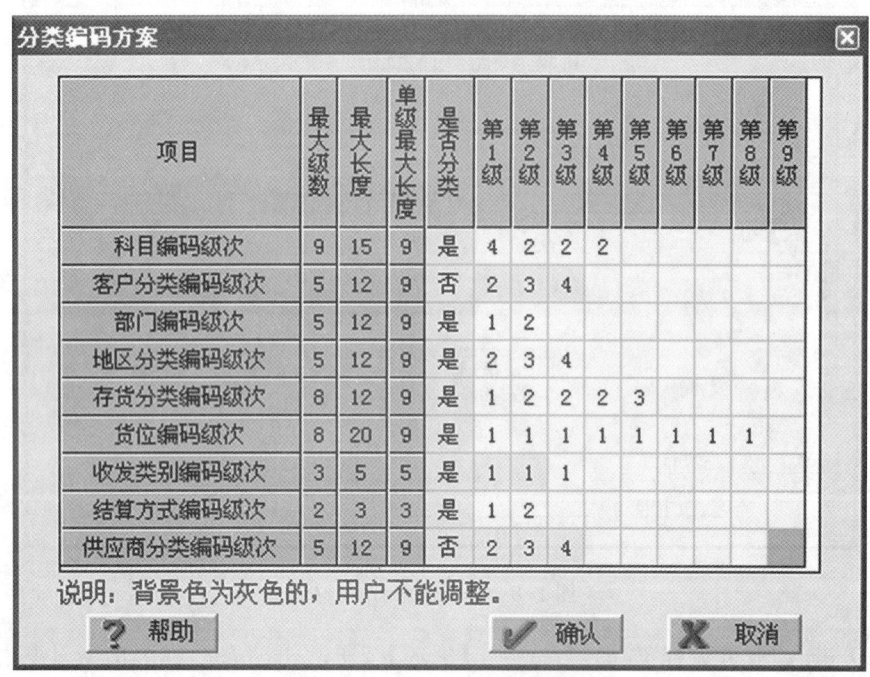

图 1-10　分类编码方案修改

(7) 进入"数据精度定义"界面后,点击【确认】按钮(见图 1-11)(在该界面中可以修改数据精度,也可以在基础设置中进行修改)。

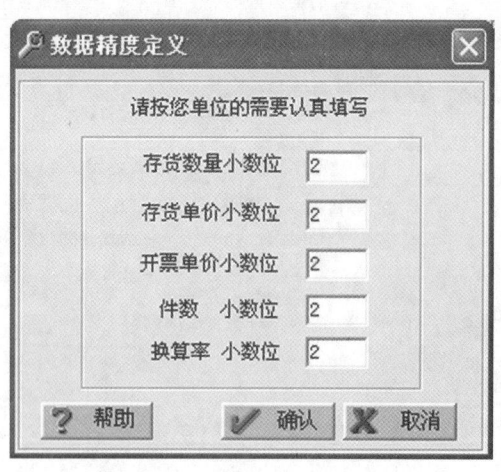

图 1-11　数据精度定义

(8) 进入"系统启用"界面,根据题目要求,将"固定资产""总账""核算""工资管理""购销存管理"系统启用,启用日期为 2020 年 9 月 1 日(见图 1-12)。

图 1-12　系统启用

3. 任务实施评价

请扫描以下二维码,认真观看本任务规范操作视频,检查任务实施过程,并完成自我评价。

自我评价:

三、会计电算化主管岗位任务

(一)岗位任职要求

该岗位由财务管理总部设立,负责公司会计电算化的规划和管理,协调公司财务用计算机的使用及财务软件的运行;对电算化操作人员的权限进行分配及管理;协调、监督财务人员的电算化工作,完善公司的电算化制度。

(二)岗位目标能力

(1)知识目标:利用用友畅捷通 T3 财务软件,熟练掌握企业账套管理、基础财务信息设置、初始设置、工资初始设置、固定资产初始设置、购销存初始设置、期初记账等操作流程。

(2)能力目标:根据企业基础财务信息,完成财务软件各个模块初始设置工作。

(3)素质目标:了解企业基础财务信息数据的构成、编辑和使用。

(4)思政目标:提升自己作为未来财务人员的爱岗敬业、称职谨慎精神。

(三)典型工作任务

【工作任务1】增加操作员及其权限

1. 任务实施目标

根据公司财务资料,进行增加用户设置及用户授权设置。

2. 任务实施过程

公司下设办公室、财务部、采购部、销售部、生产车间和工程管理部六个部门。其中财务部用户权限如表1-1所示。

表1-1 财务部用户权限

编号	姓名	口令	部门	权 限
53101	李 云	53101	财务部	账套主管:拥有软件操作和管理的所有权限
53102	江 蕙	53102	财务部	会计:拥有公用目录设置、往来、应收管理、应付管理、总账系统、项目管理、工资管理、固定资产、购销存及核算的所有操作权限
53103	张彦宏	53103	财务部	出纳:拥有出纳签字和现金管理的全部权限

(1)在系统管理界面中,执行"权限"—"操作员管理"命令,点击【增加】按钮,增加完成后再点击【增加】按钮,即可继续增加下一个操作员。请根据资料完成增加操作员(见图1-13、图1-14和图1-15)。

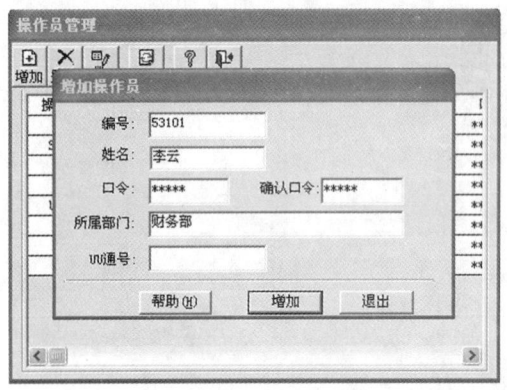

图1-13 增加操作员界面1

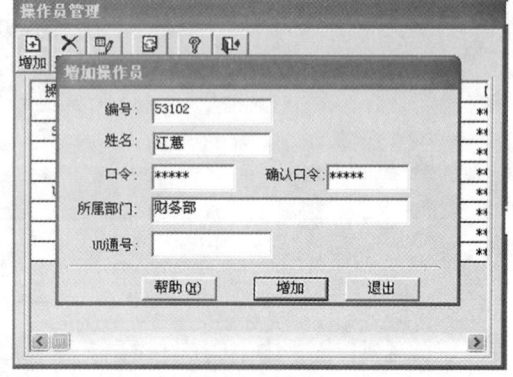

图1-14 增加操作员界面2

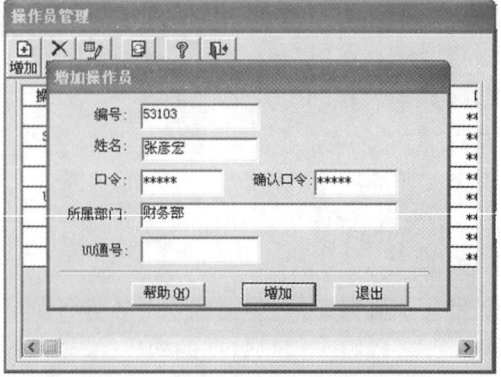

图1-15 增加操作员界面3

（2）在系统管理界面中，执行"权限"—"操作员权限"命令，在左端选择操作员，再在右上角选择所属账套和年份，在【账套主管】前的复选框里打勾，在弹出的对话框中点击【是】按钮，即成功增加李云的账套主管权限，如图1-16所示。

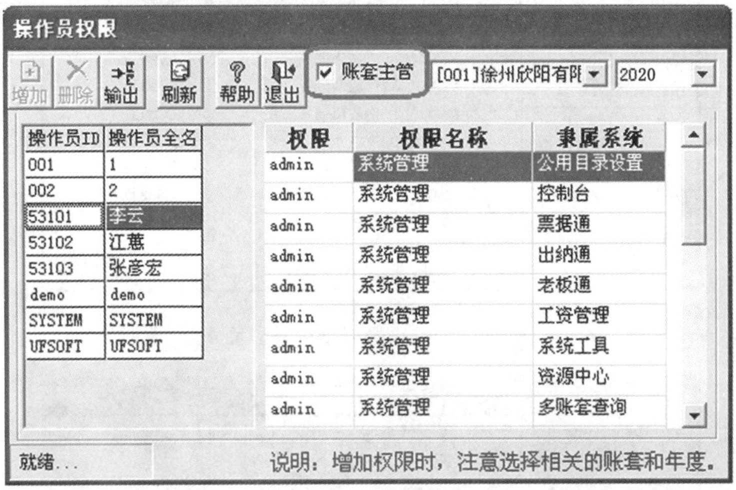

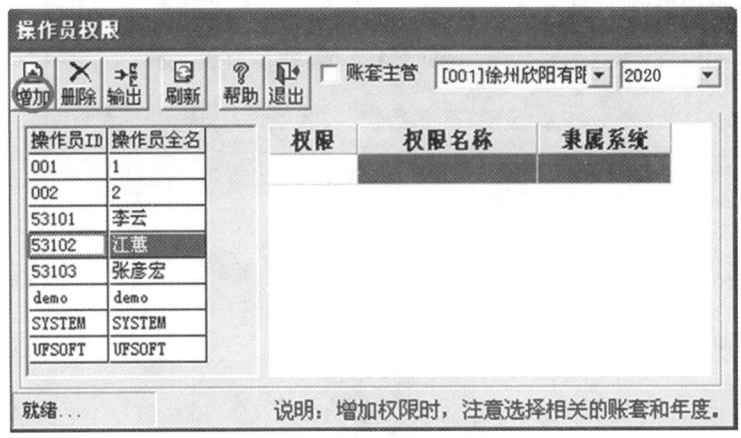

图1-16　账套主管权限增加界面

点击"权限"—"操作员权限"，在左端选择操作员，右上角选择所属账套和年份，点击【增加】按钮（见图1-17）。

图1-17　操作员权限界面

在增加权限窗口，左端为子系统权限，右端为子系统下明细权限。如要赋予操作员某一子系统所有权限，则双击右端"授权"处，如只赋予操作员某一子系统下某一明细权限，则单击某子系统后，再在右端双击某一特定权限的"授权"处。

在此，赋予江蕙公用目录设置、往来、应收管理、应付管理、总账系统、项目管理、工资管理、固定资产、购销存及核算的全部权限。赋予张彦宏现金管理的全部权限和出纳签字权限（见图1-18和图1-19）。

图1-18 操作员权限设置界面1

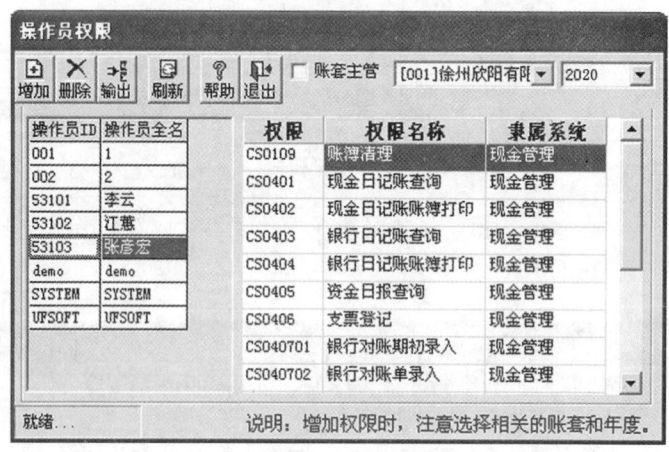

图1-19 操作员权限设置界面2

3. 任务实施评价

请扫描以下二维码，认真观看本任务规范操作视频，检查任务实施过程，并完成自我评价。

自我评价：

_____

_____

【工作任务2】部门档案设置

1. 任务实施目标

根据公司部门资料，进行部门档案设置。

2. 任务实施过程

徐州欣阳有限公司共设六个部门(见表1-2)。

表1-2　公司部门编码和名称表

编码	部门名称	编码	部门名称
1	办公室	4	生产车间
2	财务部	5	销售部
3	采购部	6	工程管理部

(1)双击"畅捷通T3企业管理信息化软件"平台,在"注册控制台"以"账套主管"身份,录入"用户名"为"53101","密码"为"53101","账套"和"会计年度"自动带出,"操作日期"选择"2020-09-01",点击【确定】按钮后进入操作界面。执行"基础设置"—"机构设置"—"部门档案",点击【增加】按钮,输入数据。部门编码为"1",部门名称为"办公室",单击【保存】按钮,如图1-20所示。

图1-20　部门档案增加界面

(2)同理增加其他部门信息,如图1-21所示。

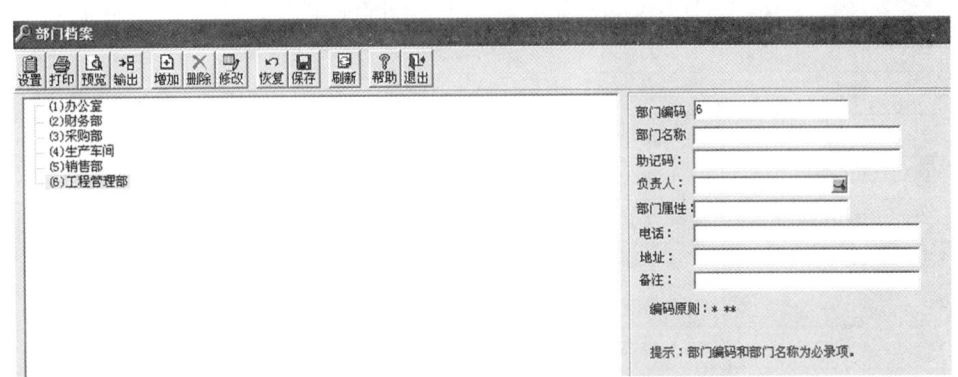

图1-21　部门档案完整

3. 任务实施评价

请扫描以下二维码,认真观看本任务规范操作视频,检查任务实施过程,并完成自我评价。

自我评价：
_____
_____

【工作任务3】人员档案设置

1. 任务实施目标

根据公司员工信息，公司进行部门和员工信息设置。

2. 任务实施过程

公司员工名单如表1-3所示。

表1-3　公司员工名单

员工编码	员工姓名	所属部门	职务
1101	王健	办公室	法定代表人
1102	马聪	办公室	总经理
1103	张鹏宇	办公室	办公室职员
2201	李云	财务部	财务经理
2202	江蕙	财务部	会计
2203	张彦宏	财务部	出纳
3301	陈珂	采购部	采购经理
3302	赵耀	采购部	采购员
4401	袁林岳	生产车间	车间主任
4402	李雅晨	生产车间	车间主任
4403	孟筱璇	生产车间	质检
4404	王子俊	生产车间	车间工人
4405	袁梓祎	生产车间	车间工人
4406	徐丽涵	生产车间	车间工人
4407	翁文双	生产车间	车间工人
4408	丁唯唯	生产车间	车间工人
4409	杨澜	生产车间	车间工人
4410	C205生产工人	生产车间	C205工人
4411	P206生产工人	生产车间	P206工人
5501	魏雨晨	销售部	销售经理
5502	林辰亦	销售部	销售员
5503	袁婧姝	销售部	销售员
6601	史玉柱	工程管理部	其他职员

以账套主管"53101 李云"的身份登录。执行"基础设置"—"机构设置"—"职员档案"命令，进入"职员档案"界面，输入数据。职员编号："1101"；职员名称："王健"；所属部门："办公室"；职员属性："法定代表人"，如图1-22所示。

职员编号	职员名称	职员助记码	所属部门	职员属性
1101	王健	WJ	办公室	法定代表人

图1-22　职员信息录入界面

同理，增加其他员工的档案信息，如图1-23所示。

职员编号	职员名称	职员助记码	所属部门	职员属性
1101	王健	WJ	办公室	法定代表人
1102	马聪	MC	办公室	总经理
1103	张鹏宇	ZPY	办公室	办公室职员
2201	李云	LY	财务部	财务经理
2202	江蕙	JH	财务部	会计
2203	张彦宏	ZYH	财务部	出纳
3301	陈珂	CK	采购部	采购经理
3302	赵耀	ZY	采购部	采购员
4401	袁林岳	YLY	生产车间	车间主任
4402	李雅晨	LYC	生产车间	车间主任
4403	孟筱璇	MXX	生产车间	质检
4404	王子俊	WZJ	生产车间	车间工人
4405	袁梓祎	YZD	生产车间	车间工人
4406	徐丽涵	XLH	生产车间	车间工人
4407	翁文双	WWS	生产车间	车间工人
4408	丁唯唯	DWW	生产车间	车间工人
4409	杨澜	YL	生产车间	车间工人
4410	C205生产工人	C205GR	生产车间	C205工人
4411	P206生产工人	P206GR	生产车间	P206工人
5501	魏雨晨	WYC	销售部	销售经理
5502	林辰亦	LCY	销售部	销售员
5503	袁嬉姝	YJS	销售部	销售员
6601	史玉柱	SYZ	工程管理部	其他职员

图1-23　职员档案表

3. 任务实施评价

请扫描以下二维码，认真观看本任务规范操作视频，检查任务实施过程，并完成自我评价。

自我评价：

【工作任务4】增加往来单位信息

1. 任务实施目标

根据公司客户档案和供应商档案信息,公司进行往来单位信息设置。

2. 任务实施过程

徐州欣阳有限公司的客户档案、供应商档案如表1-4和表1-5所示。

表1-4 客户信息

编号	公司名称	公司简称	纳税人识别号	地址及电话	开户银行及账号
001	徐州GD有限公司	徐州GD	913203854679315274	江苏省徐州金山东路32号 88554654	中国建设银行徐州市鼓楼区支行 41622124815248
002	金坛上源有限公司	金坛上源	913307033035995614	金坛新区32号 83317547	工行新区路支行 325546521366
003	徐州三叶家具有限公司	徐州三叶	913208505584257 6173	江苏省徐州云龙区55号 45687315	工行徐州湖东分理处 36545432122
004	宿迁长城有限公司	宿迁长城	913205459784818778	宿迁长城路22号 831548418	中国建设银行宿迁支行 8187879448

表1-5 供应商信息

编号	公司名称	公司简称	纳税人识别号	地址及电话	开户银行及账号
001	苏州万达有限公司	苏州万达	913205087937954305	苏州园林路16号 88362217	农行苏州园林路支行 9513265573
002	苏州恒通物流有限公司	恒通物流	913205085796141107	江苏省苏州市苏姑区于欢街何兴路44号 0512-41055982	中国建设银行苏州市苏姑区支行 41622124006724
003	南京五环有限公司	南京五环	913201032391211785	南京新城路16号 88362211	建行南京新城路支行 9513265512
004	徐州红星有限公司	徐州红星	913209404129906170	江苏省徐州市鼓楼区31号 86512302	中国建设银行徐州市鼓楼区支行 98219865895
005	徐州乐视有限公司	徐州乐视	913305786421876543	徐州铜山区老费街28号 0516-88562165	中国建设银行徐州分行 36556586556
006	江苏省电力股份有限公司	江苏电力	913203110645002233	江苏省徐州市泉山区韩春街刘海路39号 0516-730497580	中国建设银行江苏省徐州市泉山区支行 412465053
007	徐州万达有限公司	徐州万达	913205488 91818577	江苏省徐州市云龙区和平路32号 54648184849	中国银行徐州云龙支行 1484949818489

(1) 执行"基础设置"—"往来单位"—"客户档案"命令,点击【增加】按钮,按要求增加客户档案(见图1-24、图1-25和图1-26)。

图 1-24　客户档案卡片 1

图 1-25　客户档案卡片 2

图 1-26　客户档案

(2)执行"基础设置"—"往来单位"—"供应商档案"命令,点击【增加】按钮,按要求增加供应商档案(见图 1-27)。

![供应商档案表格]

图 1-27 供应商档案

3. 任务实施评价

请扫描以下二维码,认真观看本任务规范操作视频,检查任务实施过程,并完成自我评价。

自我评价:

_____

_____

【工作任务 5】增加存货分类和存货档案

1. 任务实施目标

根据公司财务资料,进行存货分类和存货档案设置。

2. 任务实施过程

存货分类和存货档案如表 1-6 所示。

表 1-6 存货分类和存货档案

存货分类				存货档案			
存货类别编号	存货类别名称	二级类别编号	二级存货类别名称	具体存货编号	具体存货名称	属性	计量单位
1	原材料			10101	Z811	外购、销售、生产耗用;税率13%	千克
				10102	Y812	外购、销售、生产耗用;税率13%	千克
2	周转材料	201	低值易耗品				
		202	包装物	20201	包装箱	外购、销售、生产耗用;税率13%	只
3	库存商品			30101	C205	销售、自制、在制;税率13%	件
				30102	P206	销售、自制、在制;税率13%	件
4	其他			40101	采购运费	劳务费用;税率9%	元

(1)执行"基础设置"—"存货"—"存货分类"命令,点击【增加】按钮,录入数据信息。类别编码:"1";类别名称:"原材料",点击【保存】按钮即可(见图 1-28)。同理,增

加其他存货类别,如图1-29所示。

图1-28 存货类别增加

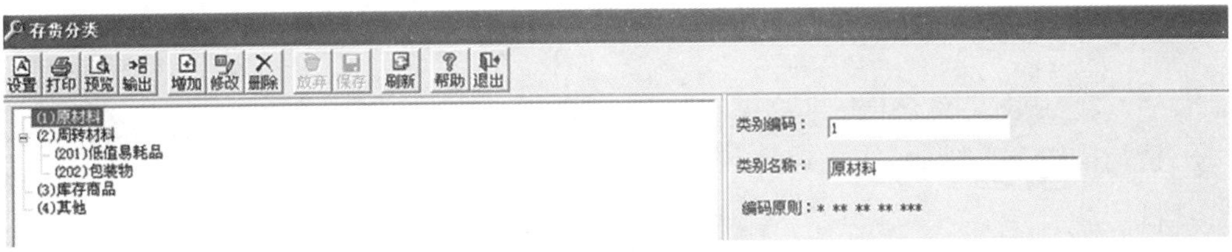

图1-29 存货类别增加完成

(2)执行"基础设置"—"存货"—"存货档案"命令,点击【增加】按钮,录入数据信息。存货编号:"10101";存货名称:"Z811";计量单位:"千克";所属分类码:"1";在存货属性中勾选"外购""销售""生产耗用";税率为13%(见图1-30)。同理,增加其他存货档案如图1-31所示。

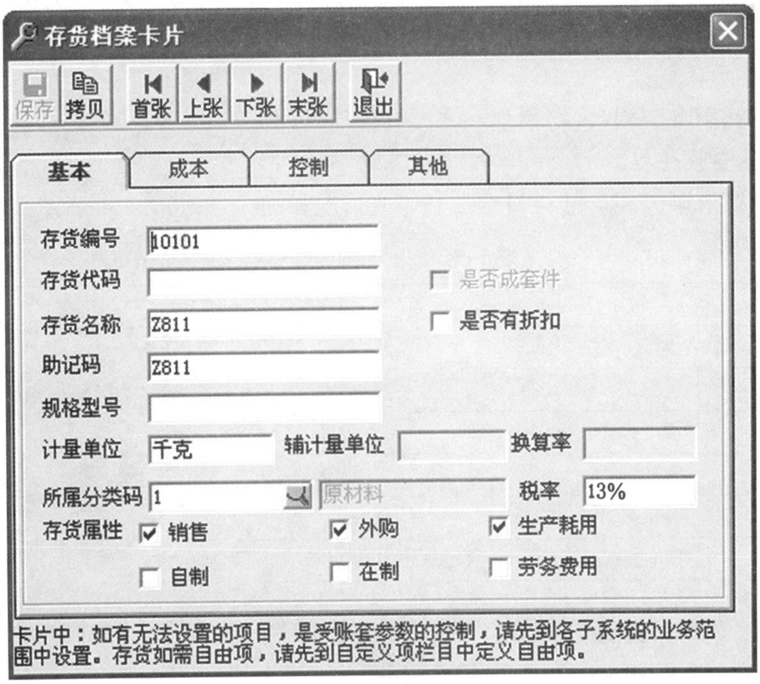

图1-30 存货档案增加

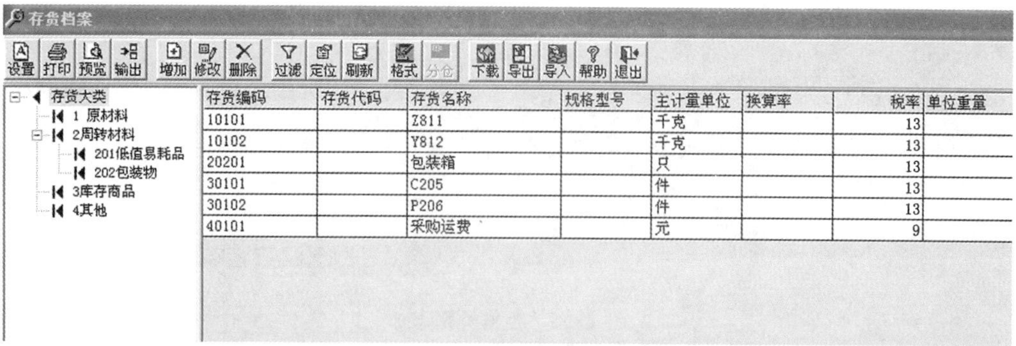

图 1-31　存货档案完整

3. 任务实施评价

请扫描以下二维码,认真观看本任务规范操作视频,检查任务实施过程,并完成自我评价。

自我评价:
_____
_____

【工作任务6】增加和修改会计科目

1. 任务实施目标

根据公司财务资料,进行增加和修改会计科目。

2. 任务实施过程

徐州欣阳有限公司会计科目增加和修改情况如表 1-7 和表 1-8 所示。

表 1-7　增加明细会计科目

科目编码	科目名称	余额方向	辅助核算
100201	建行基本户 9819965277	借方	
112301	供应商	借方	供应商往来(受控系统:应付)
112302	预付费用	借方	
11230201	汽车保险费	借方	
11230202	报刊费	借方	
11230203	供电公司	借方	供应商往来(受控系统:应付)
122101	陈珂	借方	
122102	保险公司	借方	
122103	徐州益阳	借方	
123101	应收账款坏账准备	贷方	

(续表)

科目编码	科目名称	余额方向	辅助核算
123102	其他应收款坏账准备	贷方	
160401	建筑工程	借方	
16040101	房屋在建工程	借方	
220201	供应商	贷方	供应商往来(受控系统:应付)
220202	暂估应付账款	贷方	供应商往来(受控系统:空)
221101	工资	贷方	
221102	设定提存计划	贷方	
22110201	养老保险	贷方	
22110202	失业保险	贷方	
221103	社会保险费	贷方	
22110301	医疗保险	贷方	
22110302	工伤保险	贷方	
22110303	生育保险	贷方	
221104	住房公积金	贷方	
221105	工会经费	贷方	
221106	职工教育经费	贷方	
222101	应交增值税	贷方	
22210101	进项税额	贷方	
22210102	进项税额转出	贷方	
22210103	转出未交增值税	贷方	
22210104	减免税款	贷方	
22210105	销项税额	贷方	
222102	未交增值税	贷方	
222103	应交企业所得税	贷方	
222104	应交个人所得税	贷方	
222105	应交城市维护建设税	贷方	
222106	应交教育费附加	贷方	
222107	应交地方教育附加	贷方	
222108	简易计税	贷方	
222109	待抵扣进项税额	贷方	
222110	待认证进项税额	贷方	
224101	徐州天猫有限公司	贷方	
224102	设定提存计划	贷方	
22410201	养老保险	贷方	
22410202	失业保险	贷方	

(续表)

科目编码	科目名称	余额方向	辅助核算
224103	社会保险费	贷方	
22410301	医疗保险	贷方	
224104	住房公积金	贷方	
400101	飞扬股份有限公司	贷方	
400102	徐州大鹏有限公司	贷方	
400201	资本溢价	贷方	
410101	法定盈余公积	贷方	
410102	任意盈余公积	贷方	
410401	未分配利润	贷方	
500101	直接材料	借方	项目核算
500102	直接人工	借方	项目核算
500103	制造费用	借方	项目核算
510101	办公费	借方	
510102	材料费	借方	
510103	低值易耗品摊销	借方	
510104	工资	借方	
510105	社会保险费	借方	
510106	住房公积金	借方	
510107	差旅费	借方	
510108	职工福利	借方	
510109	工会经费	借方	
510110	职工教育经费	借方	
510111	折旧费	借方	
510112	水电费	借方	
600101	C205	贷方	
600102	P206	贷方	
605101	包装物销售收入	贷方	
605102	材料销售收入	贷方	
605103	包装物押金	贷方	
630101	非流动资产处置利得	贷方	
640101	C205	借方	
640102	P206	借方	
640201	材料销售成本	借方	
640301	城市维护建设税	借方	
640302	教育费附加	借方	

(续表)

科目编码	科目名称	余额方向	辅助核算
640303	地方教育附加	借方	
660101	办公费	借方	
660102	广告费	借方	
660103	工资	借方	
660104	社会保险费	借方	
660105	住房公积金	借方	
660106	工会经费	借方	
660107	职工教育经费	借方	
660108	运费	借方	
660109	折旧费	借方	
660201	办公费	借方	
660202	水电费	借方	
660203	工资	借方	
660204	咨询费	借方	
660205	聘请中介机构费	借方	
660206	社会保险费	借方	
660207	住房公积金	借方	
660208	材料费	借方	
660209	差旅费	借方	
660210	业务招待费	借方	
660211	报刊费	借方	
660212	汽车费用	借方	
660213	工会经费	借方	
660214	职工教育经费	借方	
660215	折旧费	借方	
660216	审计服务费	借方	
660217	固定资产维修费	借方	
660301	利息支出	借方	
660302	利息收入	借方	
660303	工本费及手续费	借方	
660304	现金折扣	借方	
671101	捐赠支出	借方	
671102	非流动资产处置损失	借方	
680101	当前所得税费用	借方	

表1-8　修改会计科目

科目编码	科目名称	余额方向	辅助核算
1121	应收票据	借方	客户往来(受控系统:应收)
1122	应收账款	借方	客户往来(受控系统:应收)
1402	在途物资	借方	项目核算
1403	原材料	借方	项目核算
1405	库存商品	借方	项目核算
1411	周转材料	借方	项目核算
2201	应付票据	贷方	供应商往来(受控系统:应付)
2203	预收账款	贷方	客户往来(受控系统:应收)
6403	税金及附加	借方	
6701	信用减值损失	借方	

1)根据上述资料,增加会计科目

(1)执行"基础设置"—"财务"—"会计科目"命令,在弹出的对话框中点击【预置】按钮。

(2)执行"基础设置"—"财务"—"会计科目"命令,点击【增加】按钮,按要求增加会计科目(见图1-32和图1-33)。

(3)同理,增加其他会计科目。

2)根据上述资料,修改会计科目

(1)客户、供应商往来辅助核算修改。

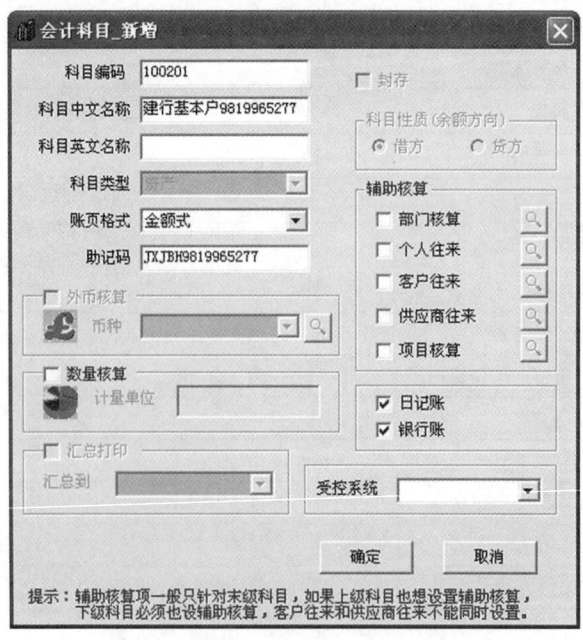

图1-32　新增会计科目1

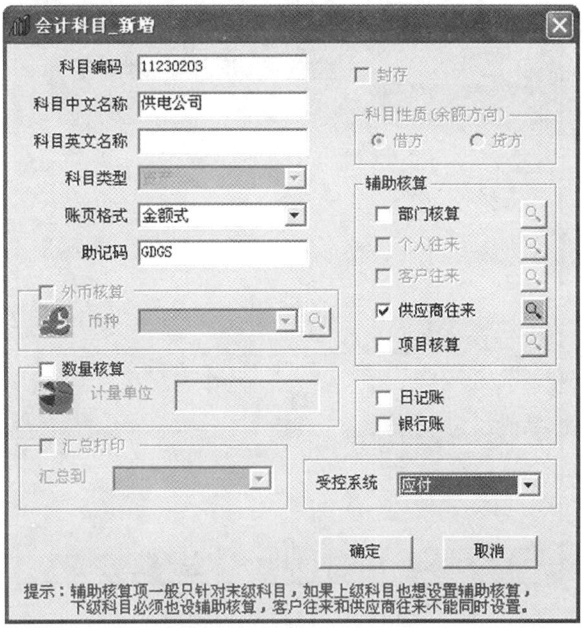

图 1-33　新增会计科目 2

执行"基础设置"—"财务"—"会计科目"命令，点击【查找】按钮，在"查找科目"对话框中输入科目编码（见图 1-34）。点击【查找】按钮，查找的结果是用蓝色标识出来的，双击查找到的结果，进入"会计科目_修改"界面。点击【修改】按钮（见图 1-35），在"辅助核算"中，选中"客户往来"复选框，"受控系统"选择"应收"。完成修改后，点击【确定】按钮即可保存。同理，修改其他客户往来和供应商往来辅助核算科目。

图 1-34　查找会计科目

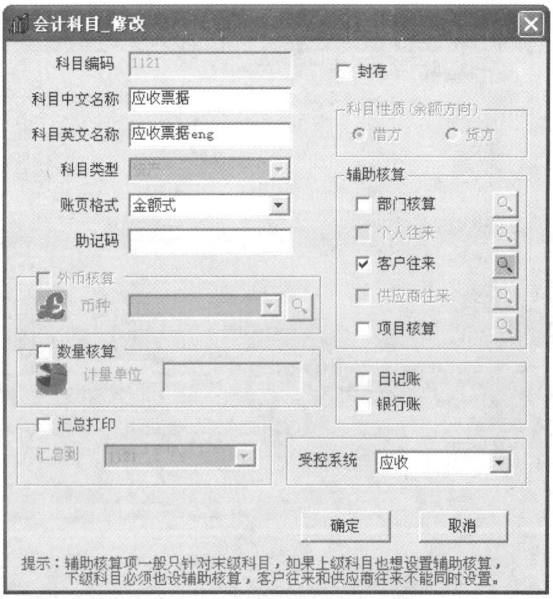

图 1-35　修改会计科目 1

（2）项目核算辅助核算修改。

查找会计科目"原材料（1403）"的步骤同（1），不同处在于"辅助核算"中选中"项目核算"复选框，如图 1-36 所示。同理，修改"在途物资（1402）"会计科目。

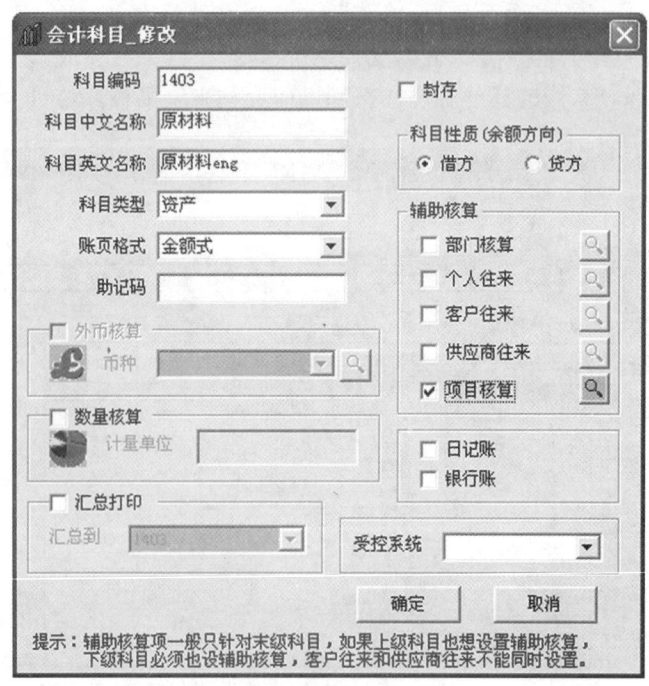

图 1-36　修改会计科目 2

3) 指定现金总账科目和银行存款总账科目

执行"基础设置"—"财务"—"会计科目"—"编辑"—"指定科目"命令,选中"现金总账科目"单选框,在待选科目中选择"库存现金",点击【＞】按钮,如图1-37所示。同理,增加银行总账科目,如图1-38所示。

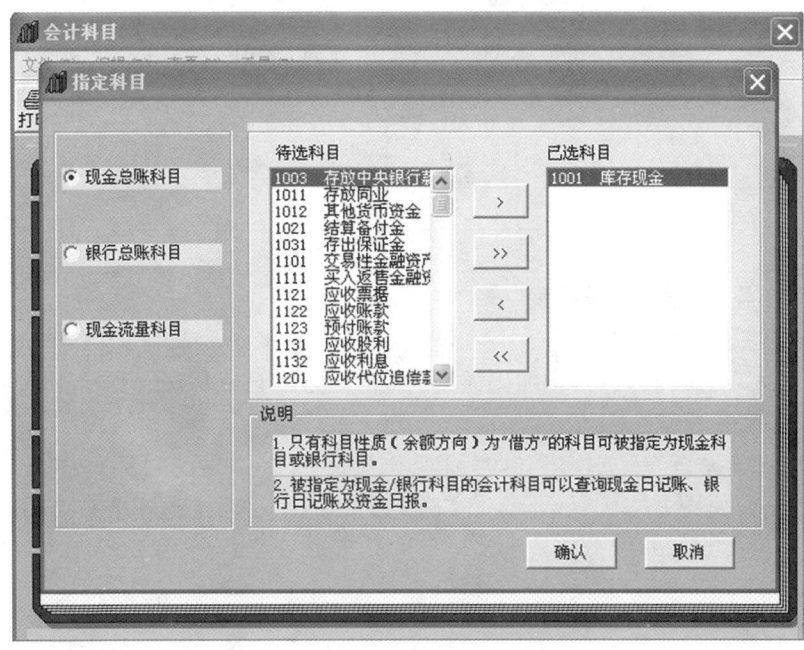

图1-37 现金总账科目增加

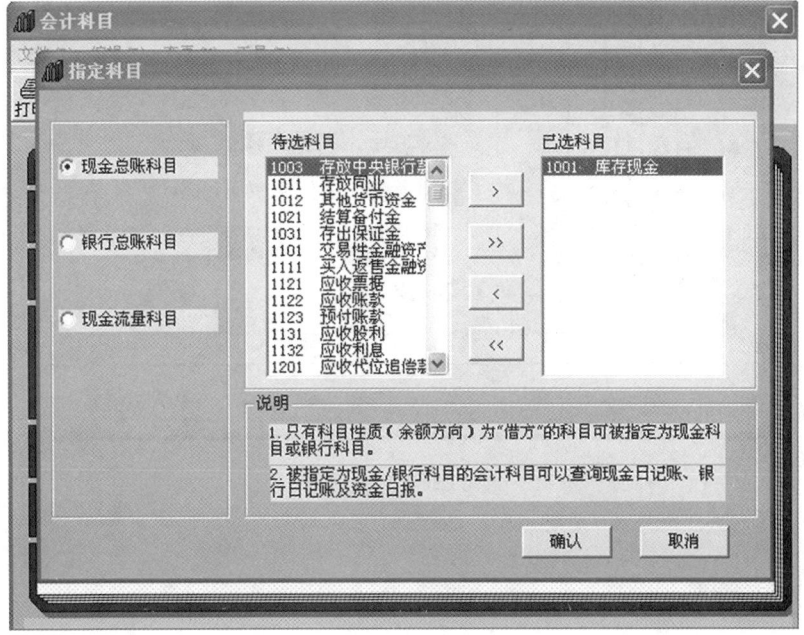

图1-38 银行总账科目增加

3. 任务实施评价

请扫描以下二维码,认真观看本任务规范操作视频,检查任务实施过程,并完成自我评价。

01

02

自我评价：
_____
_____

【工作任务7】增加凭证类别

1. 任务实施目标

根据公司财务资料,进行增加凭证类别设置,选用"记账凭证"记录经济业务。

2. 任务实施过程

执行"基础设置"—"财务"—"凭证类别"命令,在弹出的对话框中,选择"记账凭证"单选框,如图1-39所示,点击【确定】按钮,再点击【退出】按钮,如图1-40所示。

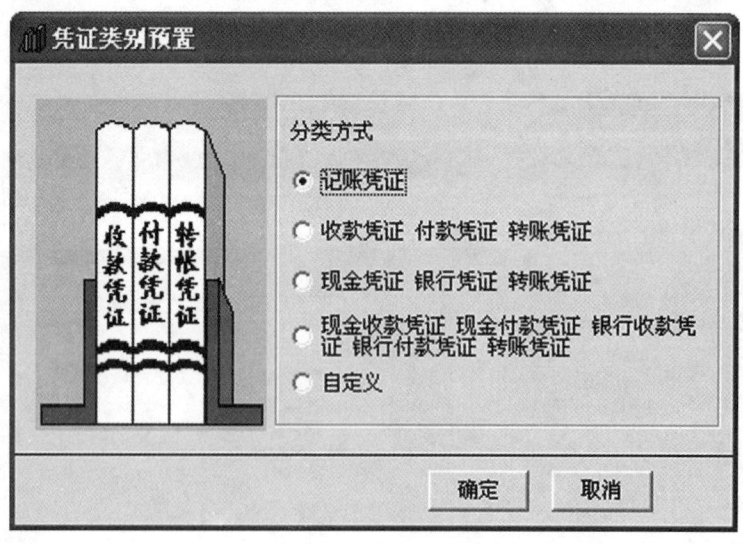

图1-39　凭证类别

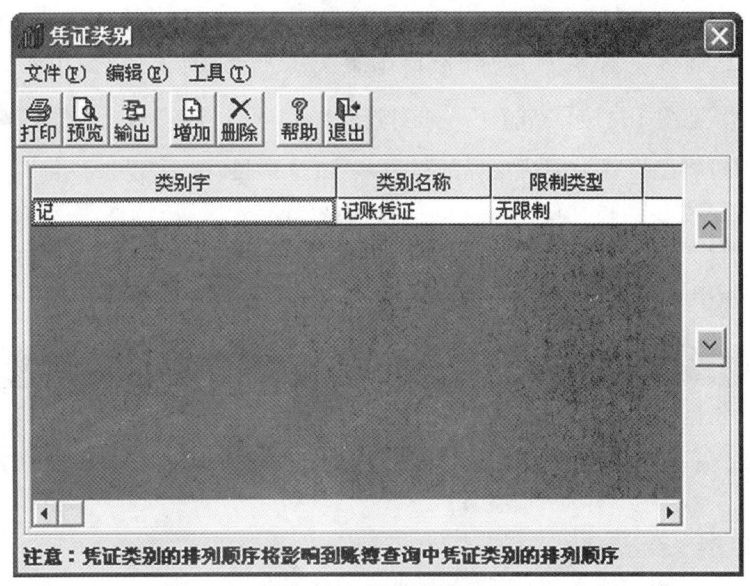

图 1-40 凭证类别预置

3. 任务实施评价

请扫描以下二维码，认真观看本任务规范操作视频，检查任务实施过程，并完成自我评价。

自我评价：
_____
_____

【工作任务8】设置项目目录

1. 任务实施目标

根据公司财务资料，进行项目目录设置。

2. 任务实施过程

项目目录如表1-9所示。

表1-9 项目目录

项目大类	关联核算科目	
	编号	名称
存货核算 （使用存货自定义项目）	500101	直接材料
	500102	直接人工
	500103	制造费用

执行"基础设置"—"财务"—"项目目录"命令,点击【增加】按钮,先增加项目大类名称,即在"项目大类定义_增加"窗口中录入大类名称,选择"使用存货目录定义项目"单选框(见图1-41),点击【下一步】按钮。在"项目档案"窗口点击【⌄】按钮(见图1-42),即可将已设置为项目核算的科目从"待选科目"选至"已选科目",点击【确定】按钮。然后在"项目档案"窗口中,选择左边"项目分类定义"单选框,系统会自动带出分类编码和名称(见图1-43)。最后在"项目档案"界面中,选择左边"项目目录"单选框,系统会自动带出相关信息(见图1-44)。

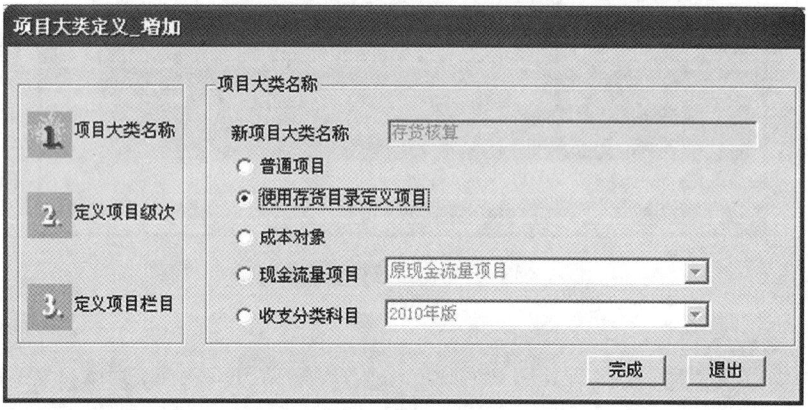

图 1-41　增加项目大类

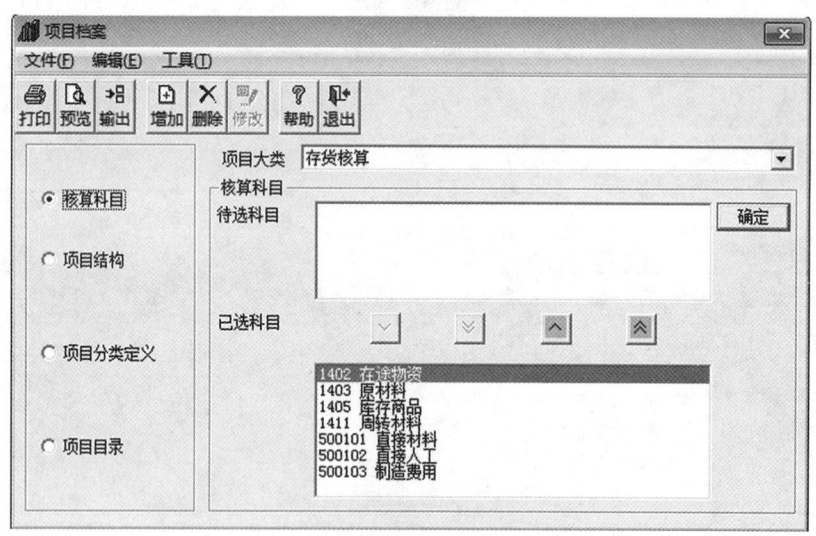

图 1-42　选择核算科目

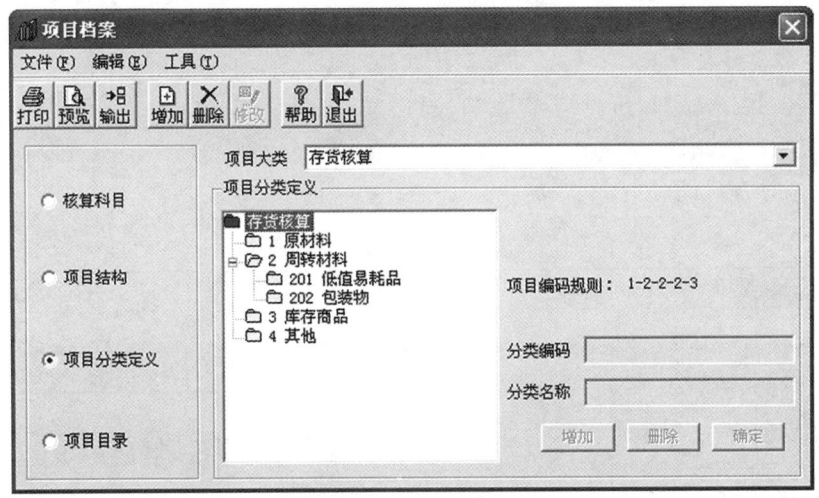

图 1-43　项目分类

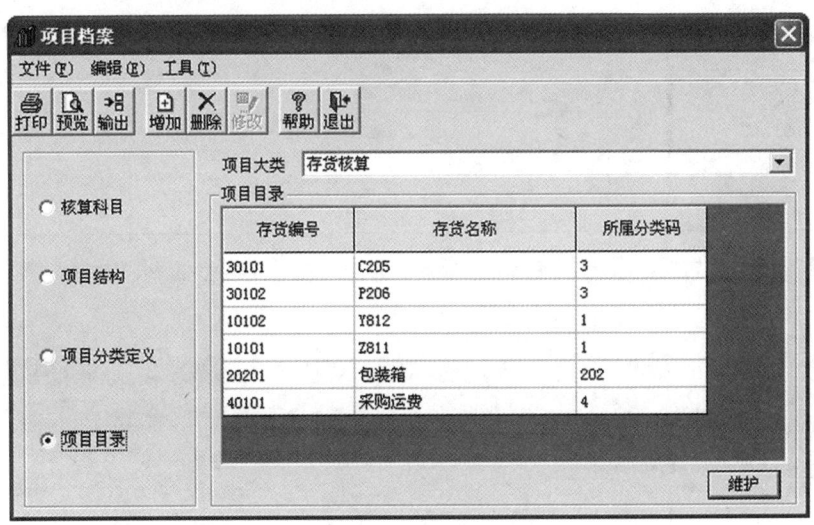

图 1-44　项目目录维护

3. 任务实施评价

请扫描以下二维码,认真观看本任务规范操作视频,检查任务实施过程,并完成自我评价。

自我评价:

【工作任务 9】设置结算方式

1. 任务实施目标

根据公司财务资料,进行结算方式信息设置。

2. 任务实施过程

增加结算方式如表 1-10 所示。

表 1-10 增加结算方式

编码	结算方式名称	票据管理方式
1	现金结算	无
2	支票	无
201	现金支票	无
202	转账支票	无
3	银行汇票	无
4	汇兑	无
401	电汇	无
5	商业汇票	无
501	商业承兑汇票	无
502	银行承兑汇票	无
6	网银	无
7	其他	无

执行"基础设置"—"收付结算"—"结算方式"命令,按照要求增加结算方式(见图 1-45)。

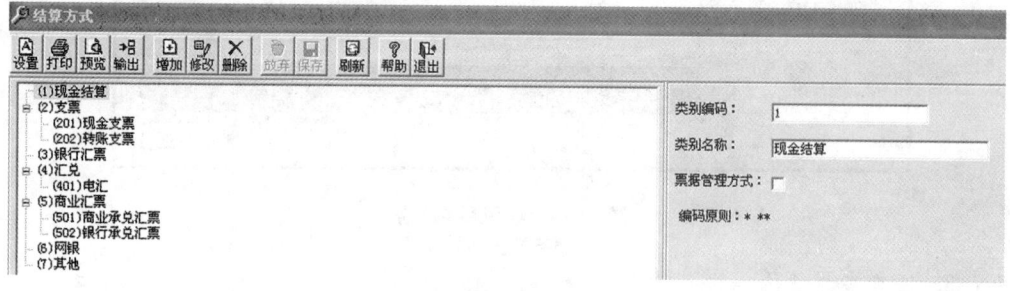

图 1-45 增加结算方式

3. 任务实施评价

请扫描以下二维码,认真观看本任务规范操作视频,检查任务实施过程,并完成自我评价。

自我评价:

【工作任务 10】增加开户行信息

1. 任务实施目标

根据公司财务资料,进行开户行信息设置。

2. 任务实施过程

开户行资料为:编号:1;开户行:中国建设银行泉山支行;银行账号:9819965277。

依次点击"基础设置"—"收付结算"—"开户银行",按照要求增加开户银行(见图 1-46)。

图 1-46 增加开户行

3. 任务实施评价

请扫描以下二维码,认真观看本任务规范操作视频,检查任务实施过程,并完成自我评价。

自我评价:

【工作任务 11】增加仓库档案

1. 任务实施目标

根据仓库档案(见表 1-11),公司进行仓库档案设置。

2. 任务实施过程

仓库档案如表 1-11 所示。

表 1-11 仓库档案

编号	名称	所属部门	存货计价方法
CLK	材料库	办公室	全月平均法
CPK	成品库	办公室	全月平均法

执行"基础设置"—"购销存"—"仓库档案"命令,选择相应的仓库,点击【增加】按钮,在"仓库档案卡片"界面按要求增加仓库信息(见图 1-47 和图 1-48)。

图 1-47 增加仓库档案 1　　　　　　图 1-48 增加仓库档案 2

3. 任务实施评价

请扫描以下二维码，认真观看本任务规范操作视频，检查任务实施过程，并完成自我评价。

自我评价：

_____

_____

【工作任务 12】录入总账期初余额

1. 任务实施目标

根据公司财务资料如表 1-12 至表 1-15 所示，录入期初余额。

2. 任务实施过程

总账期初余额如表 1-12 所示。

表 1-12　总账期初余额

总账科目	明细账科目	借方余额（元）	贷方余额（元）	数量	单位
库存现金		6 512			
银行存款	建行基本户（9819965277）	2 924 863.12			
应收票据	徐州 GD 有限公司	210 526.32			
应收账款	徐州三叶家具有限公司	450 000			
	宿迁长城有限公司	125 000			
预付账款	南京五环公司	152 100			
	汽车保险费	1 600			
	供电公司	62 589.36			
其他应收款	陈珂	800			
	保险公司	1 000			
	徐州益阳（投标保证金）	50 000			

(续表)

总账科目	明细账科目	借方余额(元)	贷方余额(元)	数量	单位
坏账准备	应收账款坏账准备		28 750		
	其他应收账款坏账准备		2 590		
原材料	Z811	219 000		4 600	千克
	Y812	295 431.43		9 000	千克
库存商品	C205	560 000		2 000	件
	P206	800 000		800	件
周转材料	包装物——包装箱	6 000		150	只
固定资产		3 309 200			
累计折旧			1 210 635.2		
在建工程	建筑工程——房屋在建工程	1 650 000			
应付账款	暂估应付款——徐州红星有限公司		119 000		
	徐州万达有限公司		114 890		
应付职工薪酬	工资		70 000		
	社会保险费——医疗保险		6 436.8		
	设定提存计划——养老保险		14 304		
	设定提存计划——失业保险		357.6		
	社会保险费——生育保险		715.2		
	社会保险费——工伤保险		357.6		
	住房公积金		7 152		
	工会经费		1 400		
	职工教育经费		1 750		
应交税费	未交增值税		28 000		
	应交企业所得税		58 620		
	应交城市建设维护税		1 960		
	应交教育费附加		840		
	应交地方教育费附加		560		
其他应付款	徐州天猫有限公司		1 170		
实收资本	飞扬股份有限公司		3 000 000		
资本公积	资本溢价		500 000		
盈余公积	法定盈余公积		400 000		
本年利润			1 036 309.17		
利润分配	未分配利润		4 245 524.66		
生产成本	C205——直接材料	22 900			
	C205——直接人工	1 500			
	C205——制造费用	2 300			
合计		9 609 347.03	9 609 347.03		

表 1-13　客户往来期初余额表

日期	科目	客户简称	摘要	金额	业务员	单据类型
2020-8-21	1122	徐州三叶	销售商品	450 000	魏雨晨	应收单
2020-8-28	1122	宿迁长城	销售商品	125 000	林辰奕	应收单
2020-8-22	1121	徐州 GD	销售商品	210 526.32	袁婧姝	应收单

表 1-14　供应商往来期初余额表

日期	科目	供应商简称	摘要	金额	业务员	单据类型
2020-8-30	220201	徐州万达	采购材料	114 890	陈珂	应付单
2020-8-30	220202	徐州红星	采购材料	119 000	陈珂	应付单
2020-8-25	112301	南京五环	预付账款	152 100	赵耀	预付单
2020-8-30	11230203	江苏电力	预付电款	62 589.36		预付单

表 1-15　生产成本期初余额

在产品名称	直接材料	直接人工	制造费用
C205	22 900	1 500	2 300

1）直接录入期初余额

执行“总账”—“设置”—“期初余额”命令，在“期初余额录入”界面直接录入对应金额，如图 1-49、图 1-50、图 1-51 所示。

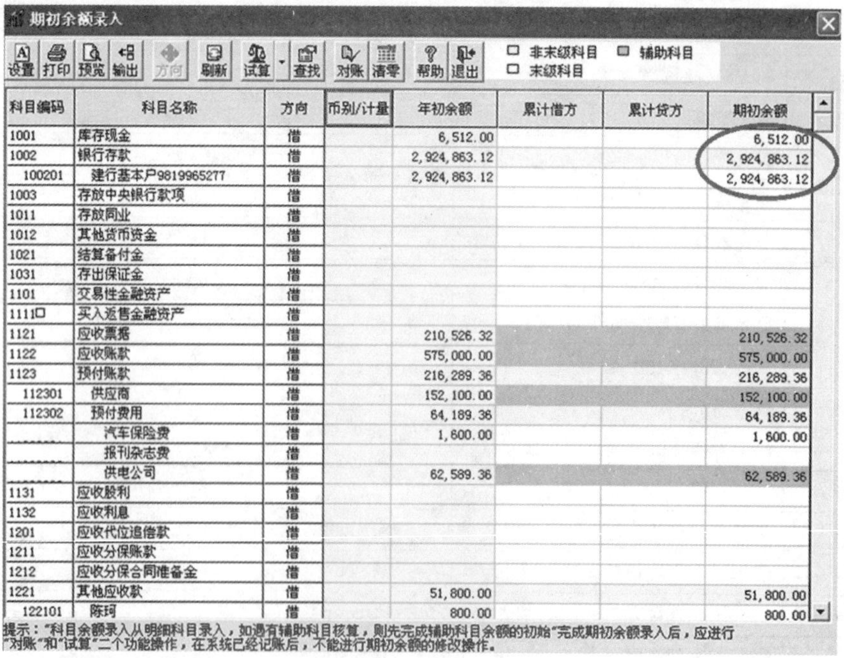

期初余额录入

设置 打印 预览 输出 方向 刷新 试算 查找 对账 清零 帮助 退出　□ 非末级科目　▣ 辅助科目　□ 末级科目

科目编码	科目名称	方向	币别/计量	年初余额	累计借方	累计贷方	期初余额
1001	库存现金	借		6,512.00			6,512.00
1002	银行存款	借		2,924,863.12			2,924,863.12
100201	建行基本户9819965277	借		2,924,863.12			2,924,863.12
1003	存放中央银行款项	借					
1011	存放同业	借					
1012	其他货币资金	借					
1021	结算备付金	借					
1031	存出保证金	借					
1101	交易性金融资产	借					
1111□	买入返售金融资产	借					
1121	应收票据	借		210,526.32			210,526.32
1122	应收账款	借		575,000.00			575,000.00
1123	预付账款	借		216,289.36			216,289.36
112301	供应商	借		152,100.00			152,100.00
112302	预付费用	借		64,189.36			64,189.36
	汽车保险费	借		1,600.00			1,600.00
	报刊杂志费	借					
	供电公司	借		62,589.36			62,589.36
1131	应收股利	借					
1132	应收利息	借					
1201	应收代位追偿款	借					
1211	应收分保账款	借					
1212	应收分保合同准备金	借					
1221	其他应收款	借		51,800.00			51,800.00
122101	陈珂	借		800.00			800.00

提示：“科目余额录入从明细科目录入，如遇有辅助科目核算，则先完成辅助科目余额的初始”完成期初余额录入后，应进行“对账”和“试算”二个功能操作，在系统已经记账后，不能进行期初余额的修改操作。

图 1-49　“库存现金”“银行存款”期初余额录入

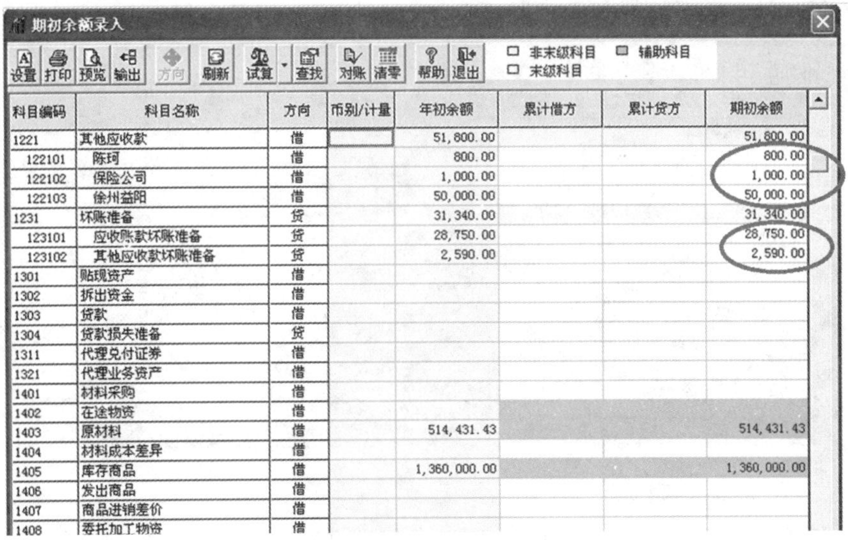

科目编码	科目名称	方向	币别/计量	年初余额	累计借方	累计贷方	期初余额
1221	其他应收款	借		51,800.00			51,800.00
122101	陈珂	借		800.00			800.00
122102	保险公司	借		1,000.00			1,000.00
122103	徐州益阳	借		50,000.00			50,000.00
1231	坏账准备	贷		31,340.00			31,340.00
123101	应收账款坏账准备	贷		28,750.00			28,750.00
123102	其他应收款坏账准备	贷		2,590.00			2,590.00
1301	贴现资产	借					
1302	拆出资金	借					
1303	贷款	借					
1304	贷款损失准备	贷					
1311	代理兑付证券	借					
1321	代理业务资产	借					
1401	材料采购	借					
1402	在途物资	借					
1403	原材料	借		514,431.43			514,431.43
1404	材料成本差异	借					
1405	库存商品	借		1,360,000.00			1,360,000.00
1406	发出商品	借					
1407	商品进销差价	借					
1408	委托加工物资	借					

图 1-50 “其他应收款”“坏账准备”期初余额录入

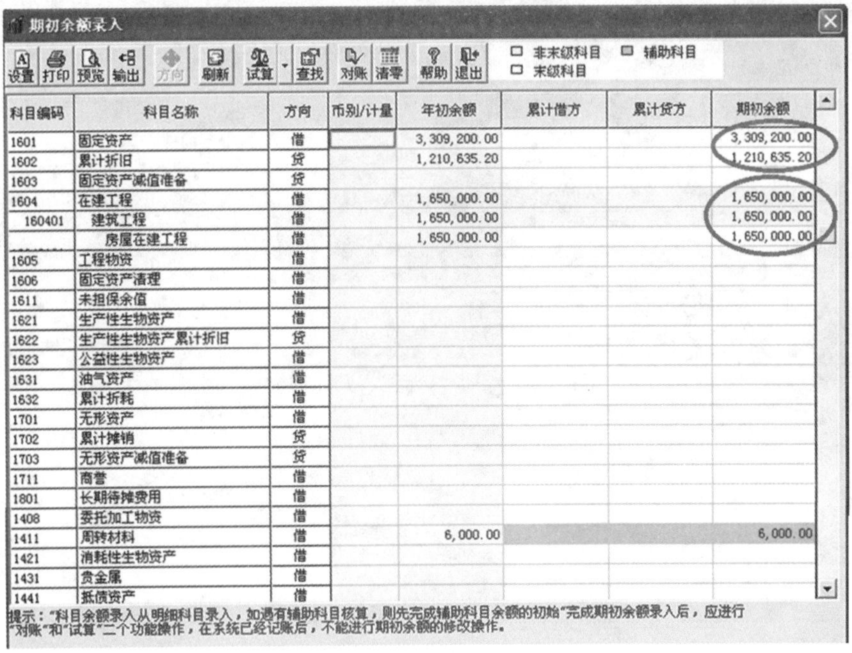

科目编码	科目名称	方向	币别/计量	年初余额	累计借方	累计贷方	期初余额
1601	固定资产	借		3,309,200.00			3,309,200.00
1602	累计折旧	贷		1,210,635.20			1,210,635.20
1603	固定资产减值准备	贷					
1604	在建工程	借		1,650,000.00			1,650,000.00
160401	建筑工程	借		1,650,000.00			1,650,000.00
	房屋在建工程	借		1,650,000.00			1,650,000.00
1605	工程物资	借					
1606	固定资产清理	借					
1611	未担保余值	借					
1621	生产性生物资产	借					
1622	生产性生物资产累计折旧	贷					
1623	公益性生物资产	借					
1631	油气资产	借					
1632	累计折耗	借					
1701	无形资产	借					
1702	累计摊销	贷					
1703	无形资产减值准备	贷					
1711	商誉	借					
1801	长期待摊费用	借					
1408	委托加工物资	借					
1411	周转材料	借		6,000.00			6,000.00
1421	消耗性生物资产	借					
1431	贵金属	借					
1441	抵债资产	借					

提示：“科目余额录入从明细科目录入，如遇有辅助科目核算，则先完成辅助科目余额的初始”完成期初余额录入后，应进行“对账”和“试算”二个功能操作，在系统已经记账后，不能进行期初余额的修改操作。

图 1-51 固定资产、在建工程期初余额录入

2）录入项目核算期初余额

执行“总账”—“设置”—“期初余额”命令，查找“1403(原材料)”，双击“ ”。在“项目核算期初”界面中，点击【增加】按钮，在项目一栏选择“Z811”，方向为系统默认，金额录入“219,000”，如图 1-52 所示，同理录入 Y812 的期初余额，如图 1-53 所示。

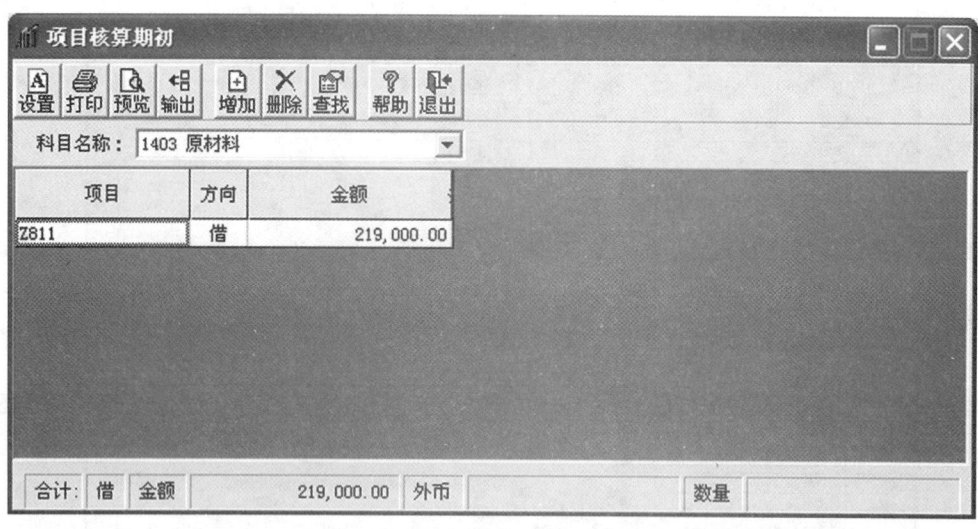

图 1-52　Z811 期初余额录入

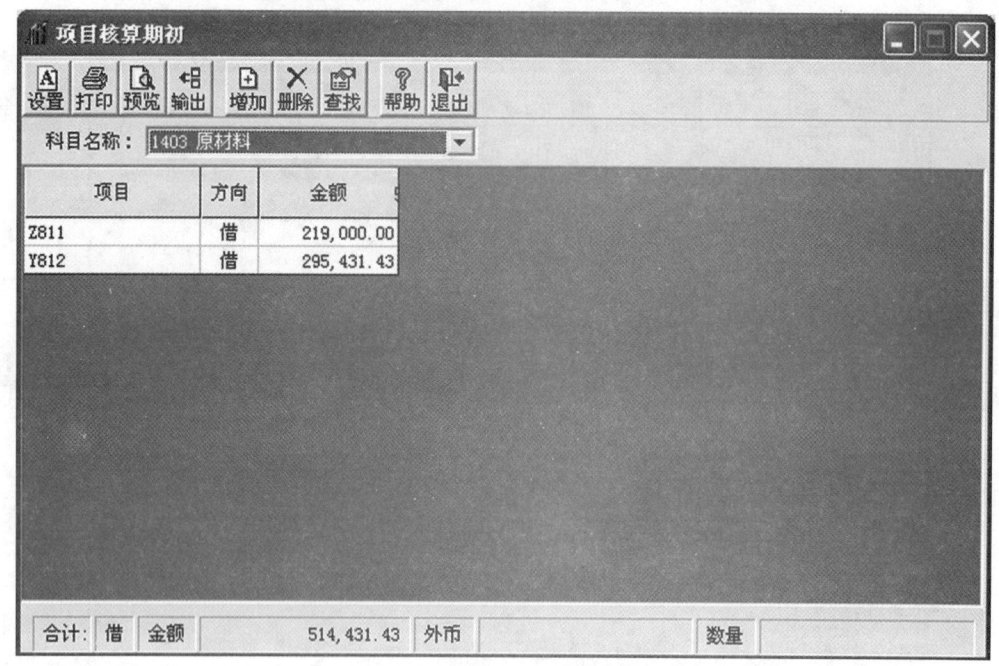

图 1-53　原材料期初余额

同理，录入库存商品、周转材料、C205 生产成本的期初余额，如图 1-54、图 1-55、图 1-56、图 1-57 所示。

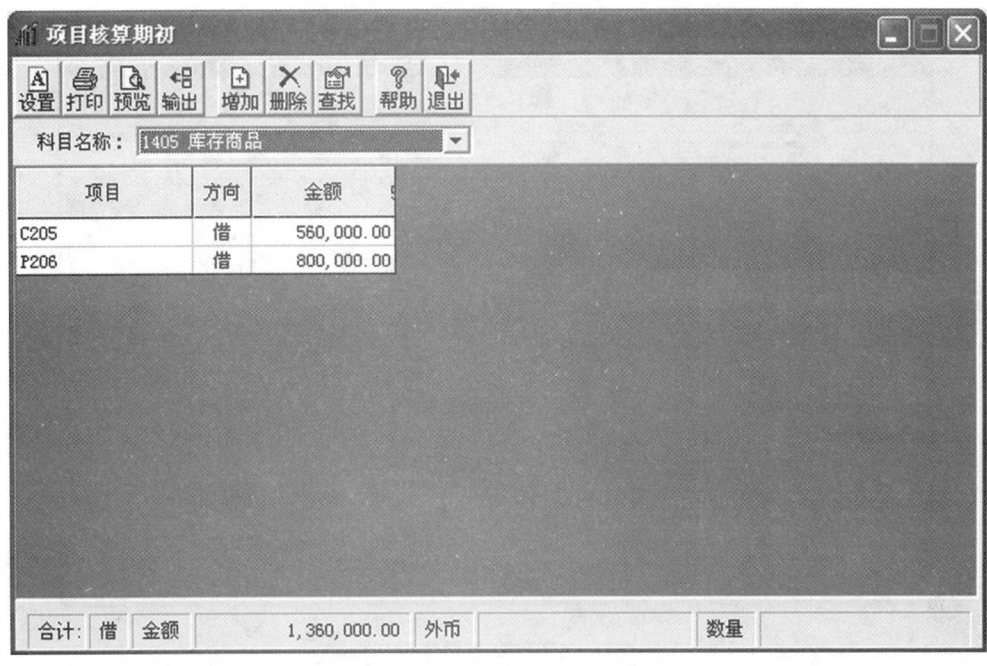

图 1-54　库存商品期初余额

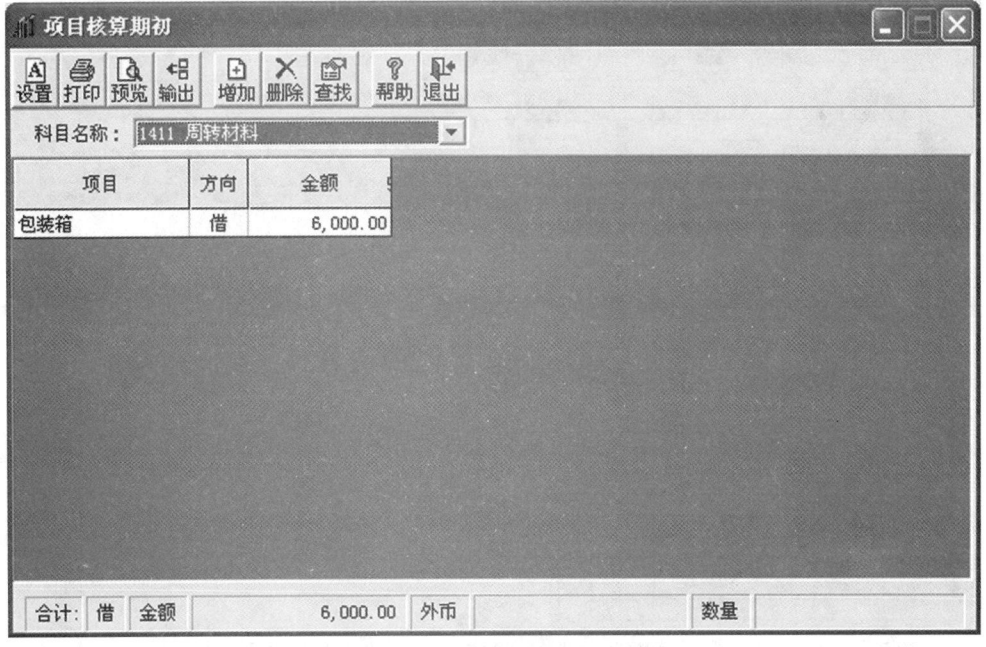

图 1-55　周转材料期初余额

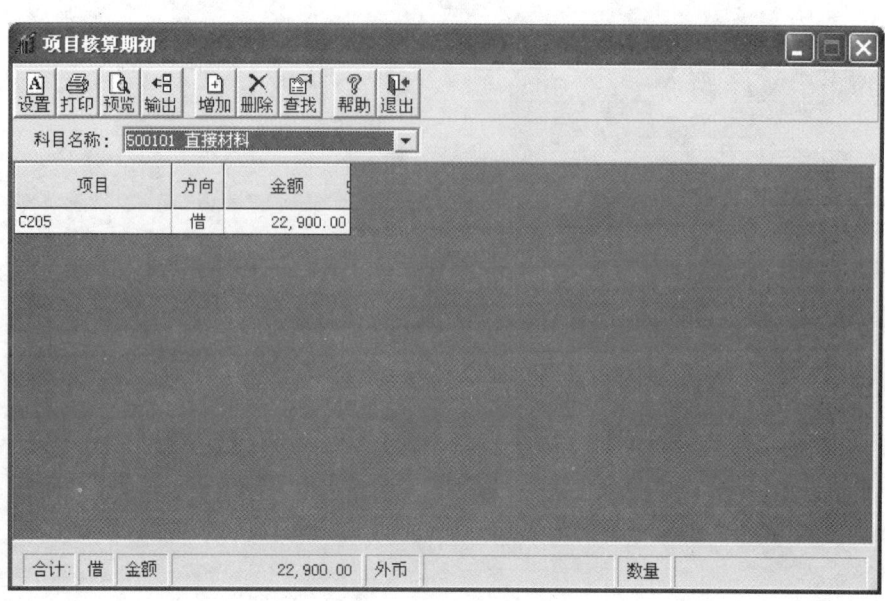

图 1-56　C205 直接材料期初余额

图 1-57　生产成本期初余额

3) 录入客户、供应商往来核算期初余额

执行"总账"—"设置"—"期初余额"命令,双击" ",录入相应的客户和供应商往来期初余额(见图 1-58 和图 1-59)。

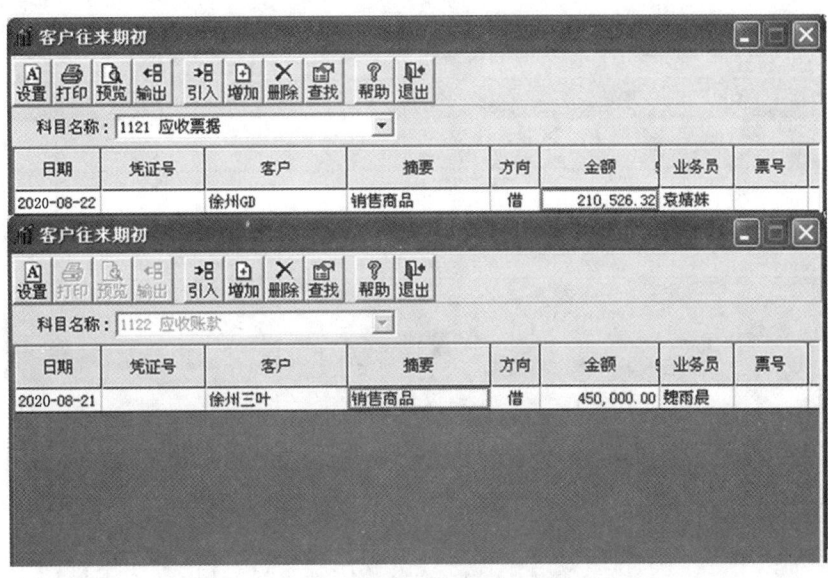

图 1-58　客户往来期初余额

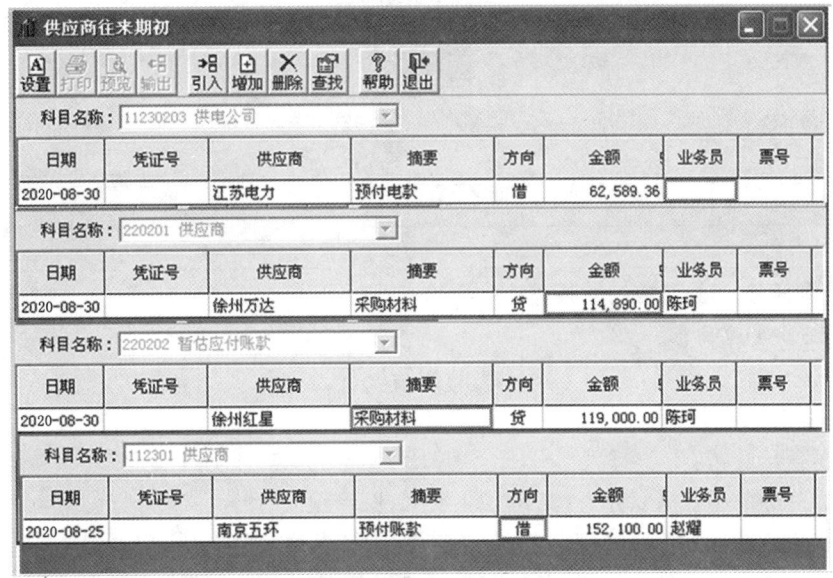

图 1-59　供应商往来期初余额

注意　如果应收、应付、预收、预付、其他应收款的明细科目期初余额资料在购销存模块的客户往来、供应商往来期初录入过(录入时需要单据类型),那么在总账期初里可以使用【引入】功能,这样就可以把购销存的期初资料信息自动传递到总账。这种方法较为简便,但是,如果企业没有启用购销存系统,则无法使用【引入】功能(见图 1-60)。

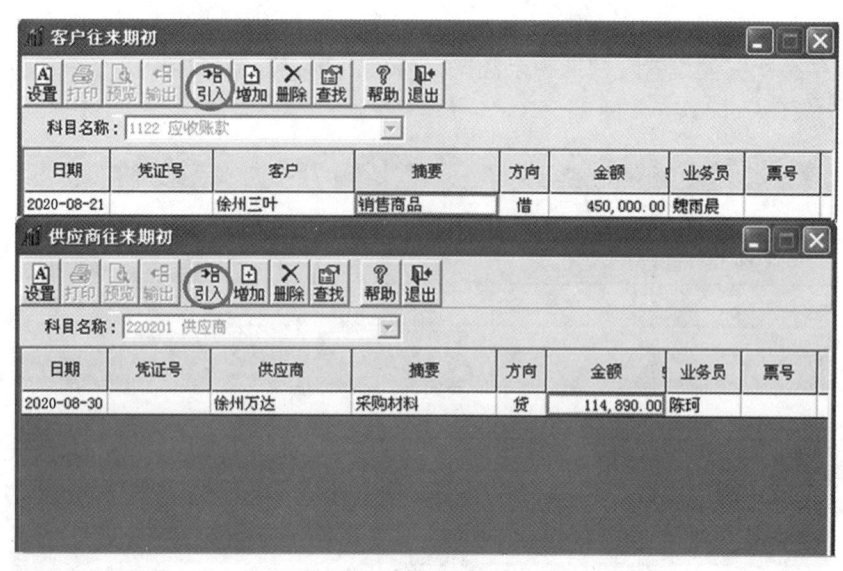

图 1-60　客户往来和供应商往来期初余额录入

3. 任务实施评价

请扫描以下二维码，认真观看本任务规范操作视频，检查任务实施过程，并完成自我评价。

自我评价：

_____

_____

【工作任务 13】工资初始设置

1. 任务实施目标

根据公司财务资料，进行工资模块的初始设置。

2. 任务实施过程

主要会计政策：

五险一金企业承担部分为：养老保险 20%，医疗保险 9%，失业保险 0.5%，工伤保险 0.5%，生育保险 1%，住房公积金 10%。五险一金个人承担部分为：养老保险 8%，医疗保险 2%，重大疾病保险 8 元，失业保险 0.5%，住房公积金 10%。社保最低基数为 2 330 元，最高基数为 10 500 元，住房公积金最低基数为 2 330 元，最高基数为 10 500 元。

1）启用工资管理系统

本公司采用单个工资类别，从工资中代扣个人所得税但不扣零，人员编码长度为"5"，不预置工资项目。第一次进入工资管理系统会自动提示建立工资套，然后按照参数、扣税、扣零、人员编码的设置顺序，完成企业参数设置（见图 1-61 至图 1-64）。

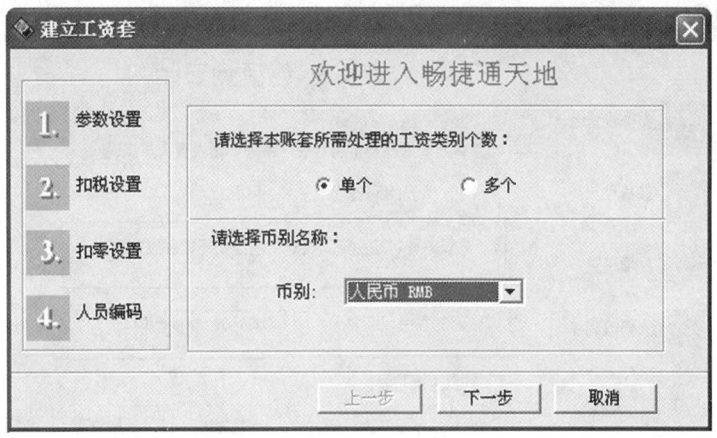

图 1-61　参数设置

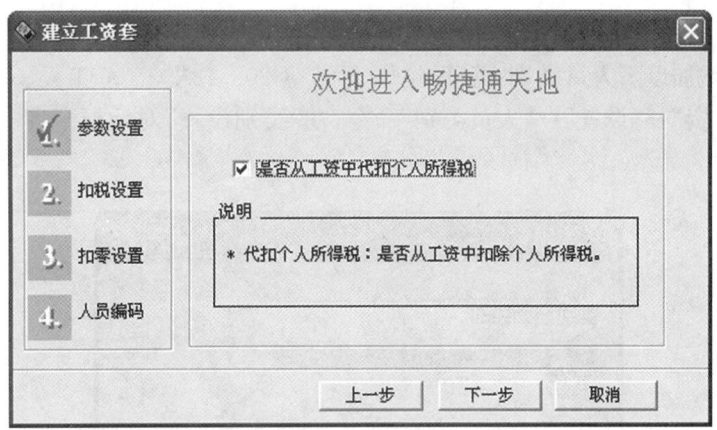

图 1-62　扣税设置

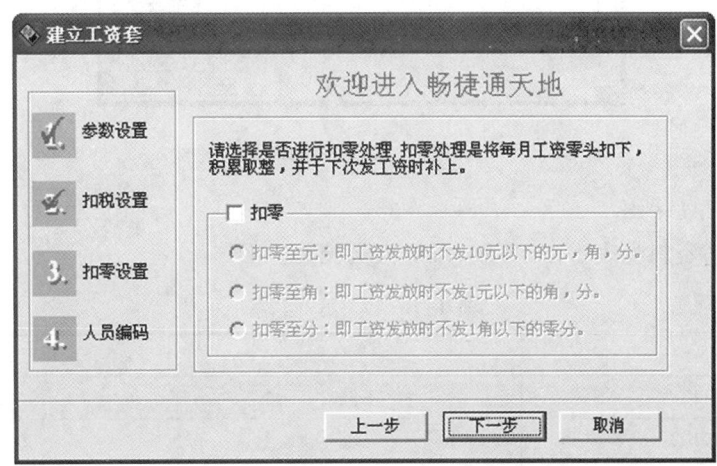

图 1-63　扣零设置

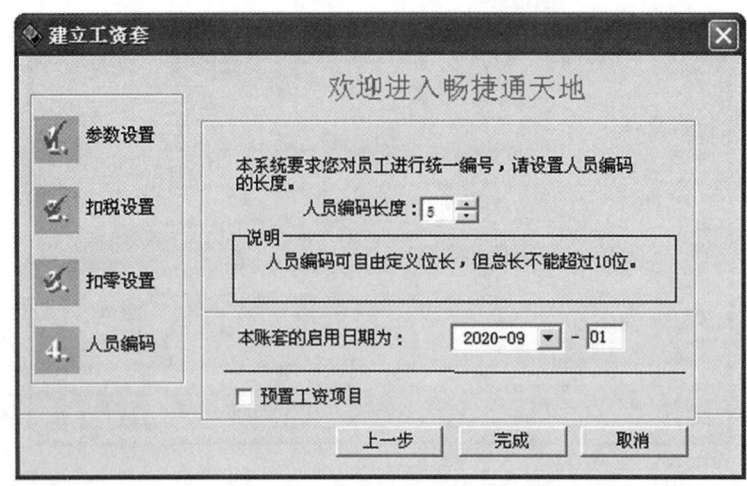

图 1-64　人员编码设置

2）增加人员类别（保留无类别）

按顺序增加以下人员类别：管理、销售、生产、C205 工人、P206 工人。

执行"工资"—"设置"—"人员类别"命令，在"类别设置"对话框中点击【增加】按钮（见图 1-65）。

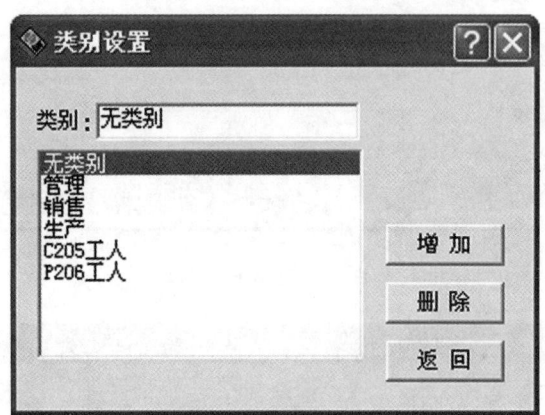

图 1-65　人员类别设置

3）引入职员档案

根据上述资料如表 1-16 所示，添加人员档案。

表 1-16　人 员 档 案

职员编号	职员名称	应付工资（元）
1101	王健	7 000
1102	马聪	5 000
1103	张鹏宇	4 500

(续表)

职员编号	职员名称	应付工资(元)
2201	李云	3 200
2202	江蕙	2 500
2203	张彦宏	1 900
3301	陈珂	3 500
3302	赵耀	2 500
4401	袁林岳	4 600
4402	李雅晨	4 000
4403	孟筱璇	2 200
4404	王子俊	4 500
4405	袁梓祎	4 000
4406	徐丽涵	1 800
4407	翁文双	2 800
4408	丁唯唯	1 900
5501	魏雨晨	4 000
5502	林辰奕	3 500
5503	袁婧姝	2 600
6601	史玉柱	4 000

执行"工资"—"设置"—"人员档案"命令，点击【批增】按钮，选择需要勾选的部门（见图1-66）。然后在"人员类别"一栏为每个职工选择正确的人员类型，如图1-67、图1-68所示。

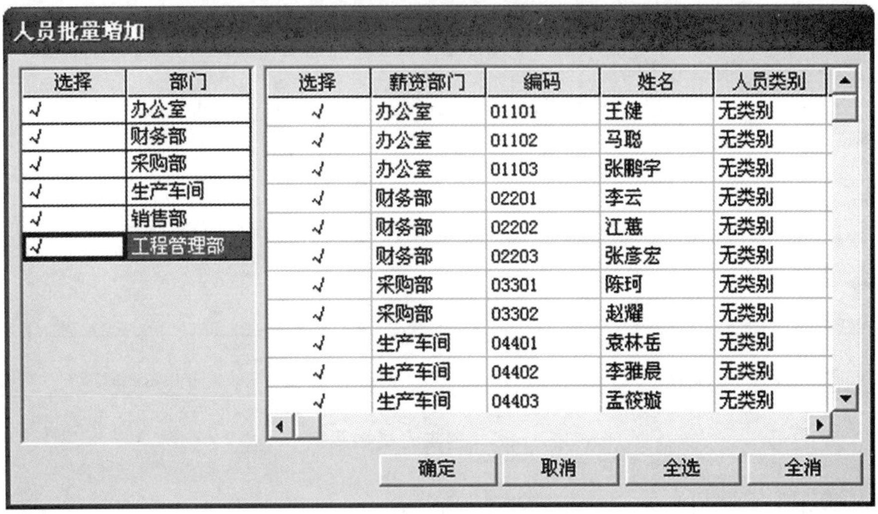

图1-66 增加人员档案

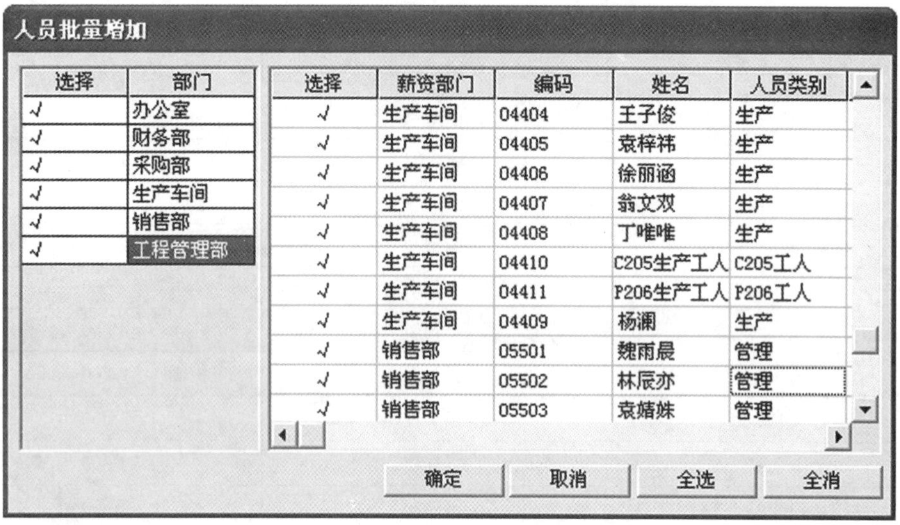

选择	部门
√	办公室
√	财务部
√	采购部
√	生产车间
√	销售部
√	工程管理部

选择	薪资部门	编码	姓名	人员类别
√	生产车间	04404	王子俊	生产
√	生产车间	04405	袁梓祎	生产
√	生产车间	04406	徐丽涵	生产
√	生产车间	04407	翁文双	生产
√	生产车间	04408	丁唯唯	生产
√	生产车间	04410	C205生产工人	C205工人
√	生产车间	04411	P206生产工人	P206工人
√	生产车间	04409	杨澜	生产
√	销售部	05501	魏雨晨	管理
√	销售部	05502	林辰亦	管理
√	销售部	05503	袁婧姝	管理

图 1-67　修改人员类别

部门名称	人员编号	人员姓名	人员类别	账号	中方人员	是否计税	工资停发	进入日期	手机号
办公室	01101	王健	管理		是	是	否		
办公室	01102	马聪	管理		是	是	否		
办公室	01103	张鹏宇	管理		是	是	否		
财务部	02201	李云	管理		是	是	否		
财务部	02202	江蕙	管理		是	是	否		
财务部	02203	张彦宏	管理		是	是	否		
采购部	03301	陈珂	管理		是	是	否		
采购部	03302	赵耀	管理		是	是	否		
生产车间	04401	袁林岳	管理		是	是	否		
生产车间	04402	李雅晨	管理		是	是	否		
生产车间	04403	孟筱璇	管理		是	是	否		
生产车间	04404	王子俊	生产		是	是	否		
生产车间	04405	袁梓祎	生产		是	是	否		
生产车间	04406	徐丽涵	生产		是	是	否		
生产车间	04407	翁文双	生产		是	是	否		
生产车间	04408	丁唯唯	生产		是	是	否		
生产车间	04409	杨澜	生产		是	是	否		
生产车间	04410	C205生产工人	C205工人		是	是	否		
生产车间	04411	P206生产工人	P206工人		是	是	否		
销售部	05501	魏雨晨	管理		是	是	否		
销售部	05502	林辰亦	管理		是	是	否		
销售部	05503	袁婧姝	管理		是	是	否		
工程管理部	06601	史玉柱	管理		是	是	否		

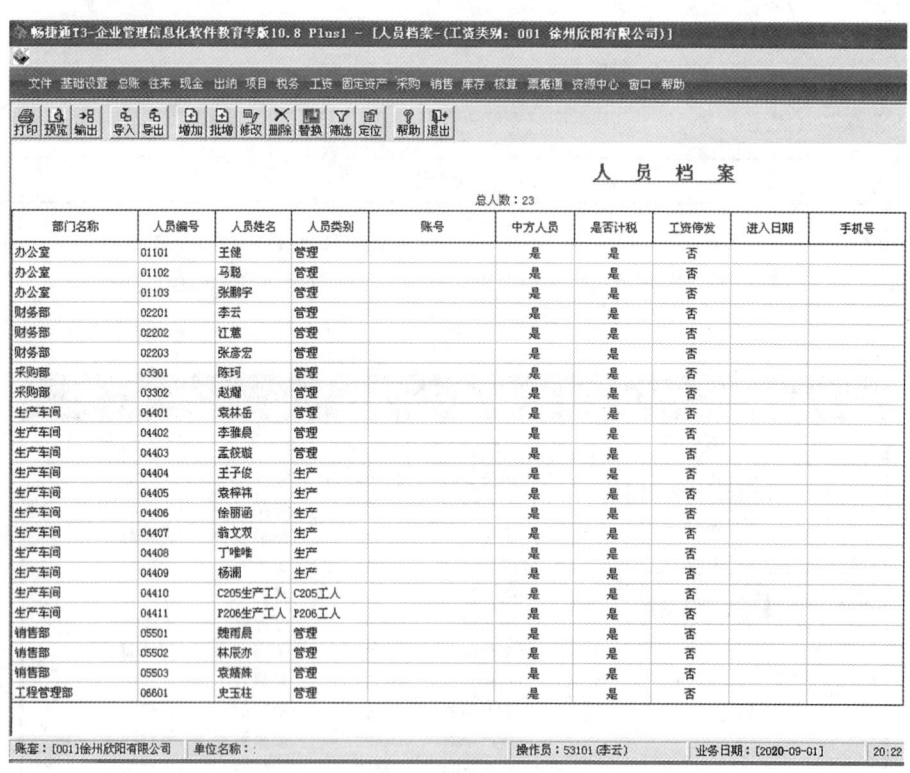

图 1-68　生成人员档案表

4）增加工资项目

根据上述资料如表 1-17 所示，增加工资项目。

表 1-17　工　资　项　目

工资项目名称	类别	长度	小数	增减项
代扣税	数字	10	2	减项
计税基数	数字	8	2	其他
实发合计	数字	10	2	增项
养老保险	数字	8	2	减项
医疗保险	数字	8	2	减项
失业保险	数字	8	2	减项
工伤保险	数字	8	2	减项
生育保险	数字	8	2	减项
住房公积金	数字	8	2	减项
个人养老保险	数字	8	2	减项
个人医疗保险	数字	8	2	减项
个人失业保险	数字	8	2	减项
个人住房公积金	数字	8	2	减项
大病救助金	数字	8	2	减项
社保合计	数字	10	2	其他
公积金基数	数字	10	2	其他
社保基数	数字	8	2	其他
应付工资	数字	8	2	增项
月标准工资	数字	10	2	增项
工人工资分配	数字	10	2	其他
工人社保分配	数字	10	2	其他
工人公积金分配	数字	10	2	其他

执行"工资项目"命令，在打开的"工资项目设置"选项卡中，点击【增加】按钮，"工资项目名称"输入"代扣税"，"类型"选择"数字"，"长度"设置为"10"，"小数"设置为"2"，"增减项"选择"减项"，如图 1-69 所示。同理，增加其他工资项目，如图 1-70、图 1-71 所示。

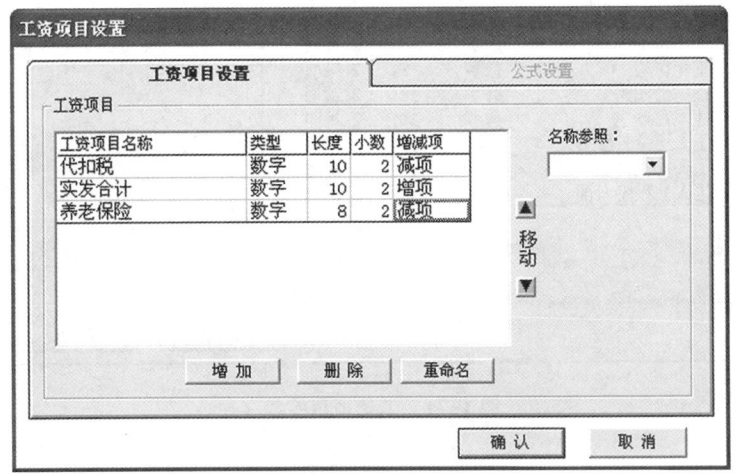

图 1-69　增加工资项目

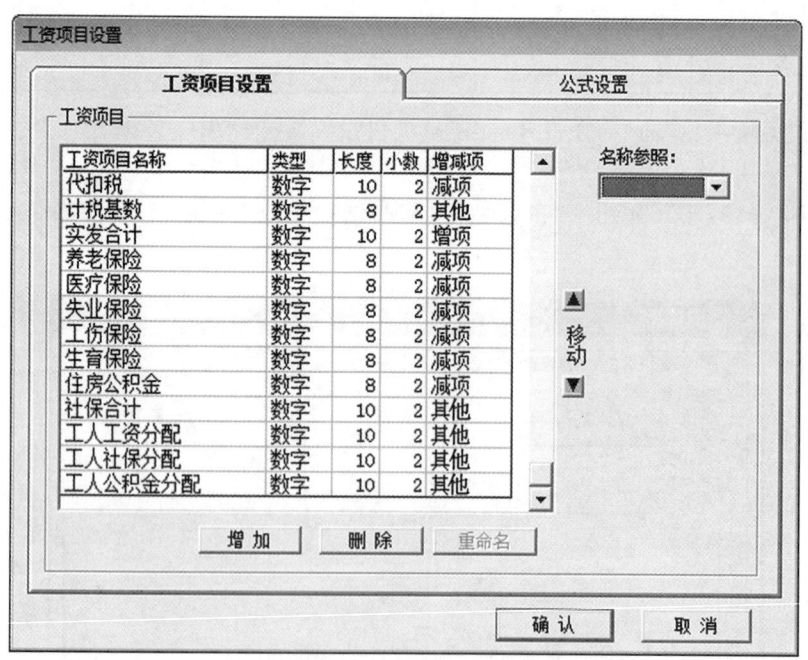

图 1-70　工资项目完整 1

图 1-71　工资项目完整 2

5) 增加工资计算公式

(1) 应付工资＝月标准工资

(2) 社保基数＝iff(应付工资＝0,0,iff(应付工资＜2330,2330,iff(应付工资＞10 500,10 500,应付工资)))

(3) 公积金基数＝iff(应付工资＝0,0,iff(应付工资＜2330,2330,iff(应付工资＞10 500,10 500,应付工资)))

(4) 养老保险＝iff(人员类别＝"C205工人"or 人员类别＝"P206工人",0,社保基数*0.2)

(5) 医疗保险＝iff(人员类别＝"C205工人"or 人员类别＝"P206工人",0,社保基数*0.09)

(6) 失业保险＝iff(人员类别＝"C205工人"or 人员类别＝"P206工人",0,社保基数*0.05)

(7) 工伤保险＝iff(人员类别＝"C205工人"or 人员类别＝"P206工人",0,社保基数*0.05)

(8) 生育保险＝iff(人员类别＝"C205工人"or 人员类别＝"P206工人",0,社保基数*0.01)

(9) 住房公积金＝iff(人员类别＝"C205工人"or 人员类别＝"P206工人",0,公积金基数*0.1)

(10) 社保合计＝养老保险＋医疗保险＋失业保险＋工伤保险＋生育保险

(11) 个人养老保险＝iff(人员类别＝"C205工人"or 人员类别＝"P206工人",0,社保基数*0.08)

(12) 个人医疗保险＝iff(人员类别＝"C205工人"or 人员类别＝"P206工人",0,社保基数*0.02＋大病救助金)

(13) 个人失业保险＝iff(人员类别＝"C205工人"or 人员类别＝"P206工人",0,社保基数*0.005)

(14) 个人住房公积金＝iff(人员类别＝"C205工人"or 人员类别＝"P206工人",0,公积金基数*0.1)

(15) 大病救助金＝iff(人员类别＝"C205工人"or 人员类别＝"P206工人",0,8)

(16) 计税基数＝应付工资－个人养老保险－个人医疗保险－个人失业保险－个人住房公积金＋大病救助金

(17) 实发合计＝应付工资－个人养老保险－个人医疗保险－个人失业保险－个人住房公积金－代扣税

根据上述资料,增加工资计算公式。

(1) 进入"工资管理"模块,切换到"公式设置"选项卡,在左边"工资项目"中点击【增加】按钮,出现空行,在下拉菜单中选择"应付工资"。此时在右边公式定义空白框中选择下面的工资项目"月标准工资"(见图1-72),点击【公式确认】按钮,再点击【确认】按钮。其他公式设置的操作方法同上,凡是公式中需要使用的符号和工资项目、部门以及人员类别都要在下面的参照框中进行选择,即使是在公式定义对话框中采用人工录入方式,录入的项目也必须是已设置的项目。

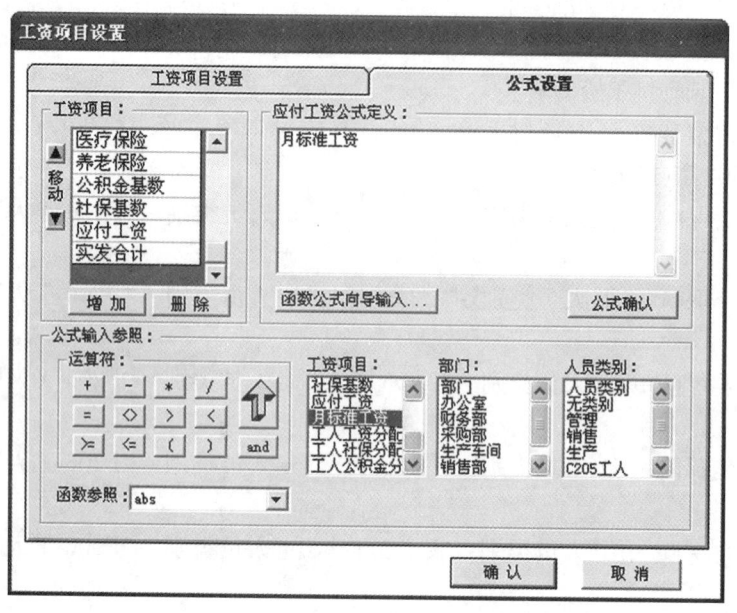

图 1-72　公式输入框

(2) 同理,增加社保合计、计税基础、实发合计工资公式。

(3) 社保基数的公式设置方法如下。在"公式设置"选项卡中左边的"工资项目"点击【增加】按钮,出现空行,在下拉菜单中选择"社保基数"。此时单击右边公式定义空白框下面点击【函数公式向导输入】按钮,弹出"函数向导——步骤之1"窗口。在"函数名"一栏,选择"iff"(见图1-73),点击【下一步】按钮,弹出"函数向导——步骤之2"窗口(见图1-74)。在逻辑表达式一栏,点击【参照】按钮,弹出"参照"窗口,在第一行下拉列表中选择"工资项目",然后选择"应付工资"(见图1-75),再点击【确认】按钮,返回到

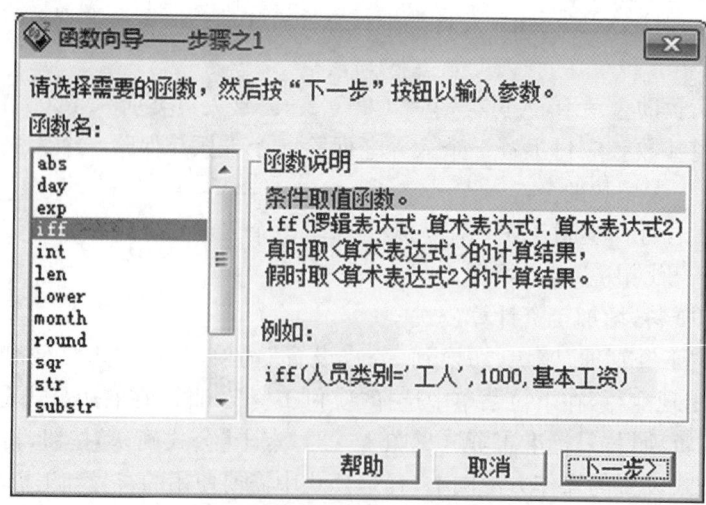

图 1-73　"函数向导——步骤之1"窗口

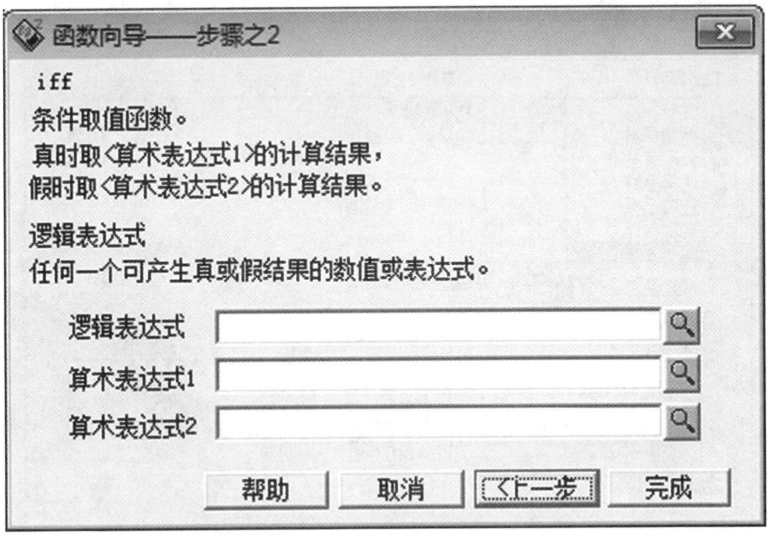

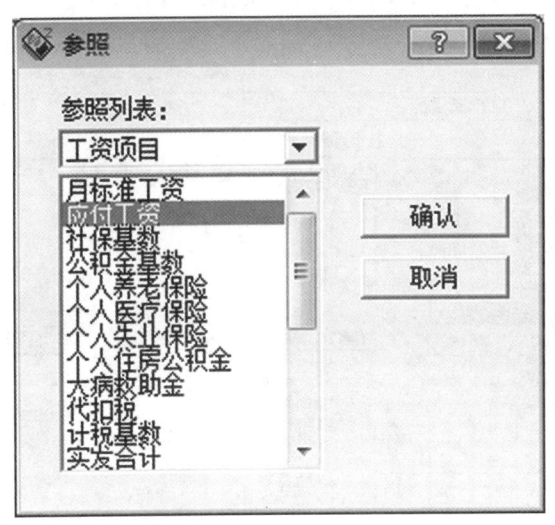

图1-74 "函数向导——步骤之2"窗口

图1-75 "参照"窗口

"函数向导——步骤之2"窗口。在"逻辑表达式"中的"应付工资"后录入"＝0",在"算数表达式1"中输入"0",点击【完成】按钮,返回到"公式设置"选项卡(见图1-76)。将光标定位于括号内,再次点击【函数公式向导输入】按钮,按照公式依次录入剩余内容,结果如图1-77所示。

（4）同理,增加其他iff工资公式。

（5）同理,增加养老保险、医疗保险、失业保险、工伤保险、生育保险、住房公积金、个人养老保险、个人医疗保险、个人失业保险、个人住房公积金、大病补助金。

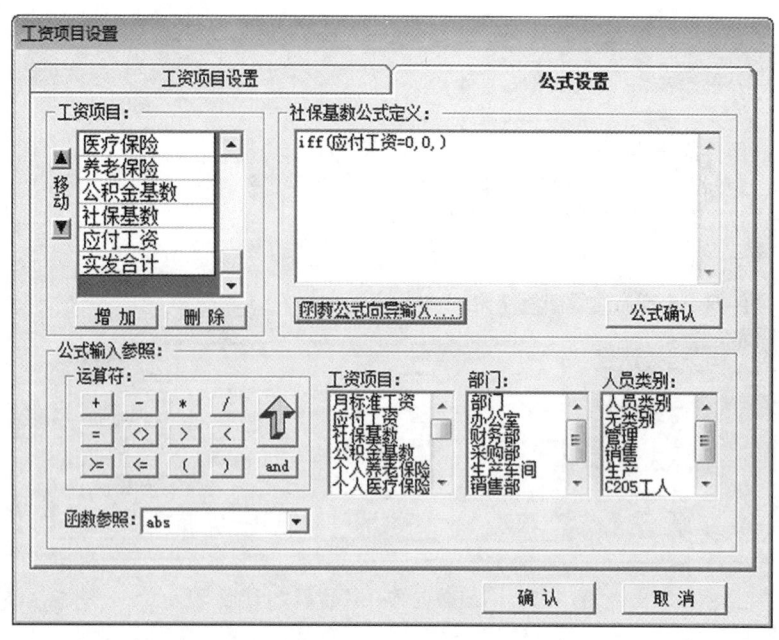

图1-76 "公式设置"选项卡

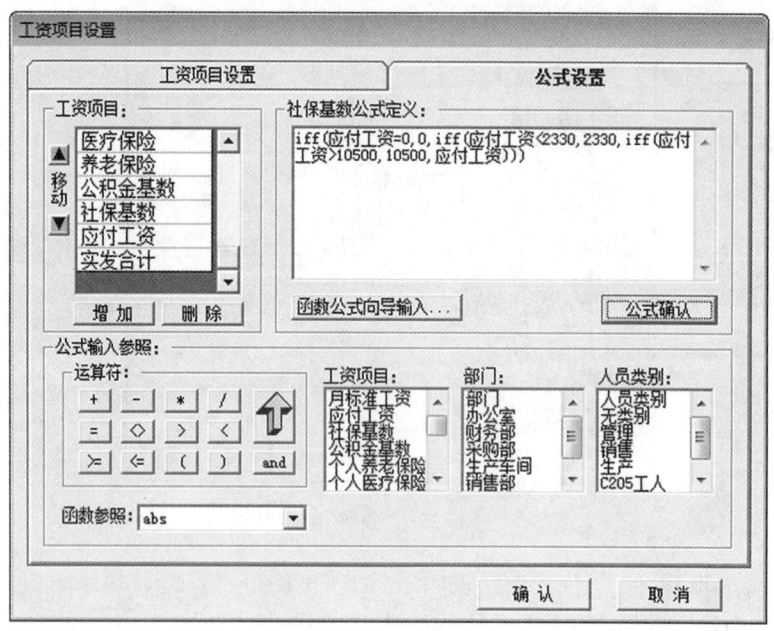

图1-77 社保基数公式

6）设置工资账套主管

设置工资账套主管：将"江蕙"设置为工资账套主管。

根据上述资料，设置工资账套主管。

执行"工资"—"设置"—"权限设置"命令，在"权限设置"窗口中选中操作员姓名"江蕙"，勾选所用公司部门，在"工资类别主管"前的复选框内打钩如图1-78所示。

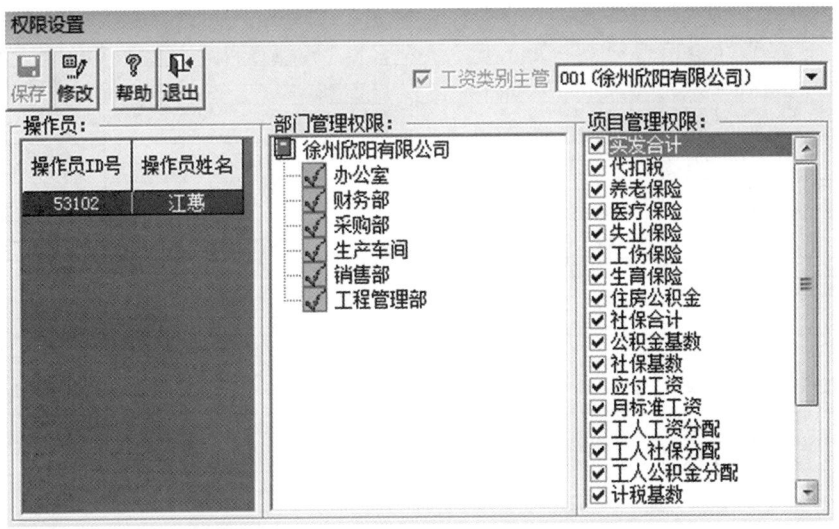

图 1-78　设置工资账套主管

7）录入工资变动表的相关工资数据

（1）执行"工资变动"命令，在"月标准工资"一栏，根据表 1-16 录入各员工的月标准工资（见图 1-79），点击右键，选择"重新计算"，系统会自动根据工资公式计算出其他工资项目数据（见图 1-80），点击【保存】按钮。

人员编号	姓名	部门	人员类别	月标准工资
01101	王健	办公室	管理	7,000.00
01102	马聪	办公室	管理	5,000.00
01103	张鹏宇	办公室	管理	4,500.00
02201	李云	财务部	管理	3,200.00
02202	江蕙	财务部	管理	2,500.00
02203	张彦宏	财务部	管理	1,900.00
03301	陈珂	采购部	管理	3,500.00
03302	赵耀	采购部	管理	2,500.00
04401	袁林岳	生产车间	管理	4,600.00
04402	李雅晨	生产车间	管理	4,000.00
04403	孟筱璇	生产车间	管理	2,200.00
04404	王子俊	生产车间	生产	4,500.00
04405	袁梓祎	生产车间	生产	4,000.00
04406	徐丽涵	生产车间	生产	1,800.00
04407	翁文双	生产车间	生产	2,800.00
04408	丁唯唯	生产车间	生产	1,900.00
04409	杨澜	生产车间	生产	2,800.00
04410	C205生产工	生产车间	C205工人	
04411	P206生产工	生产车间	P206工人	
05501	魏雨晨	销售部	管理	4,000.00
05502	林辰亦	销售部	管理	3,500.00
05503	袁婧妹	销售部	管理	2,600.00
06601	史玉柱	工程管理部	管理	4,000.00

图 1-79　月标准工资录入

工 资 变 动

应付工资	社保基数	公积金基数	个人养老保险	个人医疗保险	个人失业保险	个人住房公积金	大病救助金	代扣税	计税基数	实发合计
7,000.00	7,000.00	7,000.00	560.00	140.00	35.00	700.00	8.00	16.95	5,565.00	5,540.05
5,000.00	5,000.00	5,000.00	400.00	100.00	25.00	500.00	8.00	0.00	3,975.00	3,967.00
4,500.00	4,500.00	4,500.00	360.00	90.00	22.50	450.00	8.00	0.00	3,577.50	3,569.50
3,200.00	3,200.00	3,200.00	256.00	64.00	16.00	320.00	8.00		2,544.00	2,536.00
2,500.00	2,500.00	2,500.00	200.00	50.00	12.50	250.00	8.00		1,987.50	1,979.50
1,900.00	2,330.00	2,330.00	186.40	46.60	11.65	233.00	8.00		1,422.35	1,414.35
3,500.00	3,500.00	3,500.00	280.00	70.00	17.50	350.00	8.00		2,782.50	2,774.50
2,500.00	2,500.00	2,500.00	200.00	50.00	12.50	250.00	8.00		1,987.50	1,979.50
4,600.00	4,600.00	4,600.00	368.00	92.00	23.00	460.00	8.00	0.00	3,657.00	3,649.00
4,000.00	4,000.00	4,000.00	320.00	80.00	20.00	400.00	8.00		3,180.00	3,172.00
2,200.00	2,330.00	2,330.00	186.40	46.60	11.65	233.00	8.00		1,722.35	1,714.35
4,500.00	4,500.00	4,500.00	360.00	90.00	22.50	450.00	8.00	0.00	3,577.50	3,569.50
4,000.00	4,000.00	4,000.00	320.00	80.00	20.00	400.00	8.00		3,180.00	3,172.00
1,800.00	2,330.00	2,330.00	186.40	46.60	11.65	233.00	8.00		1,322.35	1,314.35
2,800.00	2,800.00	2,800.00	224.00	56.00	14.00	280.00	8.00		2,226.00	2,218.00
1,900.00	2,330.00	2,330.00	186.40	46.60	11.65	233.00	8.00		1,422.35	1,414.35
2,800.00	2,800.00	2,800.00	224.00	56.00	14.00	280.00	8.00		2,226.00	2,218.00
4,000.00	4,000.00	4,000.00	320.00	80.00	20.00	400.00	8.00		3,180.00	3,172.00
3,500.00	3,500.00	3,500.00	280.00	70.00	17.50	350.00	8.00		2,782.50	2,774.50
2,600.00	2,600.00	2,600.00	208.00	52.00	13.00	260.00	8.00		2,067.00	2,059.00
4,000.00	4,000.00	4,000.00	320.00	80.00	20.00	400.00	8.00		3,180.00	3,172.00

图 1-80 工资变动表

(2) 点击"个人所得税",在对应工资项目中选"计税基数"。

3. 任务实施评价

请扫描以下二维码,认真观看本任务规范操作视频,检查任务实施过程,并完成自我评价。

01　　　　　02　　　　　03

04　　　　05　　　　06　　　　07

自我评价：

_____

_____

【工作任务 14】固定资产初始设置

1. 任务实施目标

根据公司财务资料,进行固定资产模块的初始设置。

2. 任务实施过程

主要会计政策：

(1) 固定资产采用"平均年限法(一)"计提折旧,在对账不平的情况下允许结账,启用月份为"2020 年 9 月",编码长度默认,固定资产编码方式为"部门编号＋类别编号＋序号"。固定资产不包括研发用固定资产。

（2）可纳税调整的增加方式为"直接购入,投资者投入,捐赠"。

（3）固定资产折旧采用平均年限法,净残值率为 4%,折旧年限分别为:房屋及建筑物 20 年,生产设备 10 年,运输工具 4 年,电子设备 3 年,工具器具及家具 5 年,折旧率保留 4 位小数。

1）启用固定资产管理模块

进入"固定资产"模块,出现初始化固定资产账套的提示框(见图 1-81),点击【是】按钮。按照提示和企业参数要求依次点击【我同意】【下一步】按钮,完成操作(见图 1-82 至图 1-88）。

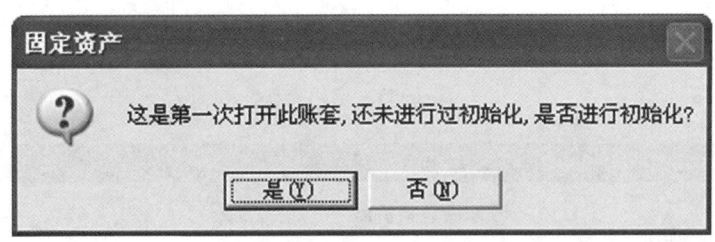

图 1-81　第一次进入界面

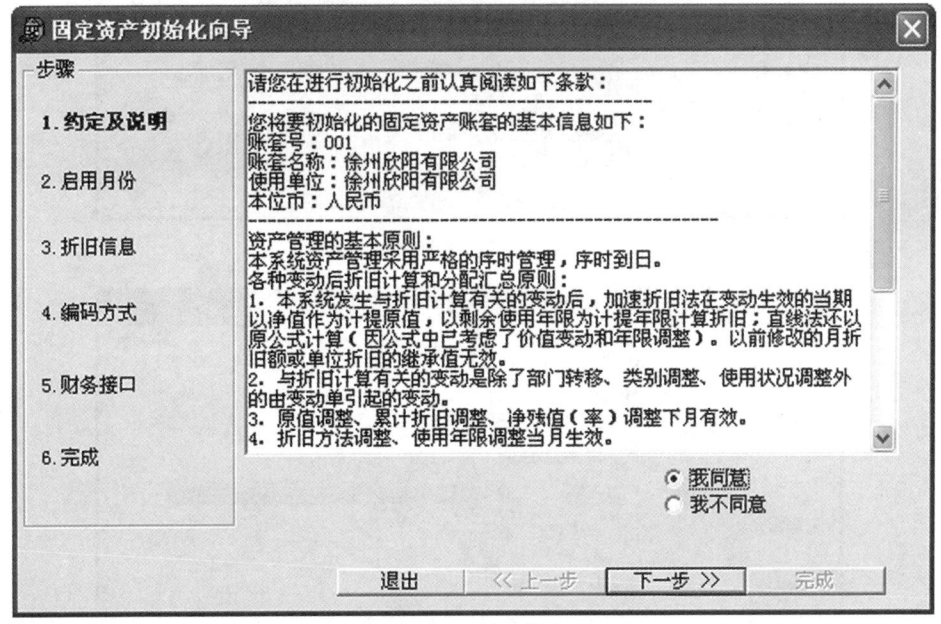

图 1-82　约定及说明

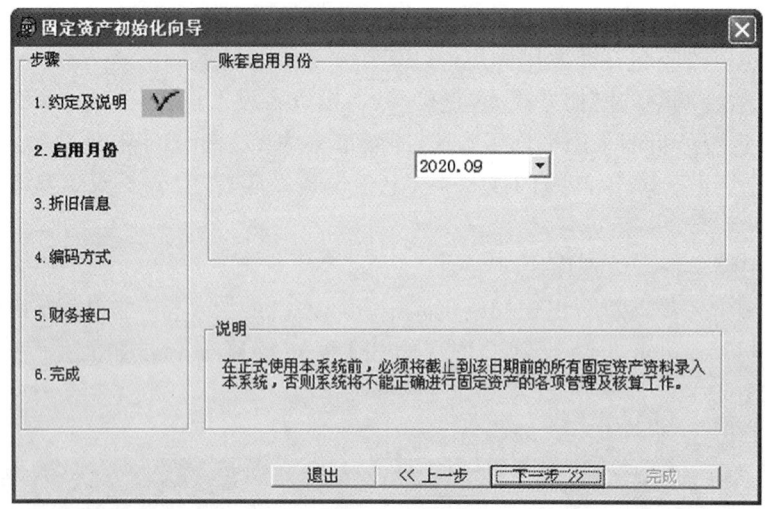

图 1-83　启用月份

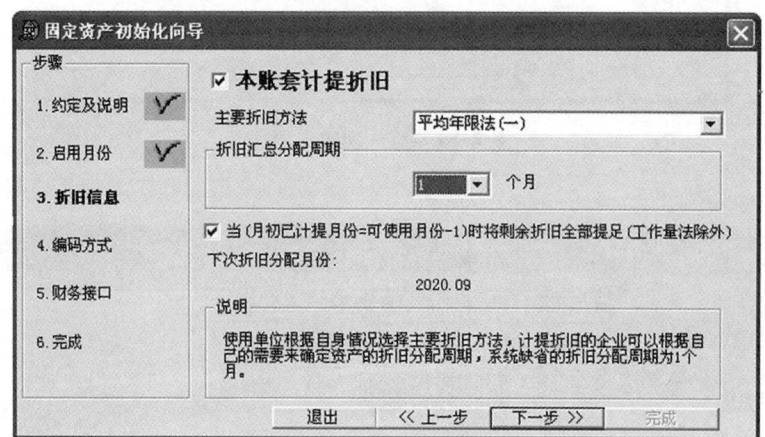

图 1-84　折旧信息

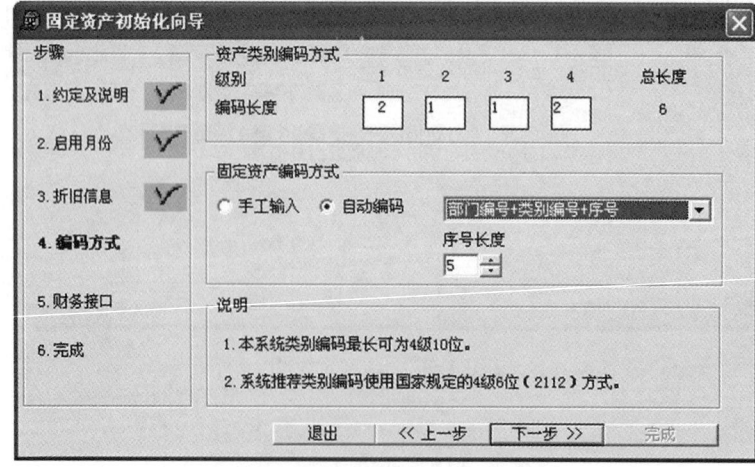

图 1-85　编码方式

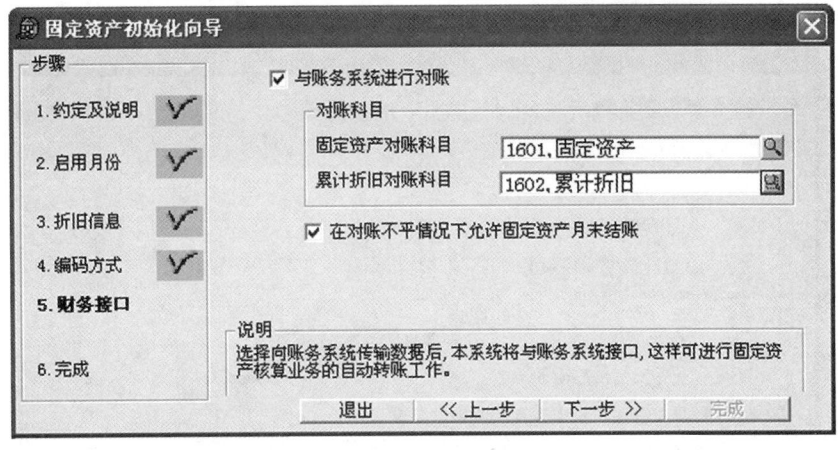

图 1-86 财务接口

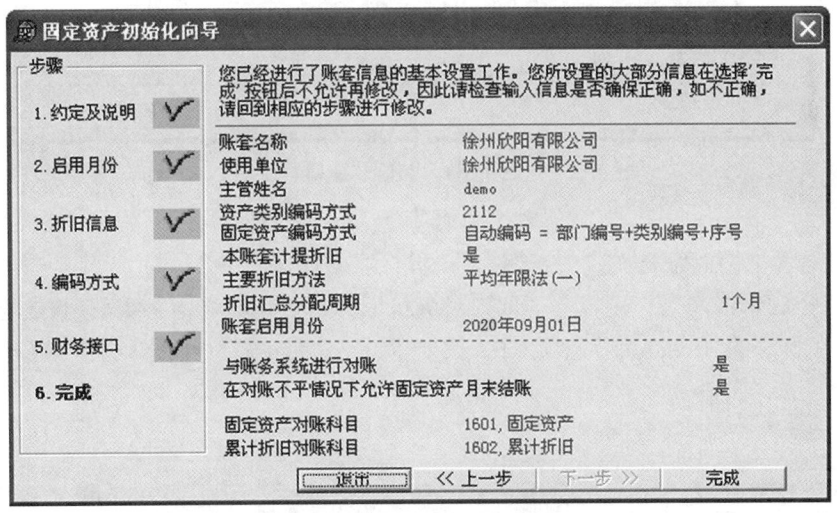

图 1-87 点击【完成】按钮

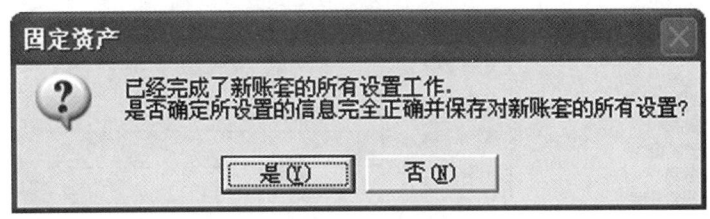

图 1-88 设置完成

2) 修改固定资产相关参数

设置可纳税调整的增加方式为"直接购入,投资者投入,捐赠",并设置合理的可抵扣税额入账科目。

执行"固定资产"—"设置"—"选项"命令,根据资料在打开的"选项"窗口中进行修改(见图1-89)。

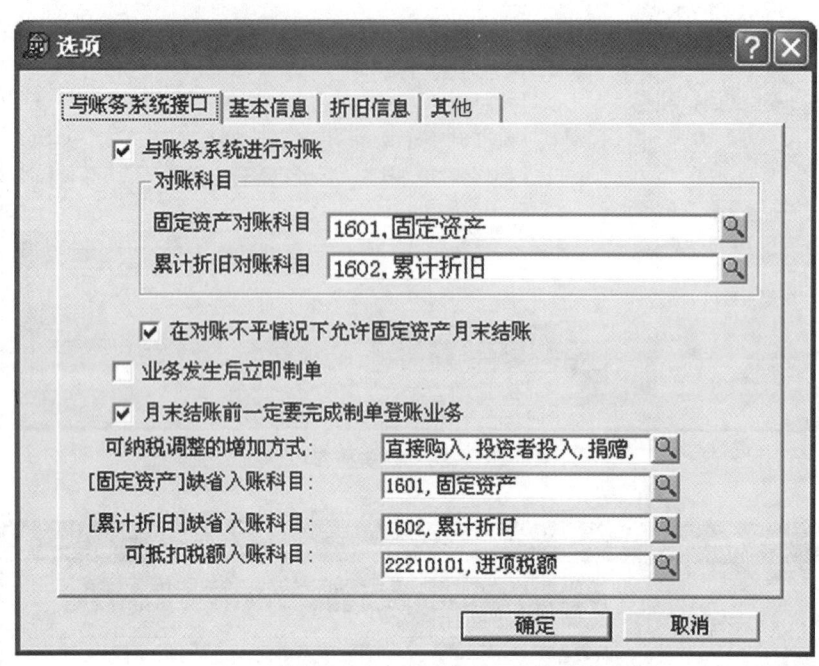

图 1-89 "选项"窗口

3) 对各部门固定资产进行折旧对应科目的设置

执行"固定资产"—"设置"—"部门对应折旧科目"命令，选中末级部门，点击【操作】按钮。在打开的"单张视图"选项卡中，按要求录入折旧科目（见图 1-90），点击【保存】按钮。

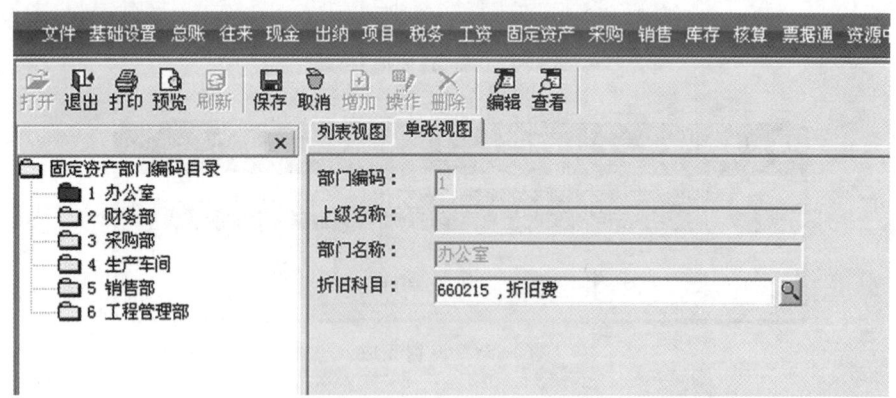

图 1-90 录入折旧科目

同理，增加其他部门的折旧科目，如图 1-91 所示。

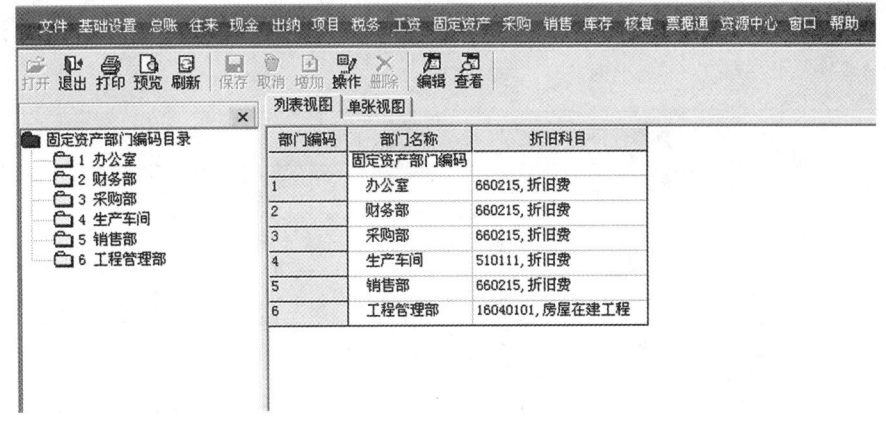

图 1-91　所有部门折旧科目

4）增加固定资产类别

根据上述资料如表 1-18 所示，增加固定资产类别。

表 1-18　固定资产类别信息

类别编号	01	02	03	04
类别名称	房屋及建筑物	机器设备	运输工具	电子设备
计量单位	幢	台	辆	台
计提折旧	总提折旧	正常计提	正常计提	正常计提

执行"固定资产"—"设置"—"资产类别"命令，点击【增加】按钮，录入相关信息后再点击【保存】按钮（见图 1-92）。

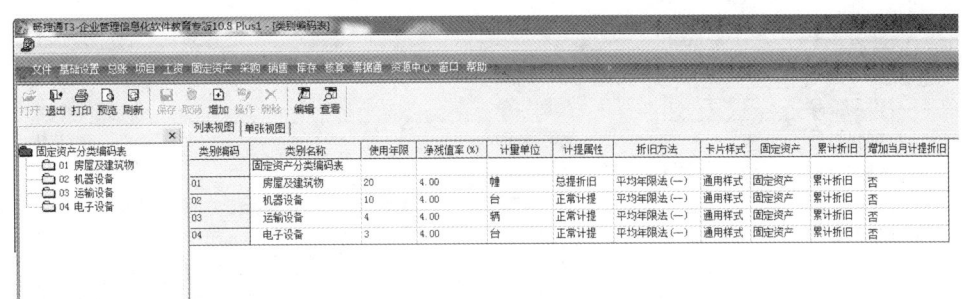

图 1-92　增加资产类别

5）录入原始卡片

根据上述资料如表 1-19 所示，增加固定资产卡片。

表 1-19　固定资产原始卡片

固定资产类别	使用部门	名称	增加方式	使用状况	原价	开始使用日期	累计折旧
房屋及建筑物	办公室	办公楼	在建工程转入	在用	1 200 000	2015-10-25	278 400.00
房屋及建筑物	生产车间	厂房	在建工程转入	在用	420 000	2015-11-02	95 760.00

(续表)

固定资产类别	使用部门	名称	增加方式	使用状况	原价	开始使用日期	累计折旧
机器设备	生产车间	机器设备 W	直接购入	在用	80 000	2015-09-01	37 760.00
机器设备	生产车间	机器设备 K	直接购入	在用	1 379 200	2015-11-06	628 915.20
电子设备	生产车间	空调 H	直接购入	在用	30 000	2018-11-07	16 800.00
电子设备	生产车间	电脑 HP	直接购入	在用	10 000	2019-01-16	5 066.67
电子设备	工程管理部	空调 P	直接购入	在用	30 000	2019-01-24	15 200.00
电子设备	财务部	电脑 HP	直接购入	在用	35 000	2019-01-16	17 733.33
运输设备	办公室	大众轿车	直接购入	在用	125 000	2016-10-09	115 000.00

进入"固定资产"模块,在主界面中点击【原始卡片录入】按钮,输入办公楼的相关资料(见图 1-93)。

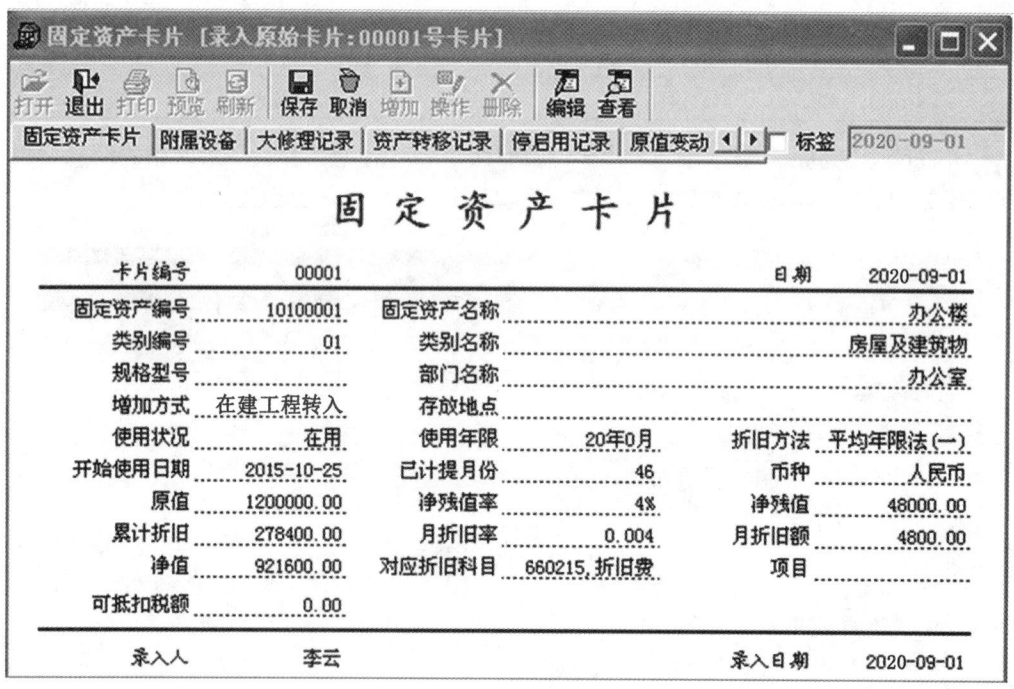

图 1-93　原始卡片录入

相同操作,按照企业的资料信息,录入 11 张原始卡片。录入完毕的原始卡片结果需要修改或删除,可通过执行"固定资产"—"卡片"—"卡片管理"命令进行(见图 1-94)。

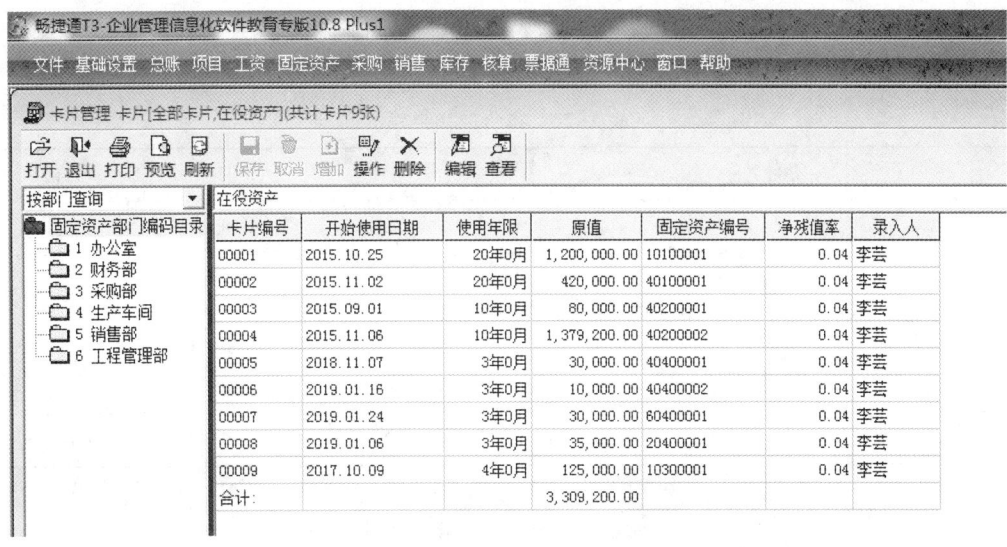

图 1-94 原始卡片结果图

3. 任务实施评价

请扫描以下二维码，认真观看本任务规范操作视频，检查任务实施过程，并完成自我评价。

自我评价：

_____

_____

【工作任务 15】购销存初始设置

1. 任务实施目标

根据公司财务资料，进行采购、销售、库存及核算模块的期初设置。

2. 任务实施过程

按企业如下要求，在购销存及核算系统中设置"允许使用零库存""销售生成出库单""显示现金折扣"，暂估方式为"月初回冲"，对原材料、周转材料、库存商品等存货设置对应的存货科目,并检查相关系统参数设置是否正确并予以保存,最后录入以下期初资料(见表1-20至表1-23)。

表1-20 存货期初余额

仓库	存货名称	数量	金额(元)	入库日期	科目
材料库	Z811	4 600 千克	219 000.00	2020-8-30	1403
材料库	Y812	9 000 千克	295 431.43	2020-8-30	1403
材料库	包装箱	150 只	6 000.00	2020-8-30	1411
成品库	C205	2 000 件	560 000.00	2020-8-30	1405
成品库	P206	800 件	800 000.00	2020-8-30	1405

表1-21 客户往来期初余额

日期	科目	客户简称	摘要	金额(元)	业务员	使用格式
2020-8-21	1122	徐州三叶	销售商品	450 000.00	魏雨晨	应收单
2020-8-28	1122	宿迁长城	销售商品	125 000.00	林辰奕	
2020-8-22	1121	徐州GD	销售商品	210 526.32	袁婧姝	

表1-22 输入供应商往来期初余额

日期	科目	供应商简称	摘要	金额(元)	业务员	使用格式
2020-8-30	220201	徐州万达	采购材料	114 890	陈珂	应付单
2020-8-25	112301	南京五环	预付账款	152 100	赵耀	预付单

表1-23 期初采购入库单

日期	科目	供应商简称	摘要	金额(元)	业务员	使用格式	入库单号	存货名称	数量(千克)
2020-8-30	220202	徐州红星	采购材料	119 000	陈珂	期初采购入库单	20190830	Z811	2 380

根据上述资料,进行相关设置并录入购销存管理系统期初余额。

(1)在"销售管理"模块,执行"销售"—"销售业务范围设置"命令,选择"允许使用零库存""显示现金折扣"复选框(见图1-95)。

(2)在"库存管理"模块,执行"库存"—"库存业务范围设置"命令,也可以进行"允许使用零库存"的参数设置(见图1-96)。

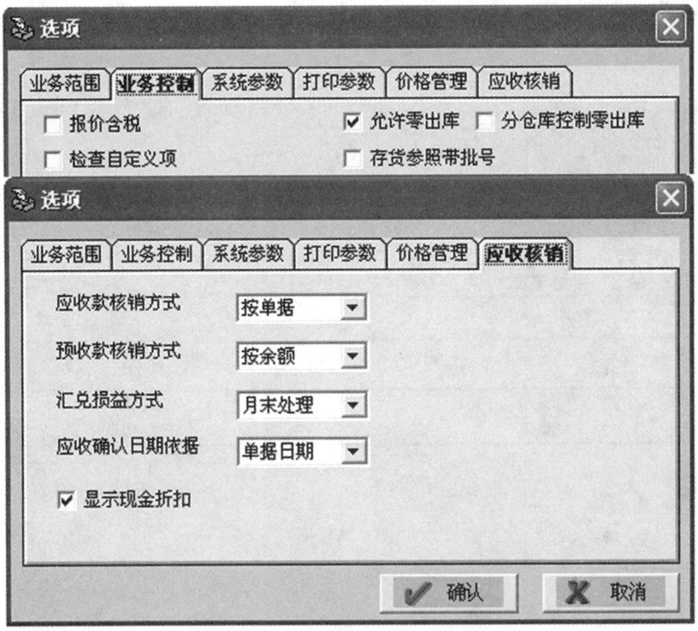

图 1-95　销售管理业务参数

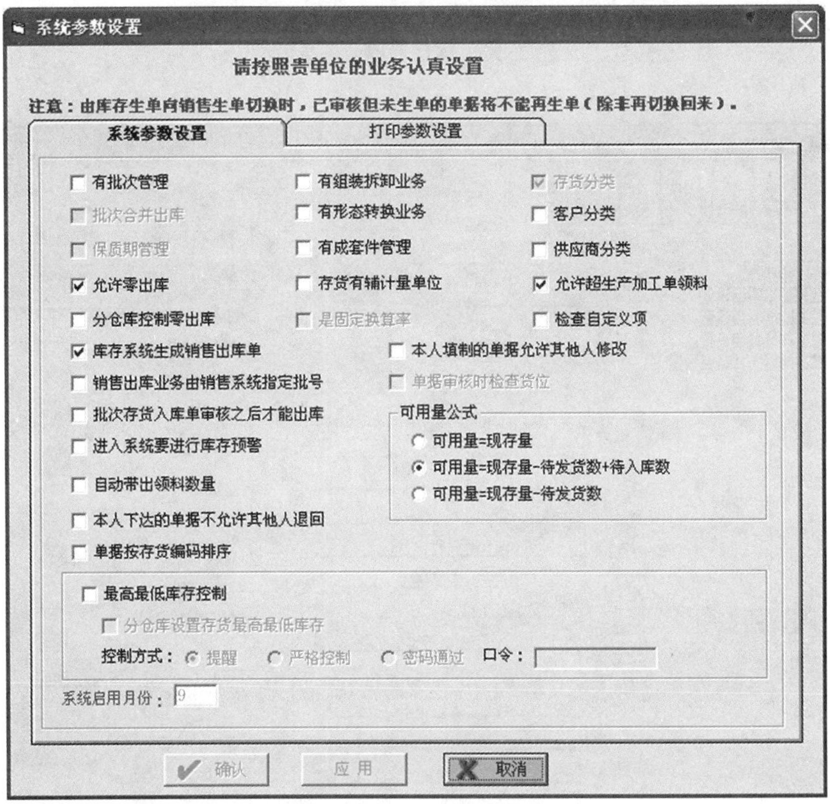

图 1-96　库存管理业务参数

（3）在"核算管理"模块，执行"核算"—"科目设置"—"存货科目"命令（见图1-97）。

（4）执行"核算"—"科目设置"—"客户往来科目设置"命令（见图1-98）。

同理，设置供应商往来科目，如图1-99所示。

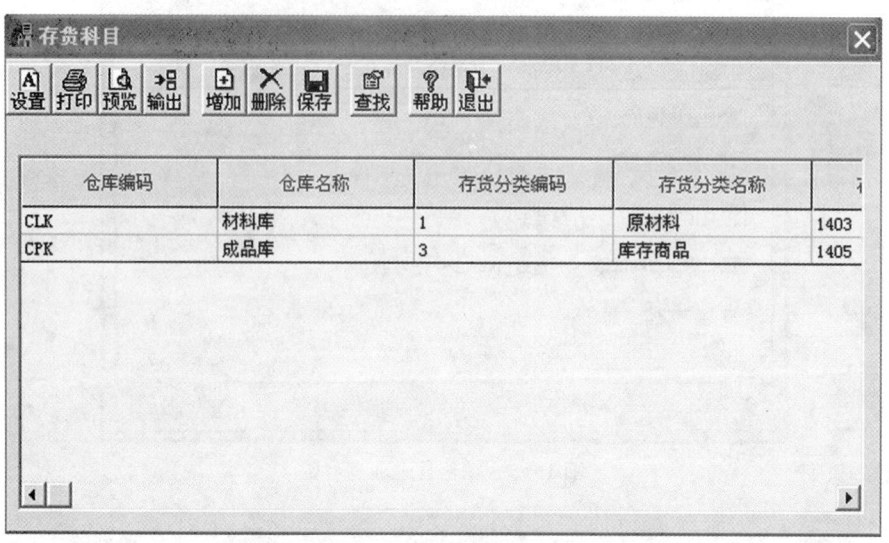

图1-97　核算管理业务参数

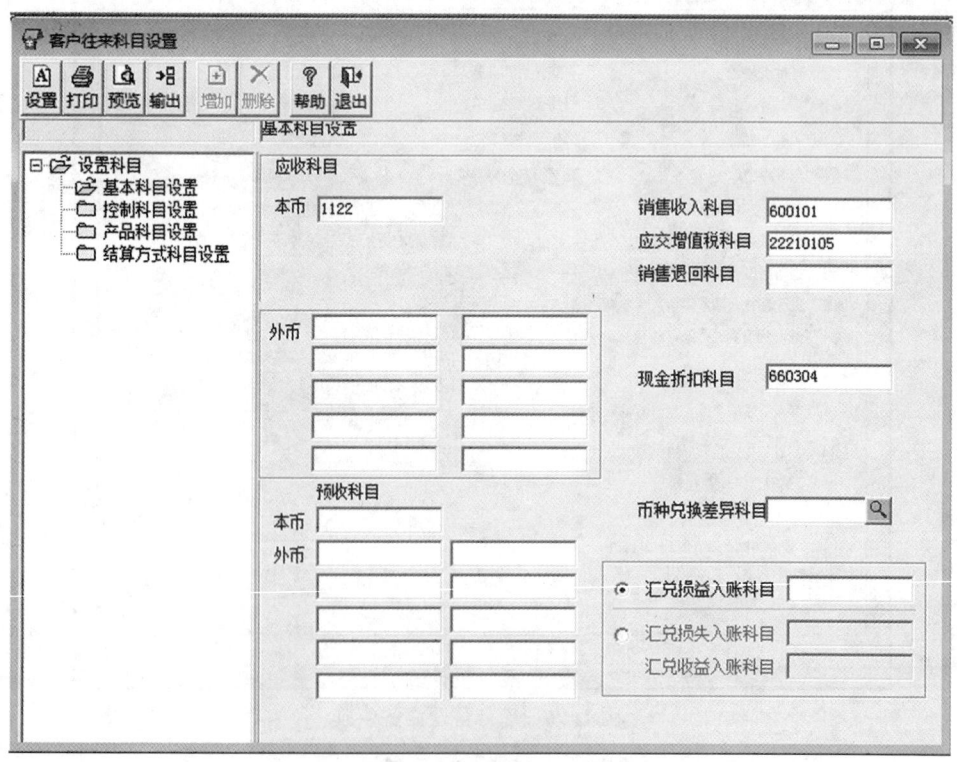

图1-98　客户往来科目设置

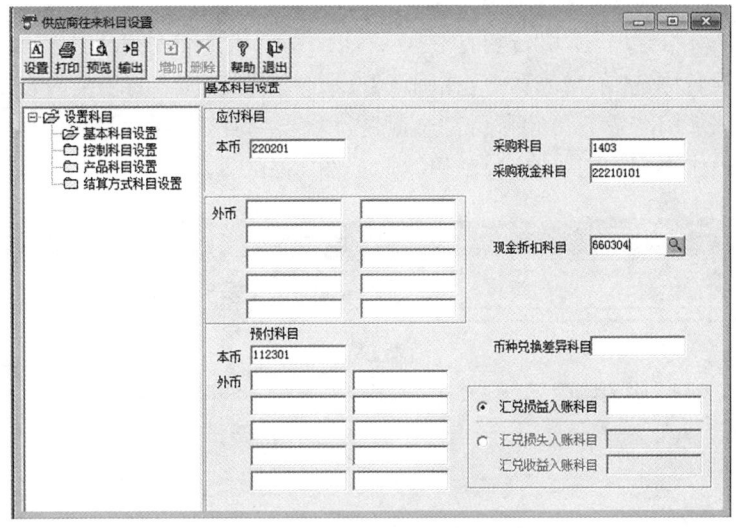

图 1-99　供应商往来科目设置

（5）执行"库存"—"期初数据"—"库存期初"命令，在"仓库"一栏内选择"CLK——材料库"，点击【增加】按钮，在"存货编码"栏录入 Z811 的编码"10101"，点击"Enter"键，存货名称、计量单位自动带出。"数量"一栏录入"4 600.00"，"金额"一栏录入"219 000.00"，点击"Enter"键，单价系统自动带出。"入库日期"栏录入"2020-08-30"，"存货科目编码"栏录入"1403"，点击"Enter"键，存货科目自动带出。同理，增加材料库其他材料期初余额，如图 1-100 所示。

存货编码	存货名称	计量单位	数量	单价	金额	入库日期	存货科目编码	存货科目
10101	Z811	千克	4600.00	47.61	219000.00	2020-08-30	1403	原材料
10102	Y812	千克	9000.00	32.83	295431.43	2020-08-30	1403	原材料
20201	包装箱	只	150.00	40.00	6000.00	2020-08-30	1411	周转材料
合计			3,750.00		520,431.43			

图 1-100　原材库期初余额

同理，录入成品库期初余额，如图 1-101 所示。

存货编码	存货名称	计量单位	数量	单价	金额	入库日期	存货科目编码	存货科目
30101	C205	件	2000.00	280.00	560000.00	2020-08-30	1405	库存商品
30102	P206	件	800.00	1000.00	800000.00	2020-08-30	1405	库存商品
合计			2,800.00		1,360,000.00			

图 1-101　成品库期初余额

(6) 录入供应商往来期初明细余额：

① 进入"采购管理"模块，执行"供应商往来"—"供应商往来期初"命令，点击【增加】按钮，单据名称选"预付款"，点击【确认】按钮，按照表1-22的相关内容录入"结算日期""供应商""部门""业务员""科目""金额"及"摘要"，点击【保存】按钮，如图1-102所示。按相同操作再增加"其他应付款"单据，如图1-103所示。

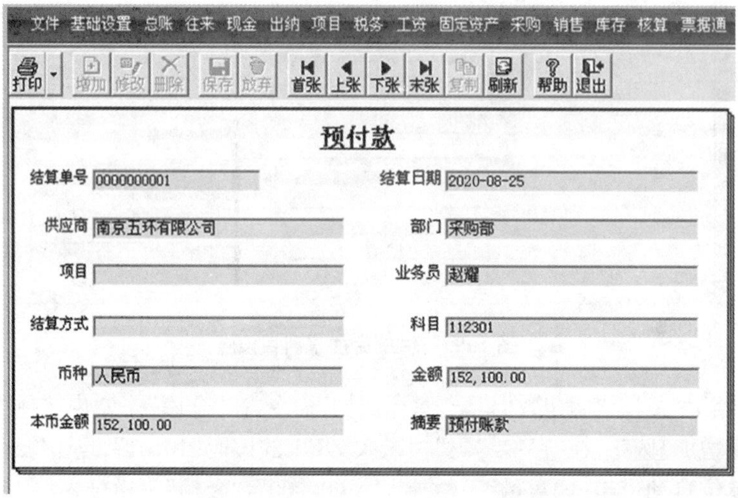

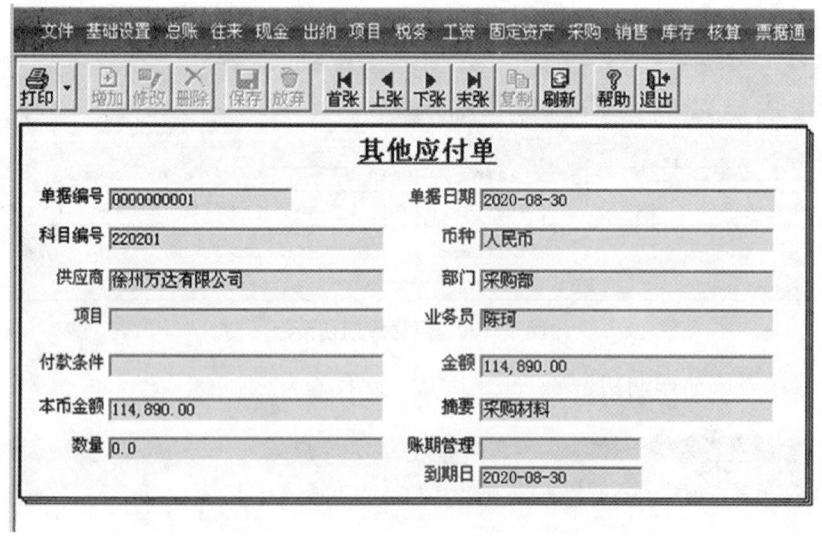

图1-102　预付款期初余额

图1-103　其他应付款期初余额

② 点击"采购入库单"选项，点击【增加】按钮，根据表1-23的内容，录入相关信息，点击【保存】，如图1-104所示。

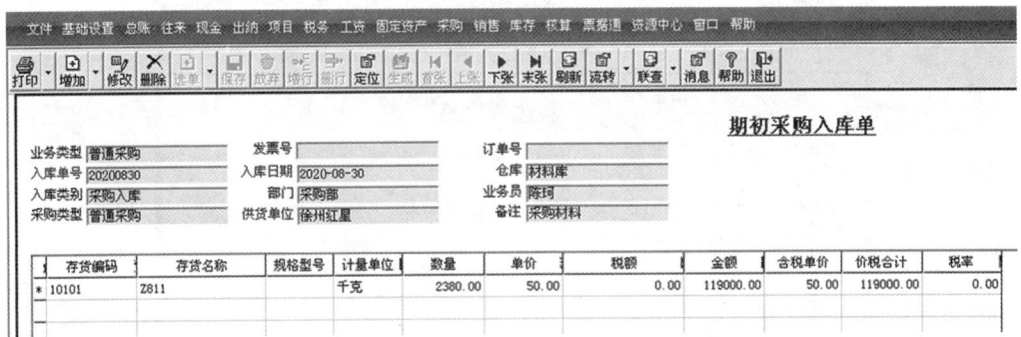

图 1-104 期初采购入库单

（7）录入客户往来期初明细余额：进入"销售管理"模块，执行"客户往来"—"客户往来期初"命令，点击【增加】按钮，单据名称选"其他应收单"，根据表 1-21 的相关内容，录入项目，操作同"预付款单"，最后点击【保存】按钮，如图 1-105、图 1-106、图 1-107所示。

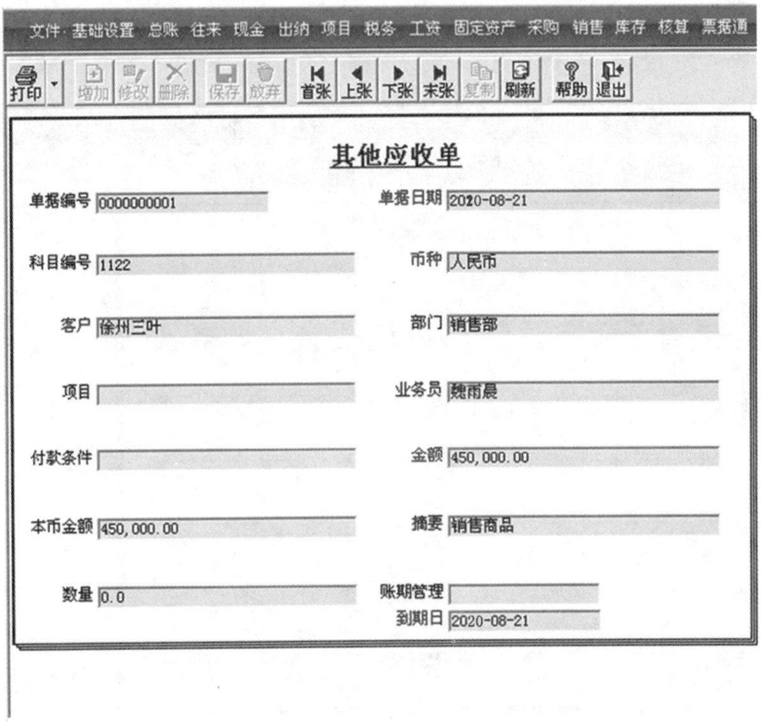

图 1-105 其他应收单 1

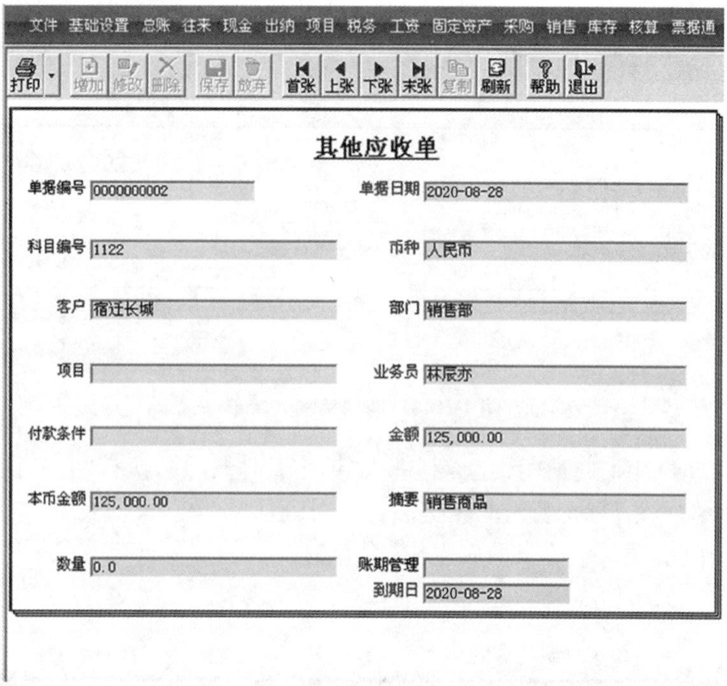

图 1-106　其他应收单 2

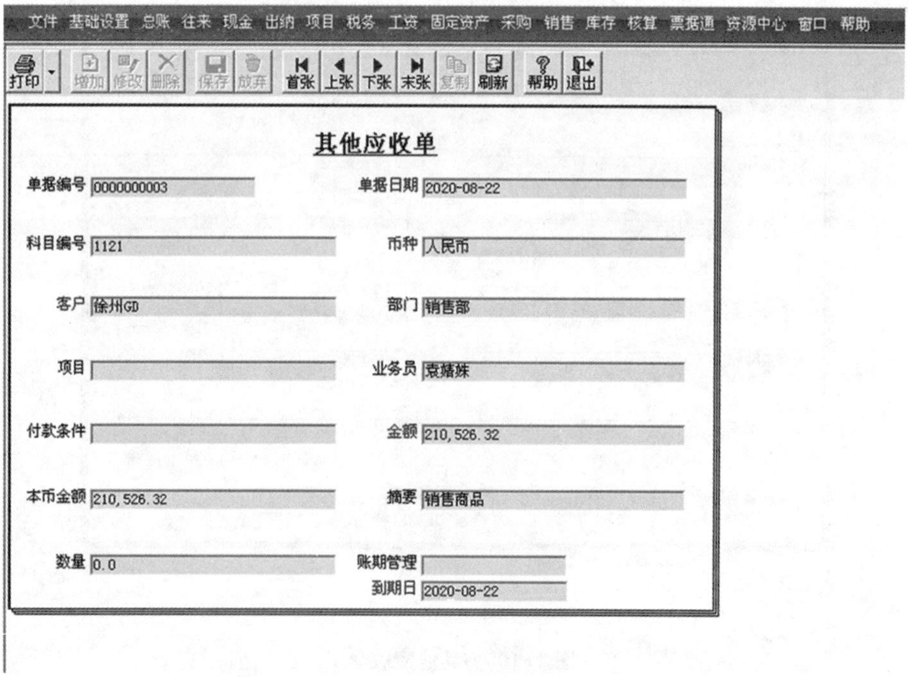

图 1-107　其他应收单 3

3. 任务实施评价

请扫描以下二维码，认真观看本任务规范操作视频，检查任务实施过程，并完成自我评价。

01　　　　　　　　　02　　　　　　　　　03

自我评价：

_____

_____

【工作任务16】期初记账

1. 任务实施目标

根据公司财务资料，进行采购、销售、库存及核算模块的期初记账。

2. 任务实施过程

1）采购管理模块期初记账

执行"采购"—"期初"命令，弹出如图1-108所示的对话框。点击【记账】按钮，在弹出的对话框中再点击【确定】按钮，如图1-109所示。

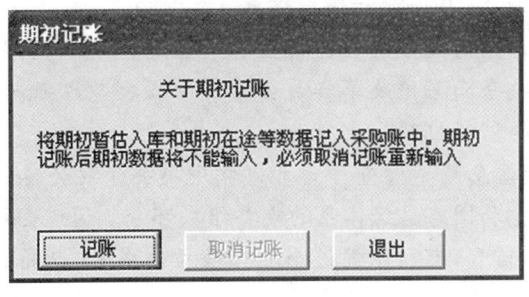 

图1-108　期初记账　　　　　　　　图1-109　期初记账成功

2）库存管理模块期初记账

执行"库存"—"期初数据"—"库存期初"命令，在"仓库"栏中选择"CLK——材料库"，点击【记账】按钮（见图1-110），在弹出的对话框中再点击【确定】按钮（见图1-111）。

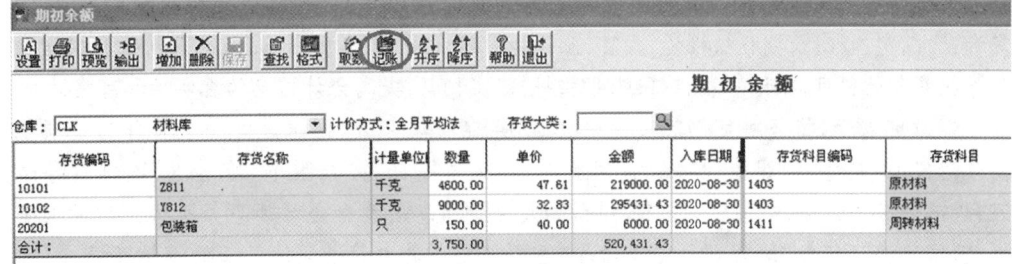

图1-110　库存期初记账

图 1-111 库存记账成功

3. 任务实施评价

请扫描以下二维码,认真观看本任务规范操作视频,检查任务实施过程,并完成自我评价。

自我评价:
___
___

四、思政小课堂

强化财会监督 提升会计信息质量

财会监督是财政部门依法依规加强财政监督和会计监督的主要行政职能,是党和国家监督体系的重要组成部分。中央全面深化改革委员会第二十五次会议强调"要严肃财经纪律,维护财经秩序,健全财会监督机制"。

(1)坚持提高政治站位,把会计信息质量检查作为贯彻党中央关于财会监督决策的重要抓手抓牢抓好。财会监督是党和国家监督体系的重要组成部分。通过会计信息质量检查加强企业财政、财务和会计监督,有利于促进企业合理控制成本,提高管理水平,促进企业持续健康发展。

(2)坚持发挥基础作用,确保会计信息的真实性,为其他监督提供专业支撑。会计检查力求发挥财会监督作为基础性监督的作用,全面覆盖找出问题,确保会计信息的真实完整,为其他各类监督提供专业支撑。一是从整体关注企业的财务状况,对会计准则制度和财务制度执行、财政专项资金使用绩效、相关财税政策落实、内控制度执行进行评估。二是采取翻查账本、调阅凭证、审核数据、当面访谈等方式开展全方位检查,重点检查货币资金、固定资产、在建工程、长期股权投资、存货、业务和管理费用、职工福利基金、往来款项和捐赠收入等相关会计科目,保证账表相符、账账相符、账实相符,提高会计信息的真实性和可靠性。

财政部表示,将坚决贯彻落实党中央、国务院决策部署,把推进财会监督作为一项重要政治任务,坚持"强穿透、堵漏洞、用重典、正风气",保持"严监管、零容忍"遏制财务造假、规范财务审计秩序高压态势不动摇,加大会计信息质量和会计师事务所执业质量检查力度,依法整治行业"潜规则",坚决清除"害群之马",着力营造风清气正的市场环境。

工作领域二　企业日常典型业务处理

一、会计电算化软件操作岗位任务

(一) 岗位任职要求

该岗位由各财务核算单位设立,负责对本单位的会计事项进行会计处理并及时输入记账凭证等会计数据,输出记账凭证、会计账簿、报表,进行部分会计数据处理工作;负责会计资料的整理、登记、保管、保密工作;负责建立健全会计档案借阅、使用登记制度。

(二) 岗位目标能力

(1) 知识目标:利用用友畅捷通 T3 财务软件,熟练掌握识别原始凭证、完成会计核算处理、录入记账凭证、登记查询会计账簿、生成财务报表等操作流程。

(2) 能力目标:根据企业典型业务原始凭证数据信息,完成企业日常典型业务核算处理。

(3) 素质目标:了解企业基础财务信息数据的构成、编辑和使用。

(4) 思政目标:提升自己作为未来财务人员的诚实守信、廉洁自律、客观公正、坚持准则、提高技能、参与管理、强化服务的职业精神。

(三) 典型工作任务

【工作任务 1】暂估入库红冲

1. 任务实施目标

完成材料暂估入库红字回冲的业务操作。

2. 工作任务描述

2020 年 9 月 1 日取得 1 张原始凭证,如凭 2-1 所示。要求:在购销存及核算系统中完成操作。

材料暂估入库清单

2020-08-30　　　　　　　　　　　　　　　单位:元

材料名称	合同号	供货单位	数量	合同单价(不含税)	合同金额	入库日期
Z811	2020090045	徐州红星有限公司	2 380	50	119 000.00	2020-08-30
合计					119 000.00	
审核:李云					制单:江蕙	

第三联　红冲联

凭 2-1

3. 任务实施过程

以 53102 江蕙的身份登录,日期为 2020 年 9 月 1 日。

(1) 进入"核算管理"模块,单击"购销单据制单"选项,点击【选择】按钮。在查询条件中,勾选"(24)红字回冲单"(见图 2-1),点击【确认】按钮后,进入选择单据界面。点击【选择】按钮,再点击【确定】按钮(见图 2-2)。然后返回到如图 2-3 所示界面,输入对应的科目,点击【生成】按钮,在生成的凭证上,修改摘要为"冲销暂估",再点击【保存】按钮(见图 2-4)。

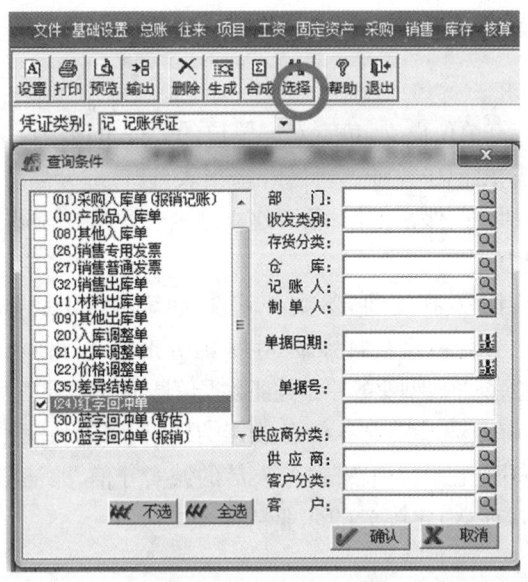

图 2-1　查询条件

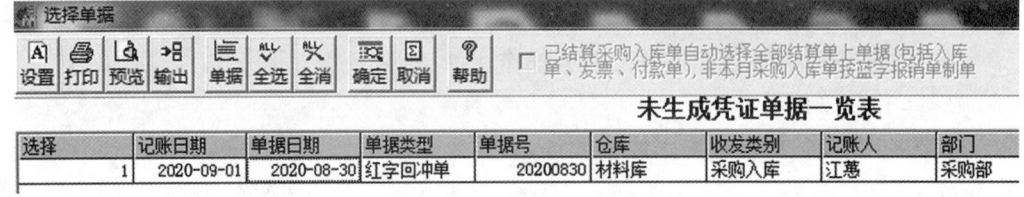

图 2-2　选择单据

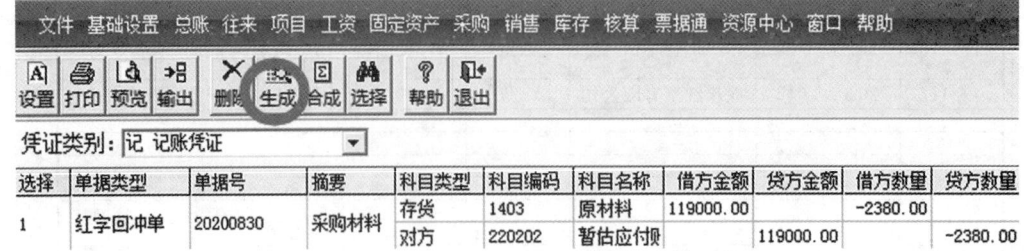

图 2-3　生成凭证

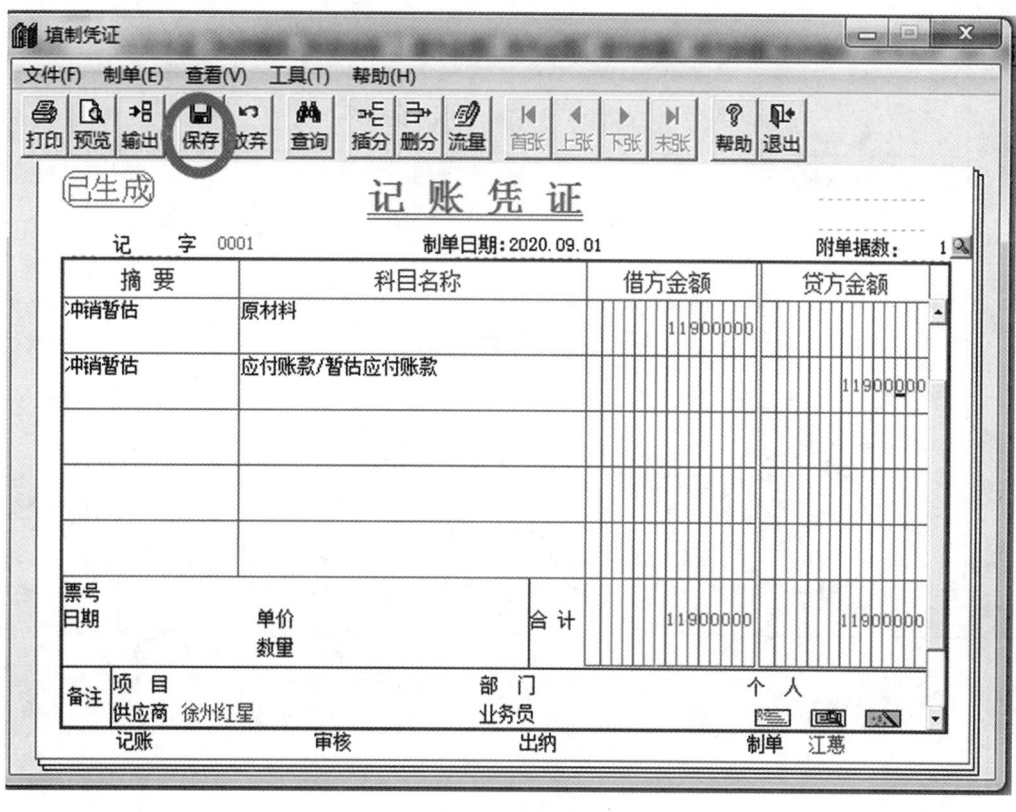

图 2-4 制单结果

4. 任务实施评价

请扫描以下二维码,认真观看本任务规范操作视频,检查任务实施过程,并完成自我评价。

自我评价:

___

___

【工作任务 2】银行承兑汇票贴现

1. 任务实施目标

完成银行承兑汇票贴现的业务操作。

2. 工作任务描述

2020 年 9 月 3 日取得 3 张原始凭证(见凭 2-2、凭 2-3、凭 2-4)。要求:在购销存及核算系统中完成操作(填制 1 张记账凭证)。(结算方式:其他;部门:销售部;业务员:袁婧姝)

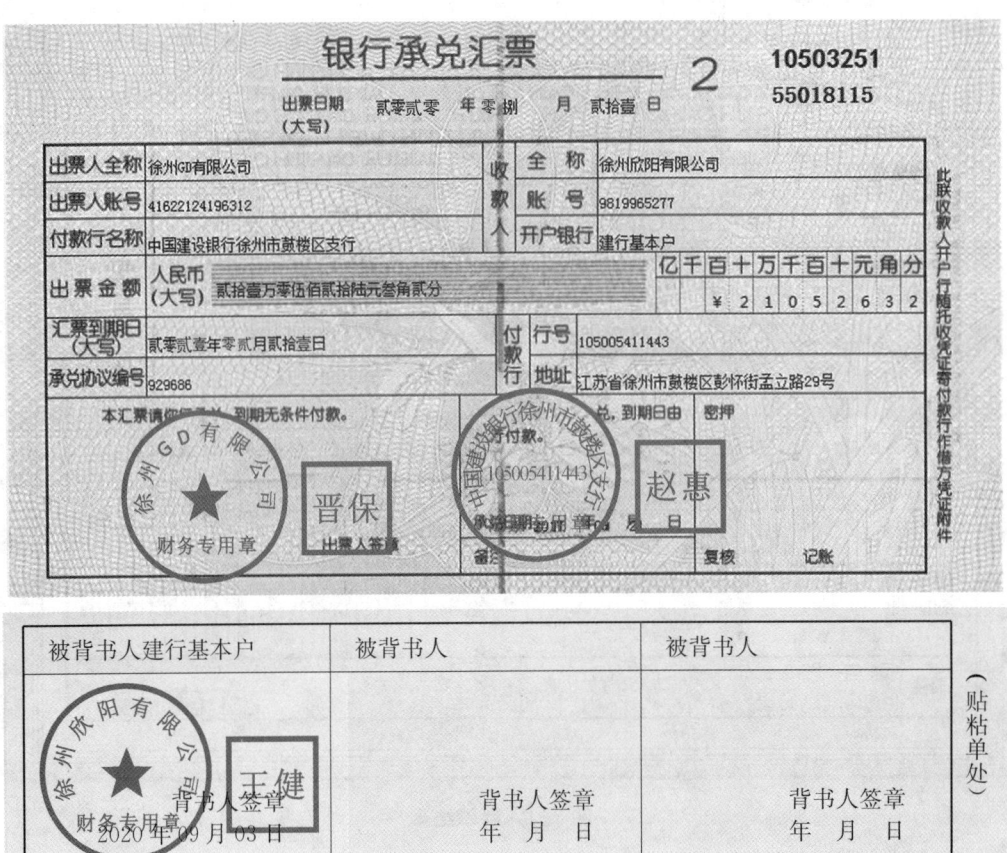

凭2-2

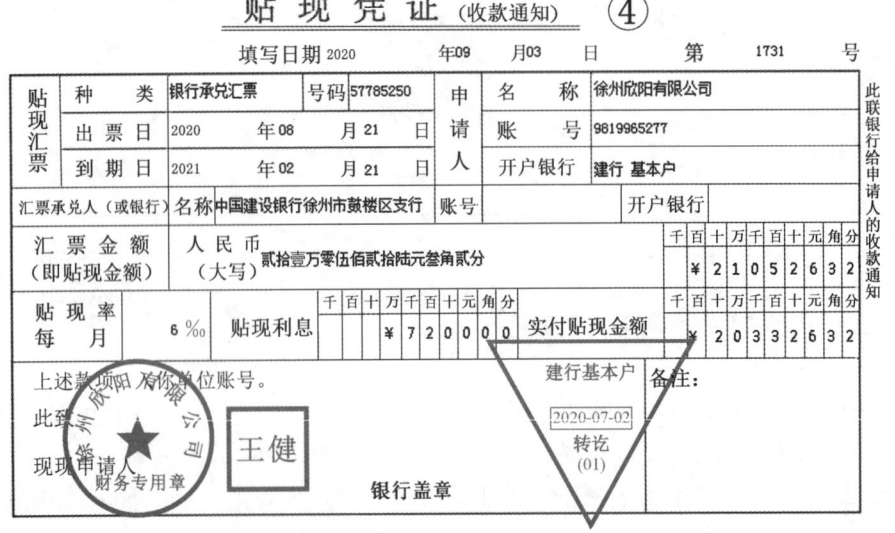

凭2-3

凭 2-4

3. 任务实施过程

以 53102 江蕙的身份登录,日期为 2020 年 9 月 3 日。

(1) 进入"销售管理"模块,单击"收款结算"选项。在"收款单"中,选择客户为"001——徐州 GD 有限公司"后,再点击【增加】按钮,输入业务信息(见图 2-5),分别点击【保存】【核销】按钮,在"本次折扣"栏里输入贴现利息"7 200"后,再次点击【保存】按钮后退出。

图 2-5 填制收款单

（2）进入"核算管理"模块，单击"客户往来制单"选项，在客户制单查询中，选择"核销制单"复选框（见图2-6），点击【确定】按钮进入制单界面，再点击【全选】【制单】按钮。在制单凭证上需要修改"财务费用"科目为"财务费用/利息支出"，业务摘要修改为"票据贴现"，附件为"2"，点击【保存】按钮（见图2-7）。

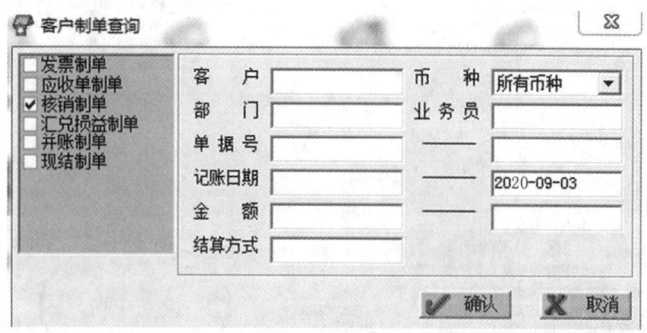

图2-6　制单查询界面

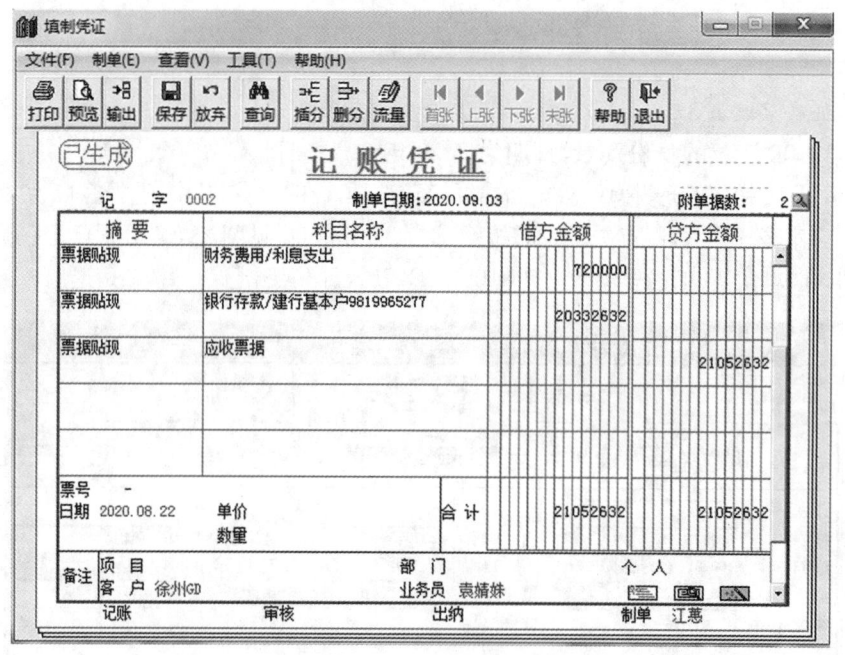

图2-7　制单选择

4. 任务实施评价

请扫描以下二维码，认真观看本任务规范操作视频，检查任务实施过程，并完成自我评价。

自我评价：
_____
_____

【工作任务3】采购货到款未付

1. 任务实施目标

完成采购货到款未付的业务操作。

2. 工作任务描述

2020年9月4日取得5张原始凭证(见凭2-5至凭2-9)。要求：在购销存及核算系统中完成操作(填制1张记账凭证；业务员陈珂将运费直接支付给运输公司)。

凭 2-5

凭 2-6

收 料 单

供应单位：苏州万达有限公司　　2020 年 09 月 04 日　　编号 SL080

材料编号	名称	单位	规格	数量		实际成本			
				应收	实收	单价	发票价格	运杂票	总价
CL01	Z811	千克		3 000	3 000				
备注									

收料人：　　　　　　　　　　　　　　　　　　　　　交料人：邦伏

第二联 记账联

凭 2-7

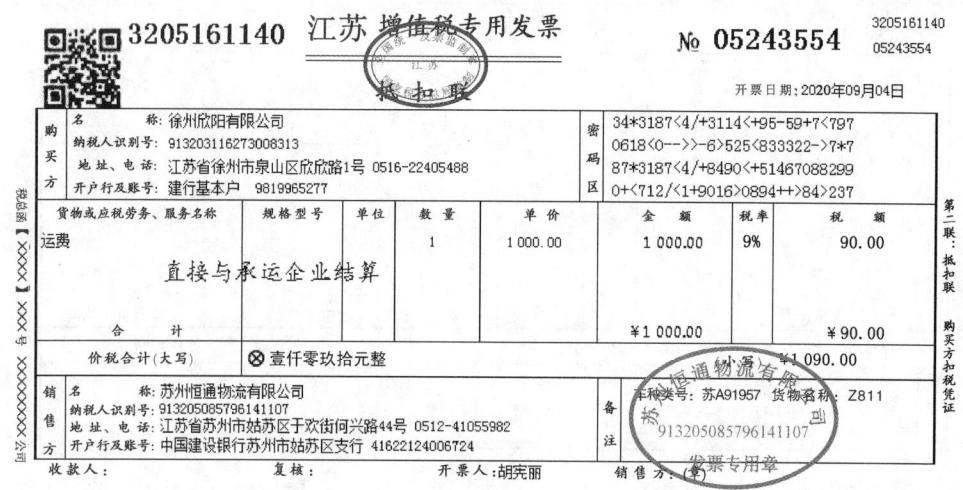

凭 2-8

凭 2-9

3. 任务实施过程

以 53102 江蕙的身份登录,日期为 2020 年 9 月 4 日。

(1) 进入"采购管理"模块,单击"采购发票"选项,在【增加】按钮下拉选项中,选择"专用发票",根据采购发票信息填写采购专用发票(见图 2-8),依次点击【保存】【复核】按钮,再点击【流转】按钮选择"生成入库单"。根据入库信息填写入库单(见图 2-9),点击【保存】后,点击【退出】按钮。以相同的方法,再次点击【增加】按钮,填写一张"专用发票",根据运费发票信息填写运费的专用发票,注意修改表头的"税率"为 9%(见图 2-10),依次点击【保存】【复核】按钮。在发票上继续点击【流转】按钮,选择"手工结算"。在条件过滤界面(见图 2-11),选择确定后进入勾选界面,选择与本题对应的两张发票和一张入库单(见图 2-12),点击【确认】按钮后(见图 2-13),按政策选择"按数量",并进行分摊。点击【结算】按钮后并确定,最后点击【退出】按钮。

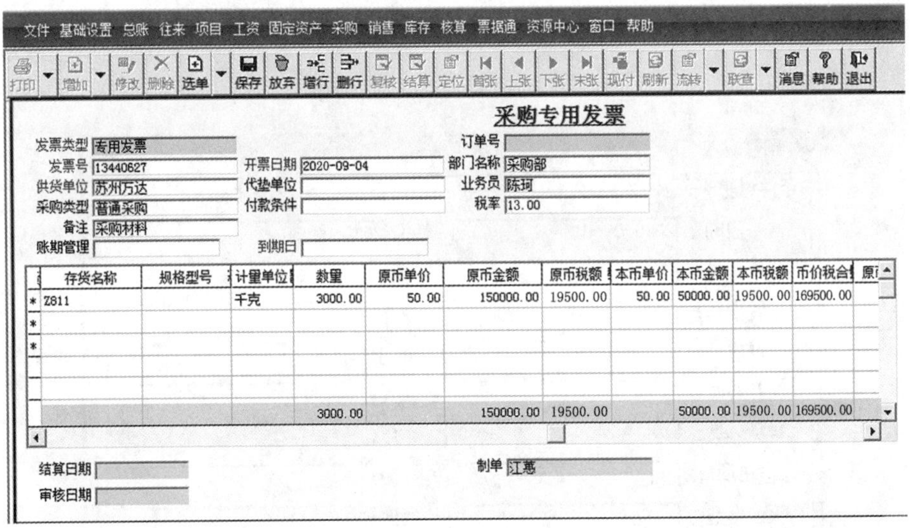

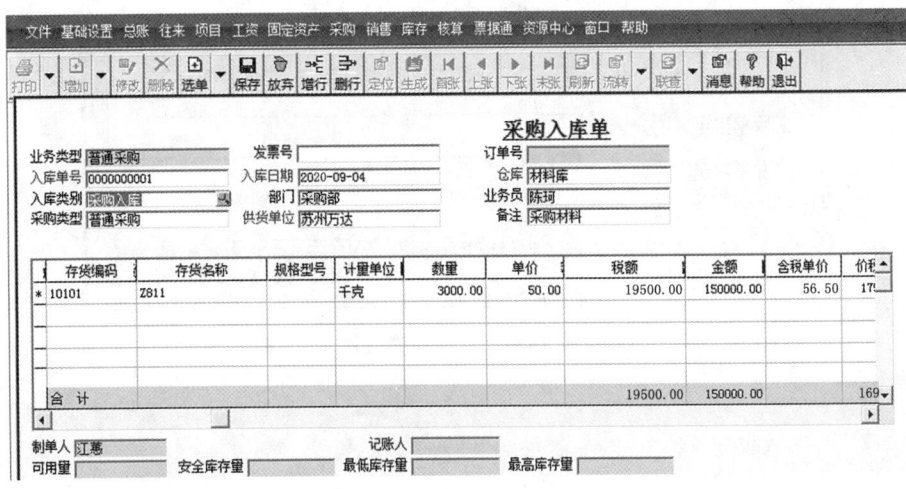

图 2-8 采购专用发票录入

图 2-9 采购入库单录入

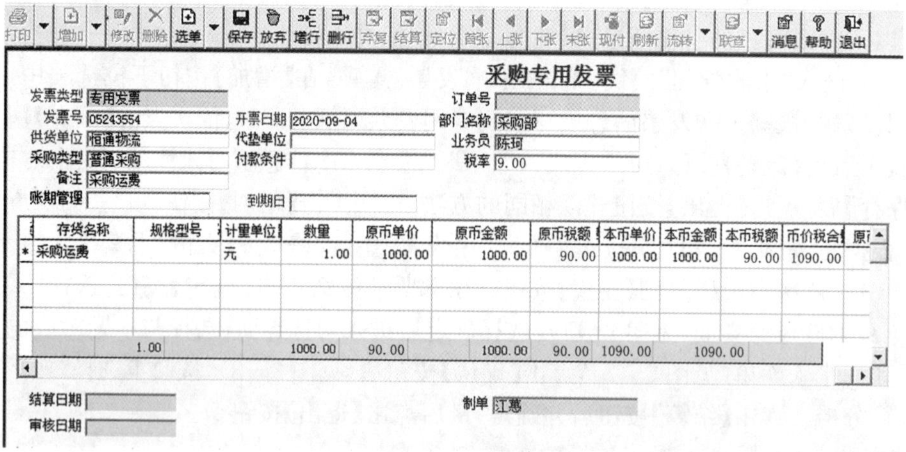

图 2-10　运费发票的录入

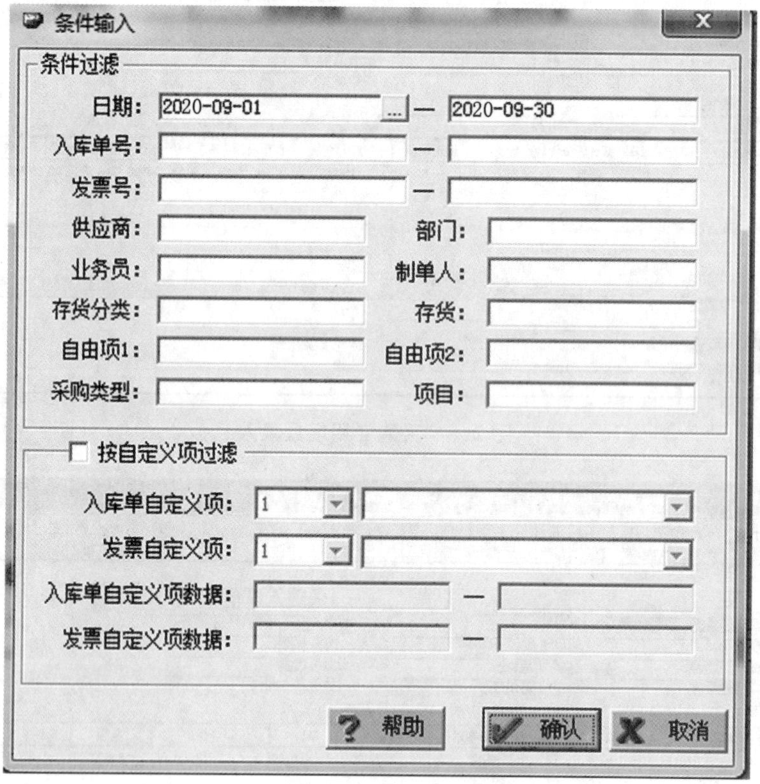

图 2-11　条件过滤界面

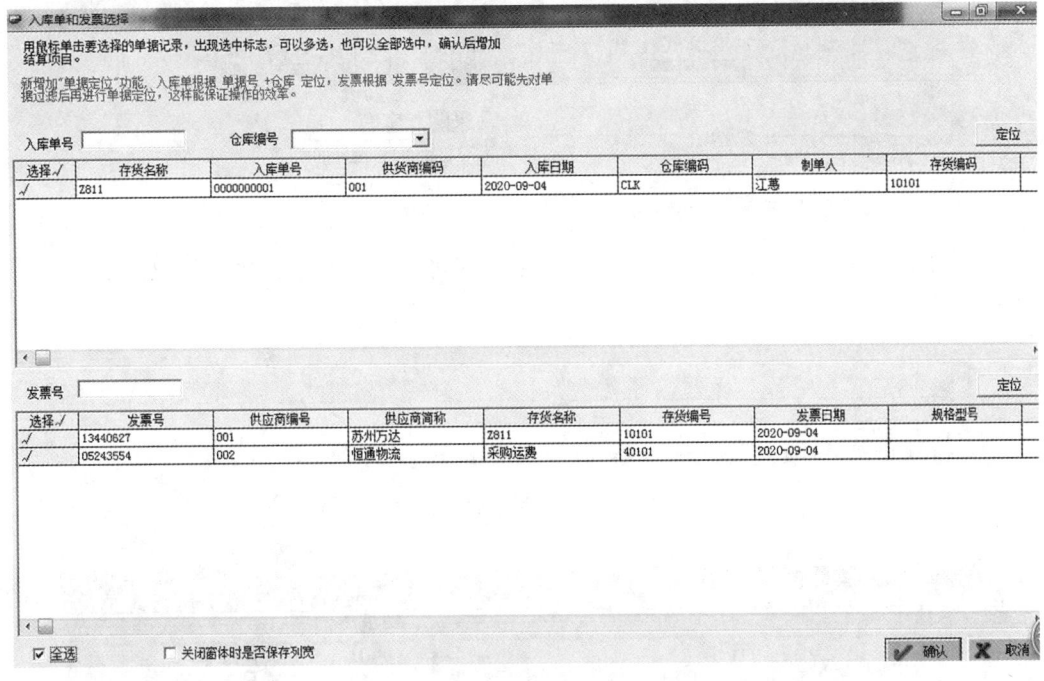

图 2-12　勾选界面

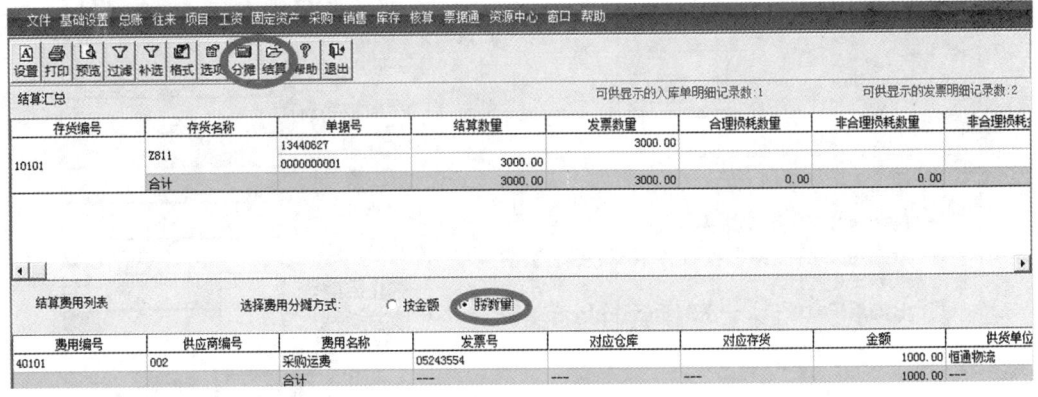

图 2-13　结算界面

(2) 进入"库存管理"模块,单击"采购入库单"选项,针对本题的入库单,点击【审核】按钮(见图 2-14)后,退出。

(3) 进入"核算管理"模块,单击"正常单据记账"选项,进入条件选择界面(见图 2-15),点击【确认】按钮后(见图 2-16),依次点击【全选】【记账】【退出】按钮。在该模块的主界面中,单击"购销单据制单"选项,进入选择界面,点击【选择】按钮后,在条件查询界面勾选"采购入库单(报销记账)"(见图 2-17),点击【确定】按钮后,再点击【全选】按钮,打钩后点击【确定】按钮(见图 2-18)。完善存货科目"原材料",点击【生成】按钮,在填制凭证里修改附件为"3",摘要为"采购材料"后,点击【保存】按钮(见图 2-19)。

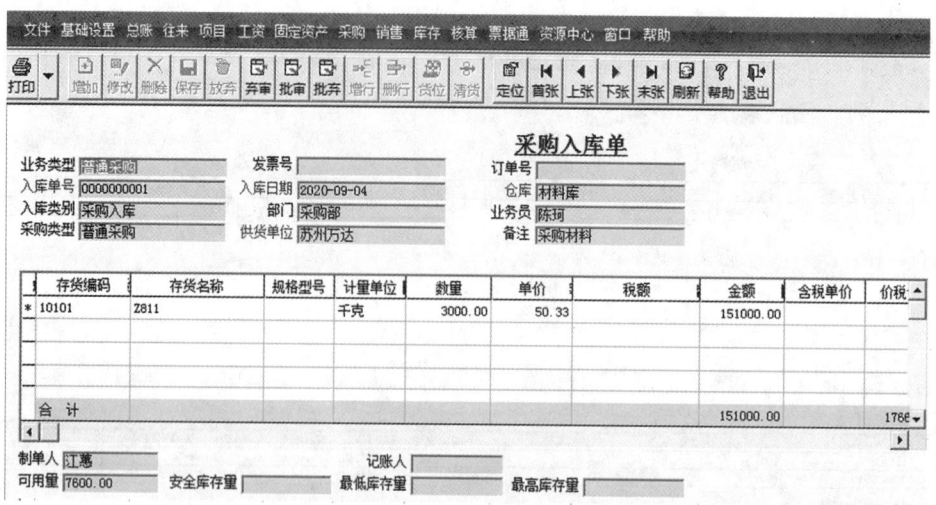

图 2-14 审核采购入库单

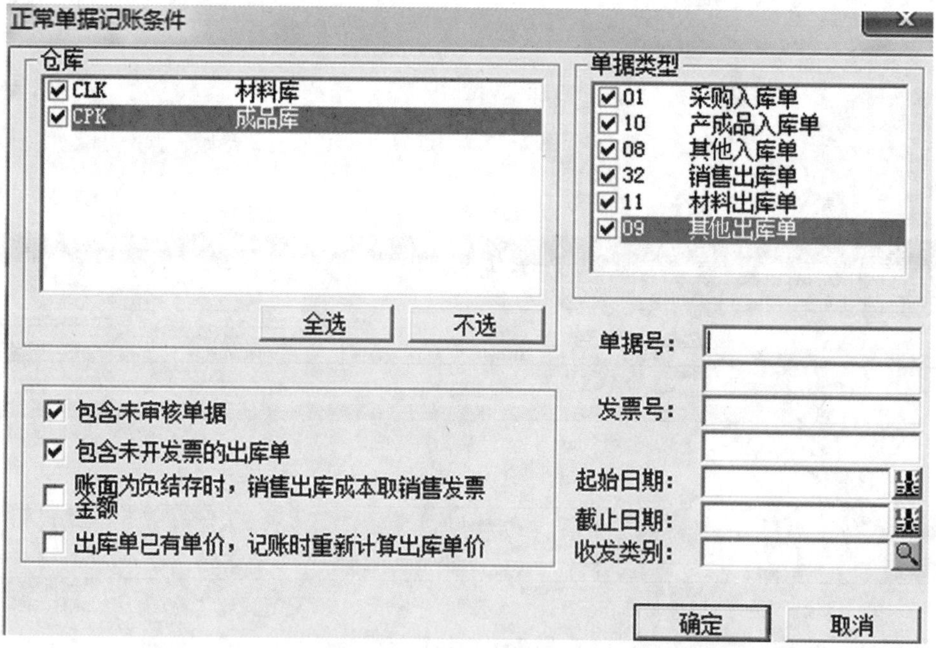

图 2-15 正常单据记账条件

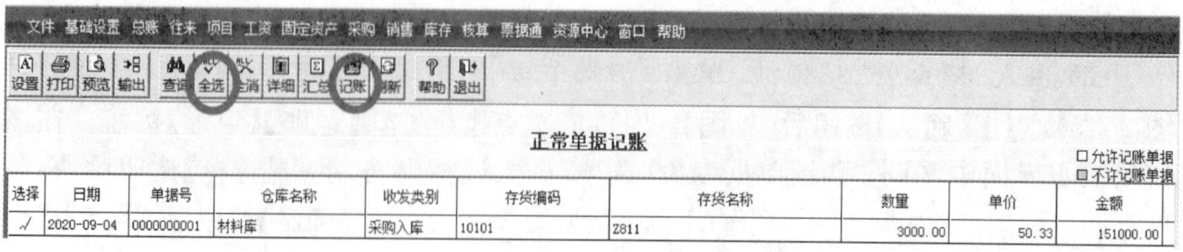

图 2-16 正常单据记账界面

图 2-17 勾选条件

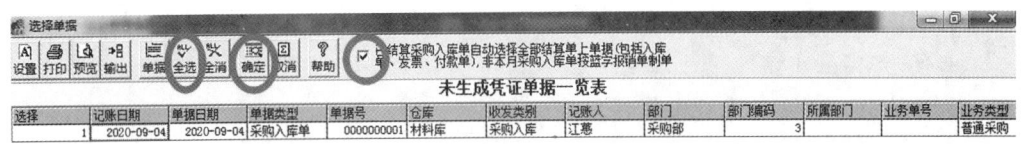

图 2-18 选择单据

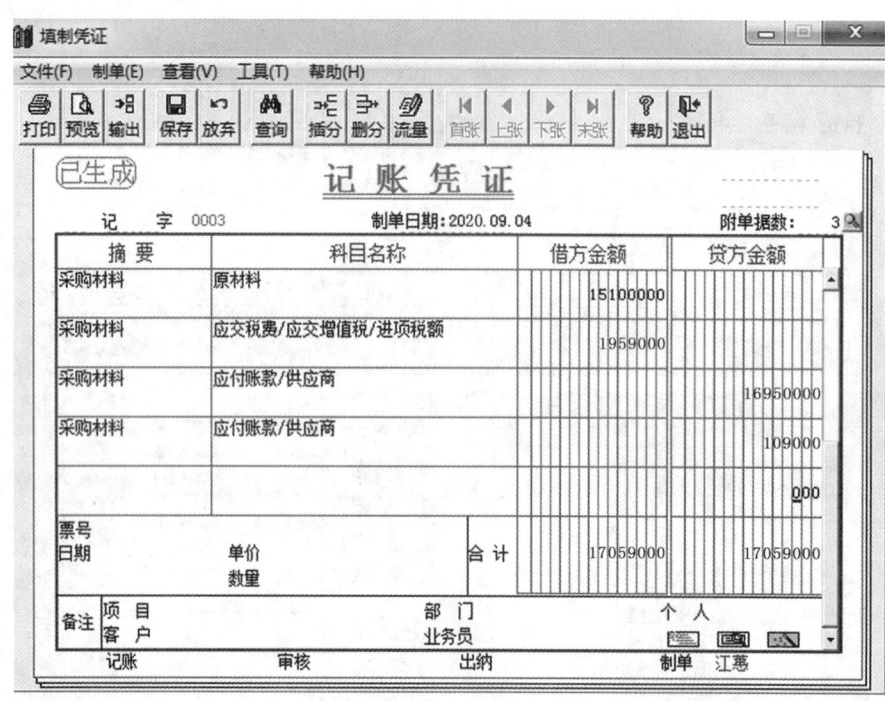

图 2-19　填制凭证

4. 任务实施评价

请扫描以下二维码,认真观看本任务规范操作视频,检查任务实施过程,并完成自我评价。

自我评价:

_____

_____

【工作任务 4】支付前欠货款

1. 任务实施目标

完成支付前欠货款的业务操作。

2. 工作任务描述

2020 年 9 月 6 日取得 1 张原始凭证(见凭 2-10)。要求:在购销存及核算系统中完成操作(填制 1 张记账凭证)。

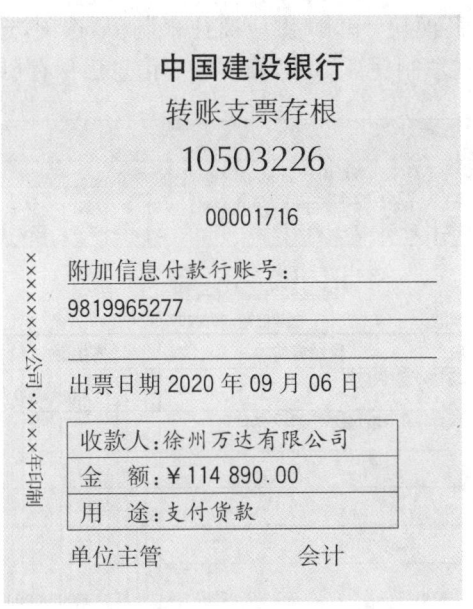

凭 2-10

3. 任务实施过程

以 53102 江蕙的身份登录，日期为 2020 年 9 月 6 日。

（1）进入"采购管理"模块，单击"付款结算"选项，选择供应商为"徐州万达有限公司"，点击【增加】按钮，根据转账支票输入相关信息（见图 2-20），依次点击【保存】【核销】按钮，输入本次结算金额为"114 890"后，再点击【保存】按钮，然后点击【退出】按钮。

图 2-20

（2）进入"核算管理"模块，单击"供应商往来制单"选项，选择"核销制单"，依次点击【全选】【制单】按钮，在填制凭证界面，修改摘要信息后保存（见图2-21）。

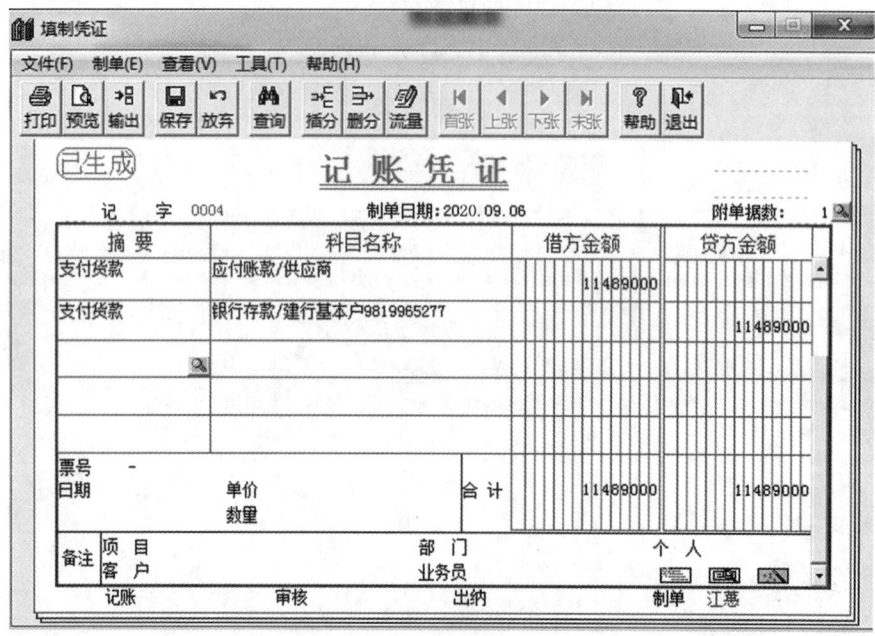

图 2-21　填制凭证

4. 任务实施评价

请扫描以下二维码，认真观看本任务规范操作视频，检查任务实施过程，并完成自我评价。

自我评价：

【工作任务5】支付工资

1. 任务实施目标

完成支付工资的业务操作。

2. 工作任务描述

2020年9月9日取得2张原始凭证（见凭2-11、凭2-12）。要求：在总账系统中完成操作（填制1张记账凭证）。

中国建设银行

转账支票存根

10503226

00001706

附加信息付款行账号：
9819965277

出票日期 2020 年 09 月 09 日

| 收款人：徐州欣阳有限公司 |
| 金　　额：￥55 161.45 |
| 用　　途：支付工资 |

单位主管　　　　　会计

凭 2-11

工资发放明细表

2020-09-09　　　　　　　　　　　　　　　　　　　　　　　　　单位:元

姓名	部门	岗位	应付工资	代扣三险一金				计税基础	代扣个人所得税	代扣款合计	实发工资
				代扣医疗保险	代扣养老保险	代扣失业保险	代扣住房公积金				
王健	办公室	法定代表人	7 000.00	148.0	560.0	35.00	700	5 565.00	16.95	1 459.95	5 540.05
马聪	办公室	总经理	5 000.00	108.0	400.0	25.00	500	3 975.00	0.00	1 033.00	3 967.00
张鹏宇	办公室	办公室职员	4 500.00	98.0	360.0	22.50	450	3 577.50	0.00	930.50	3 569.50
李云	财务部	财务经理	3 200.00	72.0	256.0	16.00	320	2 544.00	0.00	664.00	2 536.00
江惠	财务部	会计	2 500.00	58.0	200.0	12.50	250	1 987.50	0.00	520.50	1 979.50
张彦宏	财务部	出纳	1 900.00	54.6	186.4	11.65	233	1 422.35	0.00	405.65	1 414.35
史玉柱	工程管理部	其他职员	4 000.00	88.00	320.0	20.00	400	3 180.00	0.00	828.00	3 172.00
陈珂	采购部	采购经理	3 500.00	78.00	280.0	17.50	350	2 782.50	0.00	725.50	2 774.50
赵耀	采购部	采购员	2 500.00	58.00	200.0	12.50	250	1 987.50	0.00	520.50	1 979.50
魏雨晨	销售部	销售经理	4 000.00	88.00	320.0	20.00	400	3 180.00	0.00	828.00	3 172.00
林辰奕	销售部	销售员	3 500.00	78.00	280.0	17.50	350	2 782.50	0.00	725.50	2 774.50
袁婧姝	销售部	销售员	2 600.00	60.0	208.0	13.00	260	2 067.00	0.00	541.00	2 059.00
袁林岳	生产车间	生产车间主任	4 600.00	100.00	368.0	23.00	460	3 657.00	0.00	951.00	3 649.00

(续表)

姓名	部门	岗位	应付工资	代扣三险一金				计税基础	代扣个人所得税	代扣款合计	实发工资
				代扣医疗保险	代扣养老保险	代扣失业保险	代扣住房公积金				
李雅晨	生产车间	生产车间主任	4 000.00	86.0	320.0	20.00	400	3 180.00	0.00	828.00	3 172.00
孟筱璇	生产车间	质检	2 200.00	54.6	186.4	11.65	233	1 722.35	0.00	485.65	1 714.35
王子俊	生产车间	车间工人	4 500.00	98.0	360.0	22.50	450	3 577.50	0.00	930.50	3 569.50
袁梓祎	生产车间	车间工人	4 000.00	98.0	320.0	20.00	400	3 180.00	0.00	828.00	3 172.00
徐丽涵	生产车间	车间工人	1 800.00	54.6	186.4	11.65	233	1 322.35	0.00	485.65	1 314.35
翁文双	生产车间	车间工人	2 800.00	64.0	224.0	14.00	280	2 226.00	0.00	582.00	2 218.00
丁唯唯	生产车间	车间工人	1 900.00	54.6	186.4	11.65	233	1 422.35	0.00	485.65	1 414.35
合计			70 000.00	1 590.40	5 721.6	357.60	7 152	55 338.40	16.95	14 946.72	55 161.45

制表：江蕙　　　　　　　　　　　　　　　　　　　　　　　审核：李云

凭2-12

3. 任务实施过程

以53102江蕙的身份登录，日期为2020年9月9日。

进入"总账系统"模块，单击"填制凭证"选项，点击【增加】按钮，根据转账支票存根及工资发放明细表输入相关信息(见图2-22)，录入"银行存款"科目时，系统会弹出"辅助项"填制窗口(见图2-23)，根据转账支票存根输入相关信息(见图2-24、图2-25)点击【确认】按钮，输入本次银行存款结算金额，再依次点击【保存】【确定】按钮(见图2-26、图2-27)。

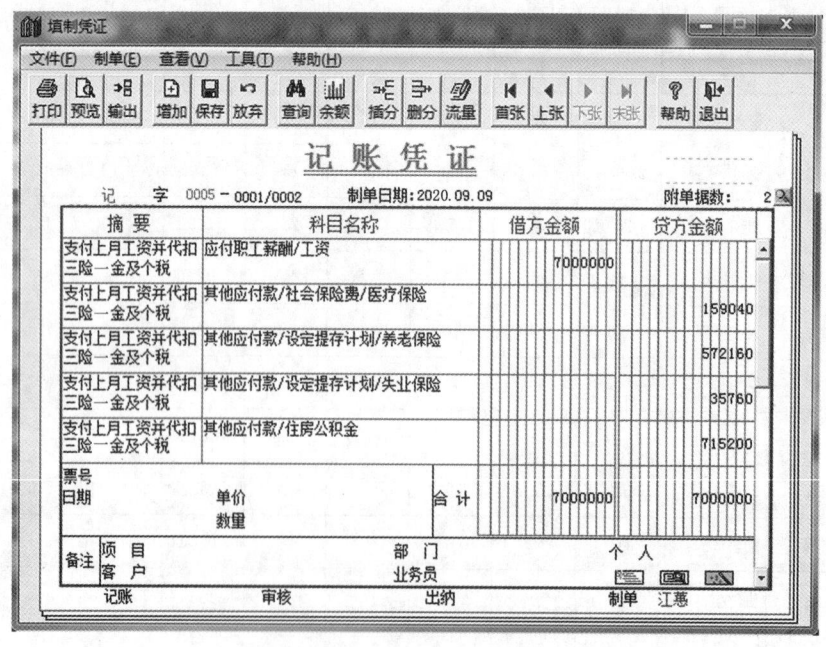

图2-22　填制凭证

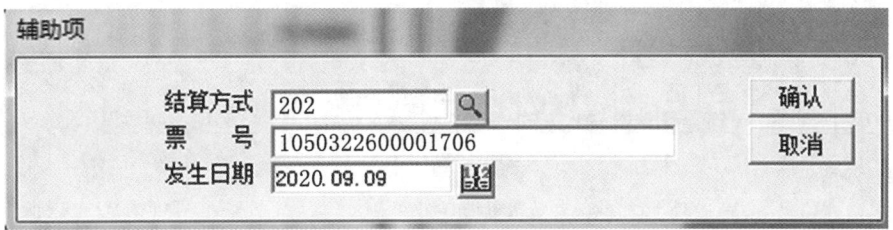

图 2-23 "辅助项"填制窗口

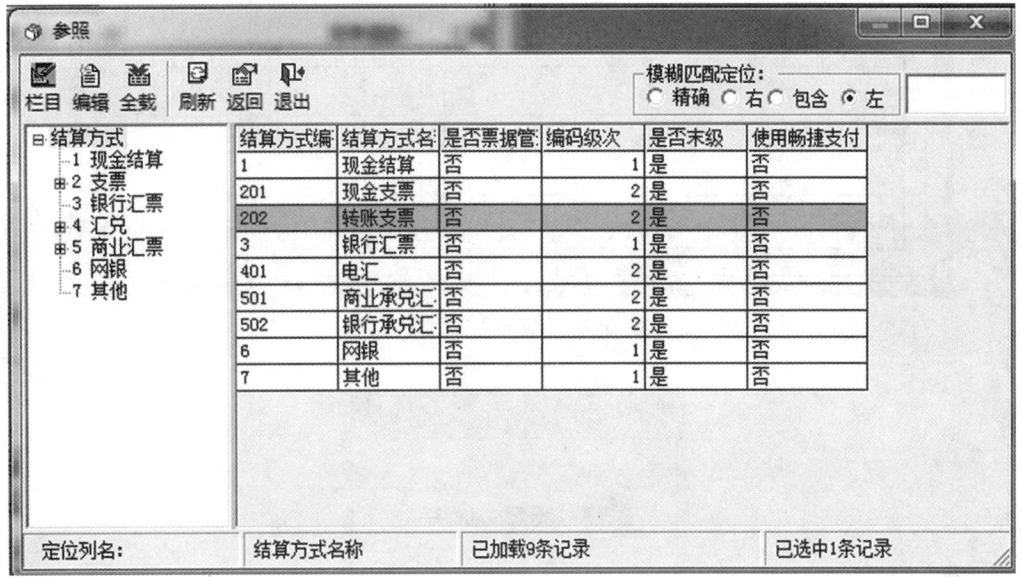

图 2-24 "参照"窗口

图 2-25 填入票号

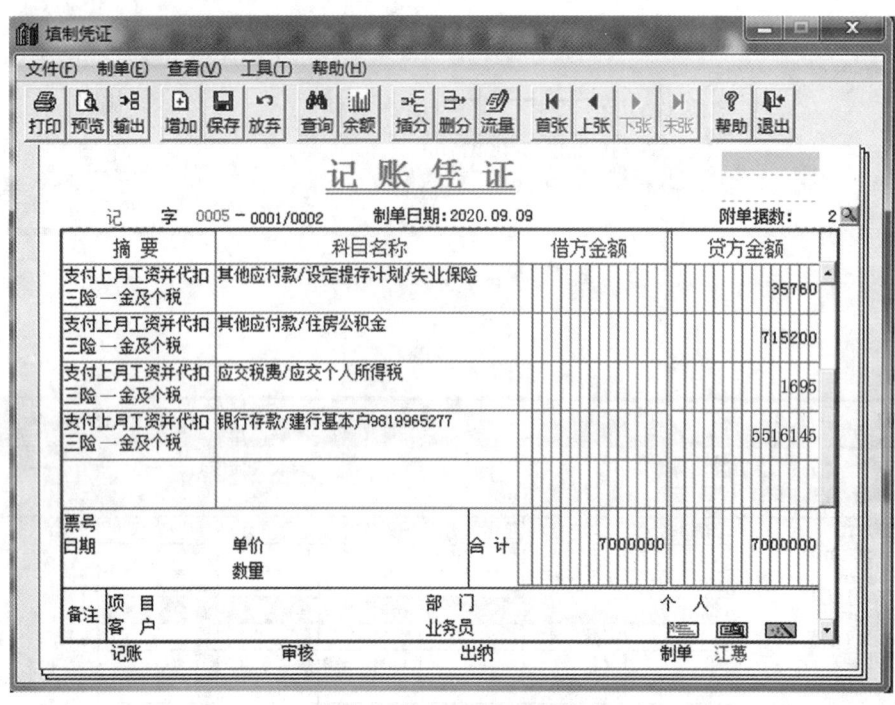

图 2-26 填制凭证后保存

图 2-27 点击【确定】按钮

4. 任务实施评价

请扫描以下二维码,认真观看本任务规范操作视频,检查任务实施过程,并完成自我评价。

自我评价:

【工作任务6】扣缴上月增值税

1. 任务实施目标

完成扣缴上月增值税的业务操作。

2. 工作任务描述

2020年9月11日取得1张原始凭证(见凭2-13)。要求：在总账系统中完成操作(填制1张记账凭证)。

凭2-13

3. 任务实施过程

以53102江蕙的身份登录，日期为2020年9月11日。

进入"总账系统"模块，单击"填制凭证"选项，点击【增加】按钮，根据中国建设银行客户专用回单输入相关信息。录入"银行存款"科目时，系统会弹出"辅助项"填制窗口(见图2-28)，根据中国建设银行客户专用回单输入相关信息(见图2-29、图2-30)，点击【确认】按钮，输入本次银行存款结算金额，再依次点击【保存】【确定】按钮(见图2-31、图2-32)。

图2-28 "辅助项"填制窗口

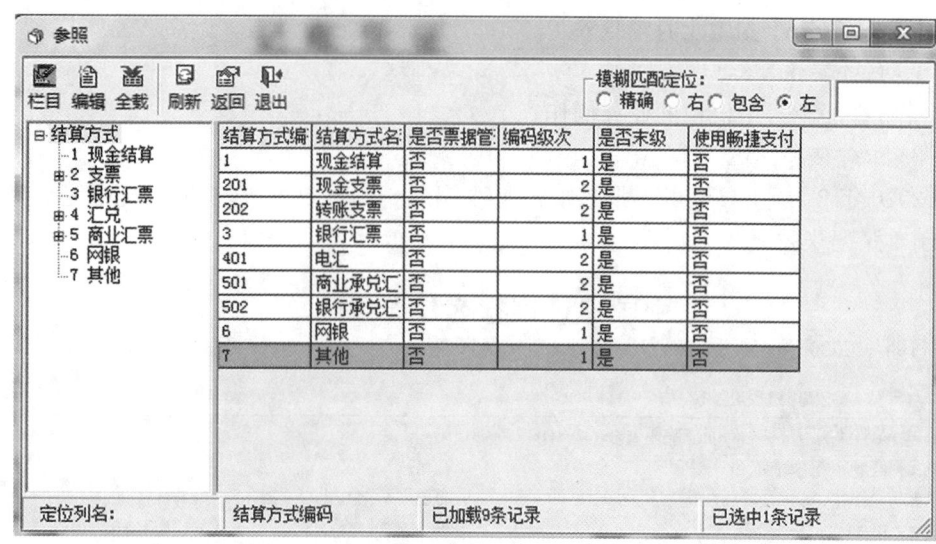

图 2-29 "参照"窗口

图 2-30 填入相关信息

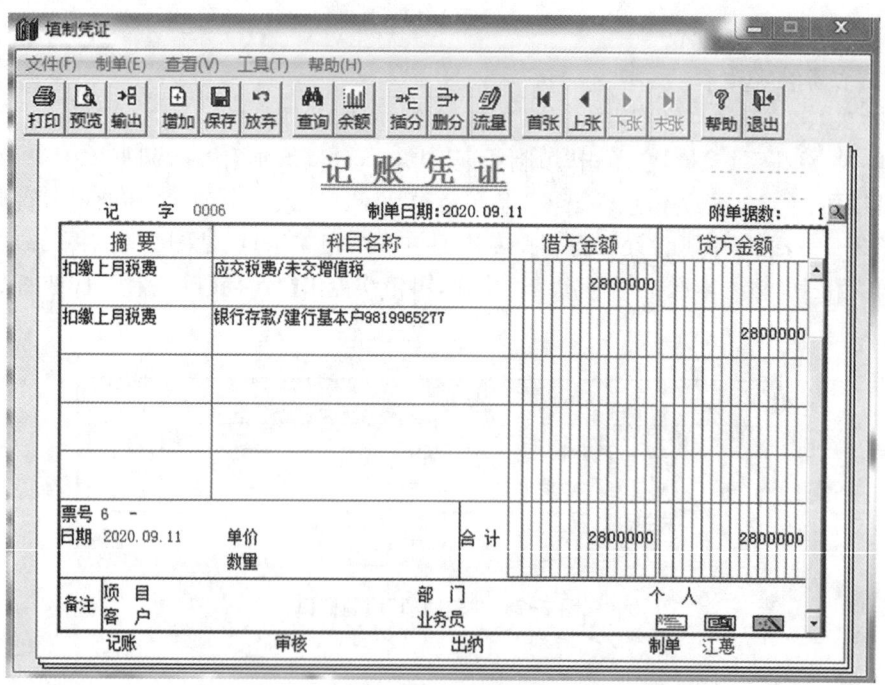

图 2-31 填制凭证

图2-32 点击【确定】按钮

4. 任务实施评价

请扫描以下二维码,认真观看本任务规范操作视频,检查任务实施过程,并完成自我评价。

自我评价：_____
_____

【工作任务7】扣缴上月城市维护建设税、教育费附加、地方教育附加

1. 任务实施目标

完成扣缴上月城市维护建设税、教育费附加、地方教育附加的业务操作。

2. 工作任务描述

2020年9月11日取得1张原始凭证(见凭2-14)。要求：在总账系统中完成操作(填制1张记账凭证)。

中国建设银行客户专用回单

转账日期： 2020 年 09 月 11 日

凭证字号： 2020091135023054

纳税人全称及纳税人识别号：	徐州欣阳有限公司 913203116273008313		
付款人全称：	徐州欣阳有限公司		
付款人账号：	9819965277	征收机关名称：	徐州市泉山区地方税务局
付款人开户银行：	建行基本户	收缴国库(银行)名称：	国家金库徐州市泉山区支库
小写(合计)金额	￥3360.00	缴款书交易流水号：	2020091112166222
大写(合计)金额	人民币 叁仟叁佰陆拾元整	税票号码：	042017013017674043
税(费)种名称	所属时期	实缴金额	
城市维护建设税	20200801—20200831	￥1960.00	
教育费附加	20200801—20200831	￥840.00	
地方教育费附加	20200801—20200831	￥560.00	

凭2-14

3. 任务实施过程

以 53102 江蕙的身份登录，日期为 2020 年 9 月 11 日。

进入"总账系统"模块，单击"填制凭证"选项，点击【增加】按钮，根据中国建设银行客户专用回单输入相关信息。录入"银行存款"科目时，系统会弹出"辅助项"填制窗口（见图 2-33），根据中国建设银行客户专用回单输入相关信息（见图 2-34、图 2-35）点击【确认】按钮，输入本次银行存款结算金额，再依次点击【保存】【确定】按钮（见图 2-36、图 2-37）。

图 2-33　"辅助项"填制窗口

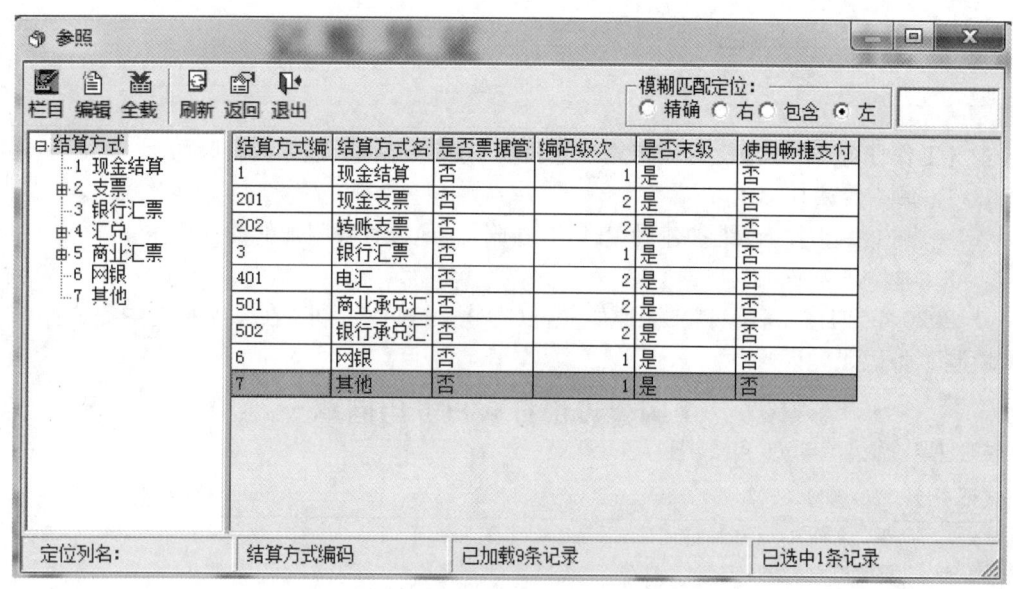

图 2-34　"参照"窗口

图 2-35　填入相关信息

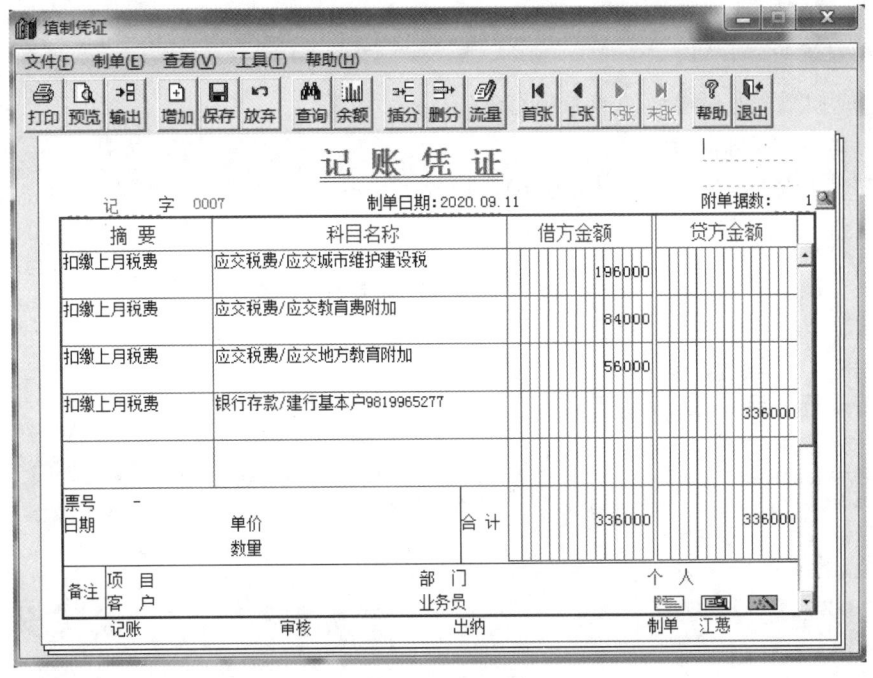

图 2-36　填制凭证

图 2-37　点击【确定】按钮

4. 任务实施评价

请扫描以下二维码,认真观看本任务规范操作视频,检查任务实施过程,并完成自我评价。

自我评价:

【工作任务8】扣缴企业所得税

1. 任务实施目标

完成扣缴企业所得税的业务操作。

2. 工作任务描述

2020年9月11日取得1张原始凭证（见凭2-15）。要求：在总账系统中完成操作（填制1张记账凭证）。

凭2-15

3. 任务实施过程

以53102江蕙的身份登录，日期为2020年9月11日。

进入"总账系统"模块，单击"填制凭证"选项，点击【增加】按钮，根据中国建设银行客户专用回单输入相关信息。录入"银行存款"科目时，系统会弹出"辅助项"填制窗口（见图2-38），根据中国建设银行客户专用回单输入相关信息（见图2-39、图2-40），点击【确认】按钮，输入本次银行存款结算金额，点击【保存】【确定】按钮（见图2-41、图2-42）。

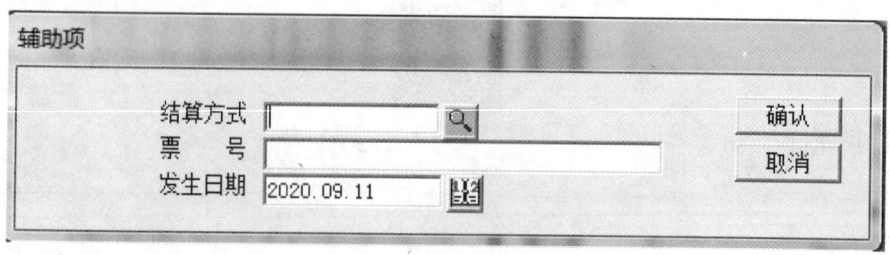

图2-38 "辅助项"填制窗口

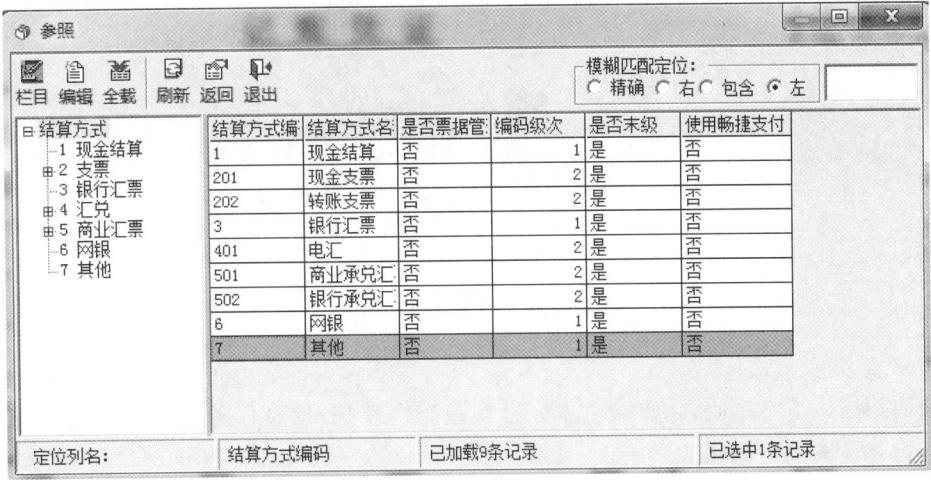

图 2-39 "参照"窗口

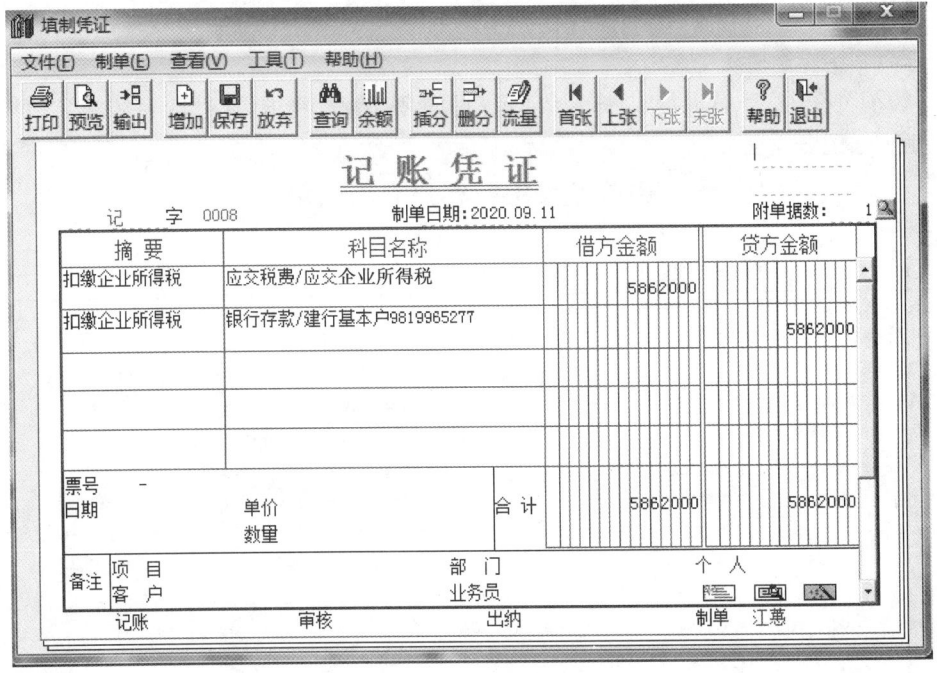

图 2-40 填入相关信息

图 2-41 填制凭证

图 2-42 点击【确定】按钮

4. 任务实施评价

请扫描以下二维码,认真观看本任务规范操作视频,检查任务实施过程,并完成自我评价。

自我评价:
_____
_____

【工作任务 9】扣缴个人所得税

1. 任务实施目标

完成扣缴个人所得税的业务操作。

2. 工作任务描述

2020 年 9 月 11 日取得 1 张原始凭证(见凭 2-16)。要求:在总账系统中完成操作(填制 1 张记账凭证)。

中国建设银行客户专用回单

转账日期: 2020 年 09 月 11 日
凭证字号: 2020091135023086

纳税人全称及纳税人识别号: 徐州欣阳有限公司913203116273008313	
付款人全称: 徐州欣阳有限公司	
付款人账号: 9819965277	征收机关名称: 徐州市泉山区地方税务局
付款人开户银行: 建行基本户	收缴国库(银行)名称: 国家金库徐州市泉山区支库
小写(合计)金额 ¥16.95	缴款书交易流水号: 202009113035558
大写(合计)金额 人民币 壹拾陆元玖角伍分	税票号码: 042016653297277208
税(费)种名称 所属时期	实缴金额
个人所得税 20200801—20200830	¥125.11

凭 2-16

3. 任务实施过程

以53102江蕙的身份登录,日期为2020年9月11日。

进入"总账系统"模块,单击"填制凭证"选项,点击【增加】按钮,根据中国建设银行客户专用回单输入相关信息。录入"银行存款"科目时,系统会弹出"辅助项"填制窗口(见图2-43),根据中国建设银行客户专用回单输入相关信息(见图2-44、图2-45),点击【确认】按钮,输入本次银行存款结算金额,再依次点击【保存】【确定】按钮(见图2-46、图2-47)。

图2-43 "辅助项"填制窗口

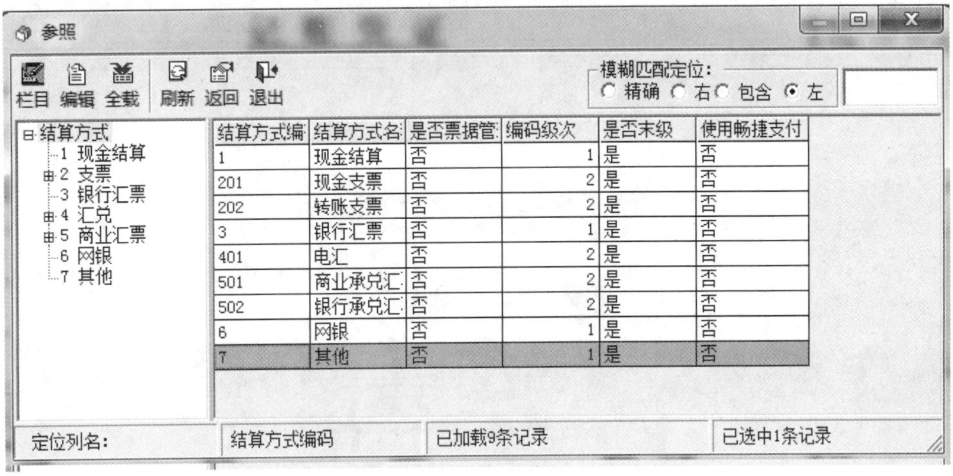

图2-44 "参照"窗口

图2-45 填入相关信息

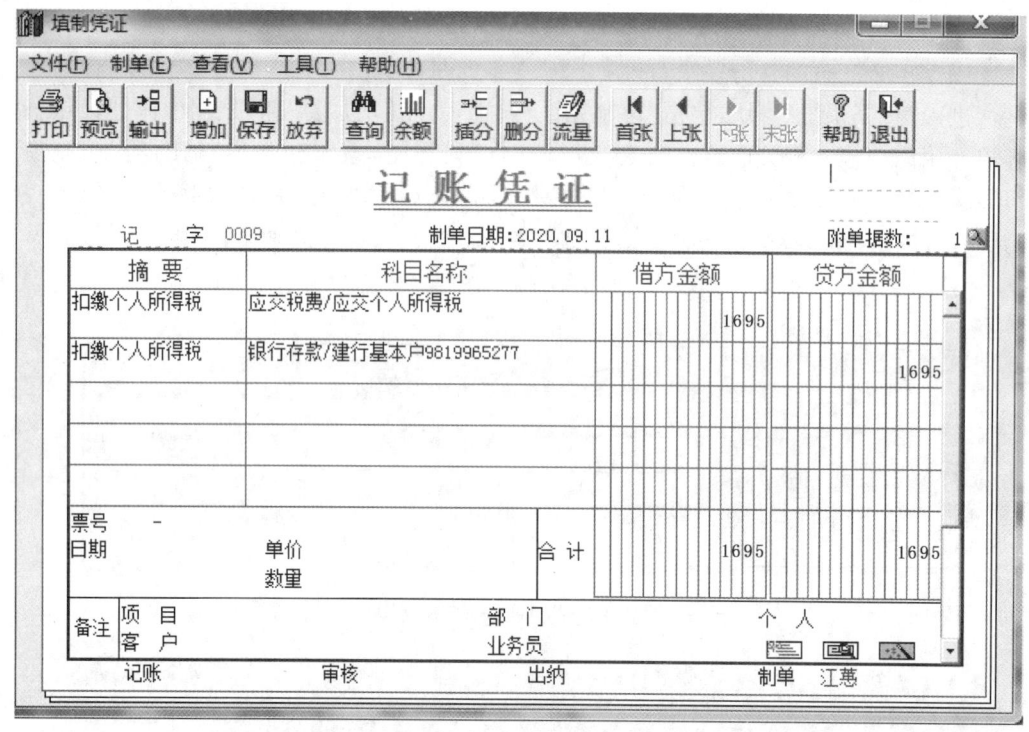

图 2-46 填制凭证

图 2-47 点击【确定】按钮

4. 任务实施评价

请扫描以下二维码,认真观看本任务规范操作视频,检查任务实施过程,并完成自我评价。

自我评价:

【工作任务 10】支付社会保险费

1. 任务实施目标

完成支付社会保险费的业务操作。

2. 工作任务描述

2020 年 9 月 12 日取得 1 张原始凭证（见凭 2-17）。要求：在总账系统中完成操作（填制 1 张记账凭证）。

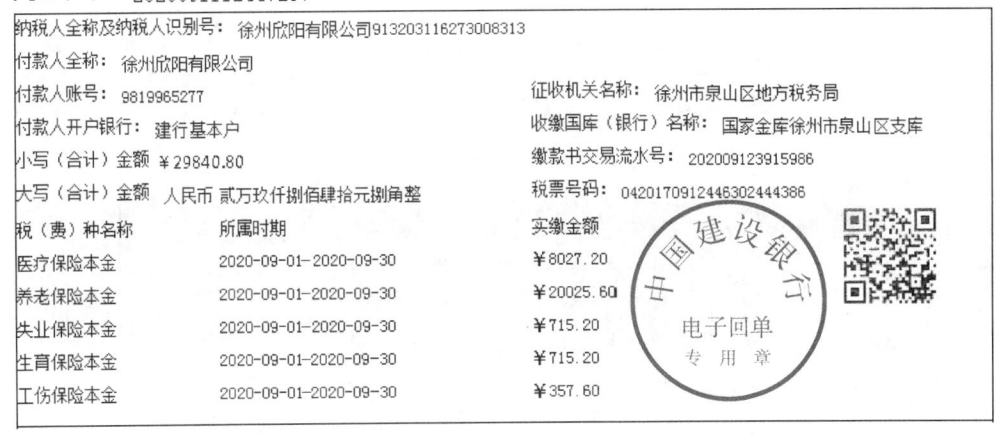

凭 2-17

3. 任务实施过程

以 53102 江蕙的身份登录，日期为 2020 年 9 月 12 日。

进入"总账系统"模块，单击"填制凭证"选项，点击【增加】按钮，根据中国建设银行客户专用回单输入相关信息。录入"银行存款"科目时，系统会弹出"辅助项"填制窗口（见图 2-48），根据中国建设银行客户专用回单输入相关信息（见图 2-49、图 2-50）点击【确认】按钮，输入本次银行存款结算金额，再依次点击【保存】【确定】按钮（见图 2-51 至图 2-53）。

图 2-48 "辅助项"填制窗口

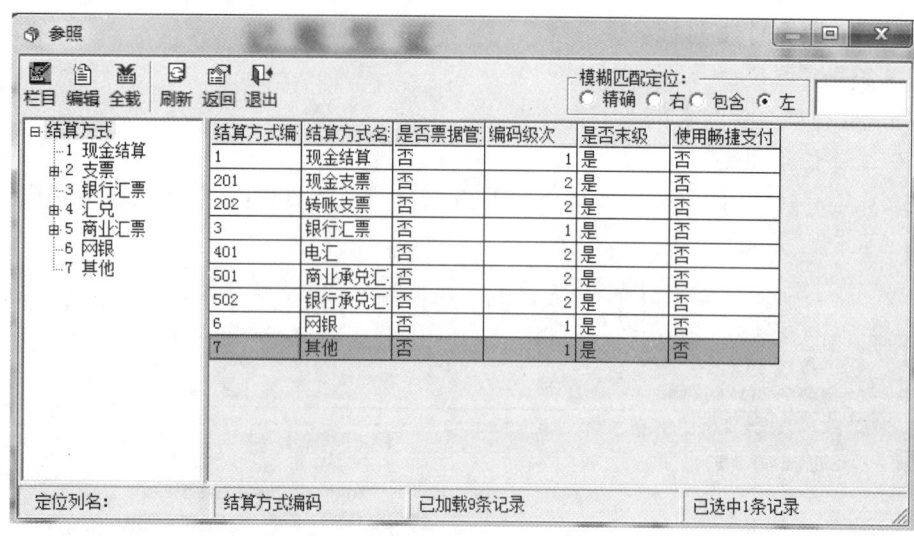

图 2-49 "参照"窗口

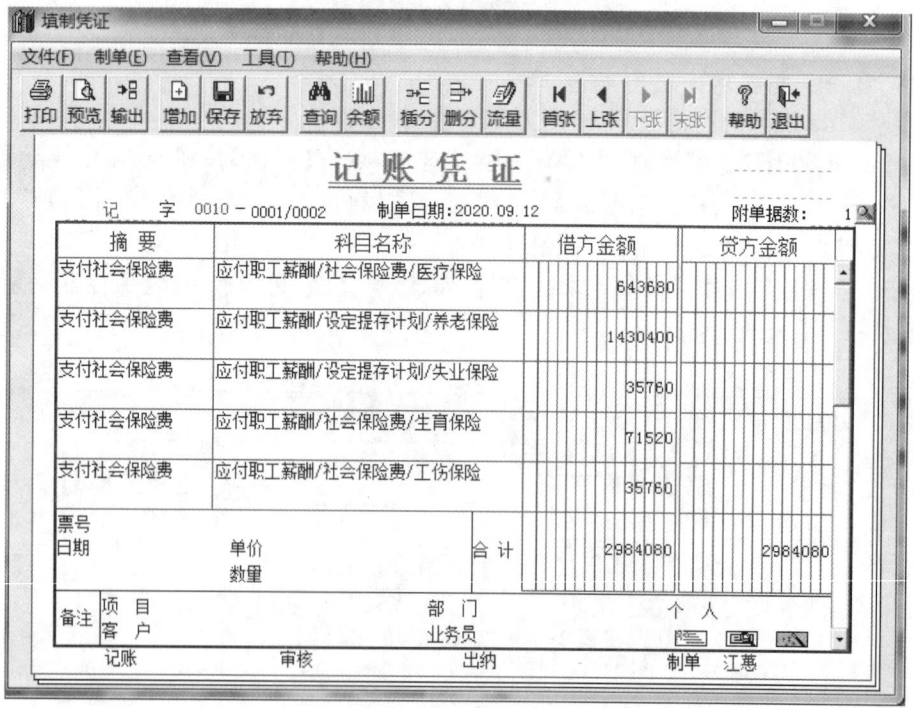

图 2-50 填入相关信息

图 2-51 填制凭证 1

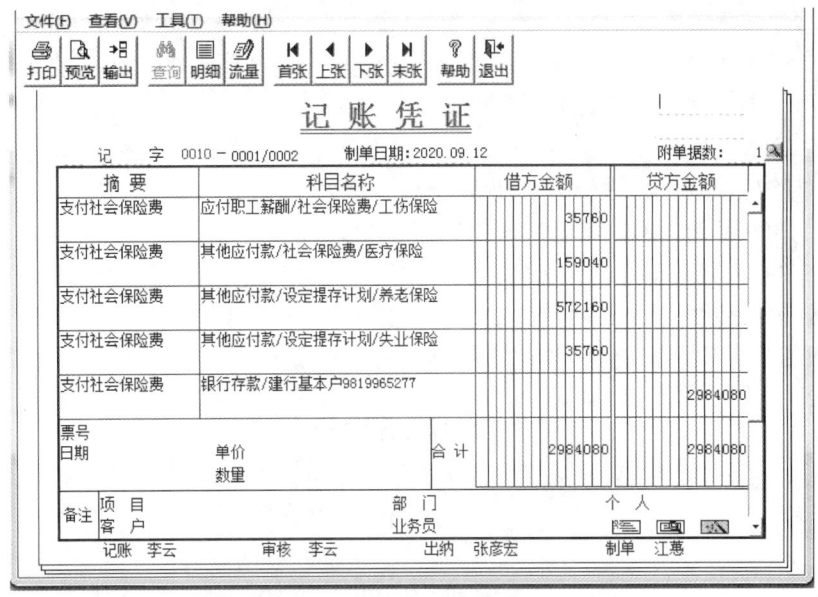

图 2-52 填制凭证 2

图 2-53 点击【确定】按钮

4. 任务实施评价

请扫描以下二维码，认真观看本任务规范操作视频，检查任务实施过程，并完成自我评价。

自我评价：

_____

_____

【工作任务 11】支付住房公积金

1. 任务实施目标

完成支付住房公积金的业务操作。

2. 工作任务描述

2020年9月12日取得2张原始凭证(见凭2-18、凭2-19)。要求:在总账系统中完成操作(填制1张记账凭证)。

3. 任务实施过程

以53102江蕙的身份登录,日期为2020年9月12日。

进入"总账系统"模块,单击"填制凭证"选项,点击【增加】按钮,根据转账支票存根联和进账单输入相关信息。录入"银行存款"科目时,系统会弹出"辅助项"填制窗口(见图2-54),根据转账支票存根联输入相关信息(见图2-55、图2-56),点击【确认】按钮,输入本次银行存款结算金额,再依次点击【保存】【确定】按钮(见图2-57)。

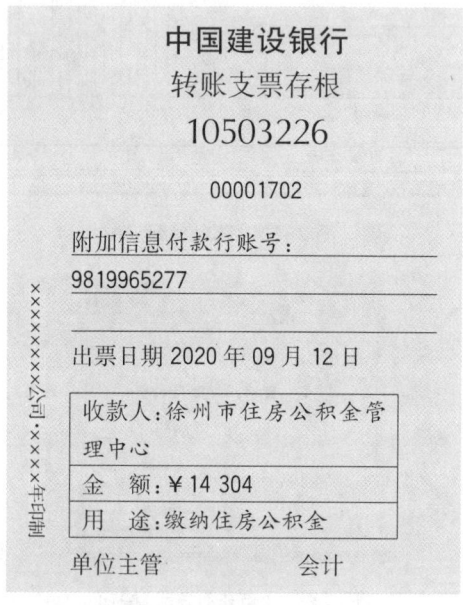

凭2-18

凭2-19

图 2-54 "辅助项"填制窗口

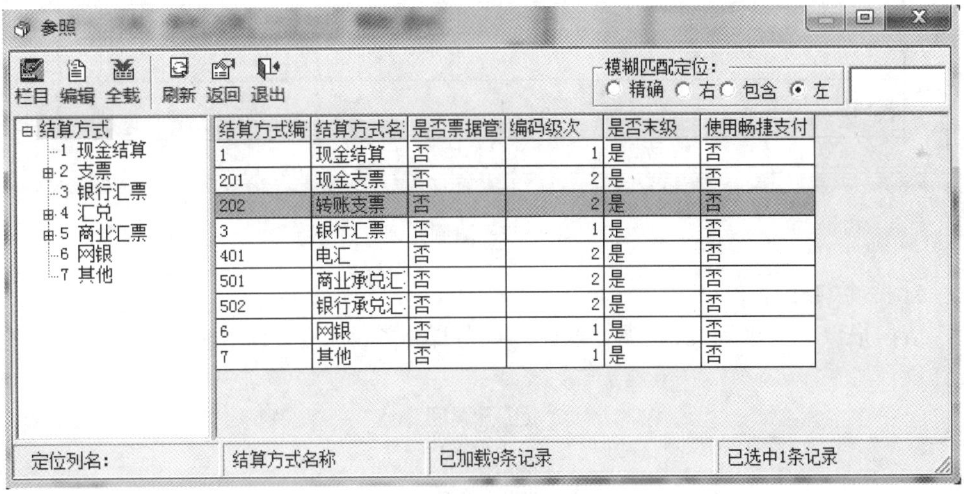

图 2-55 "参照"窗口

图 2-56 填入相关信息

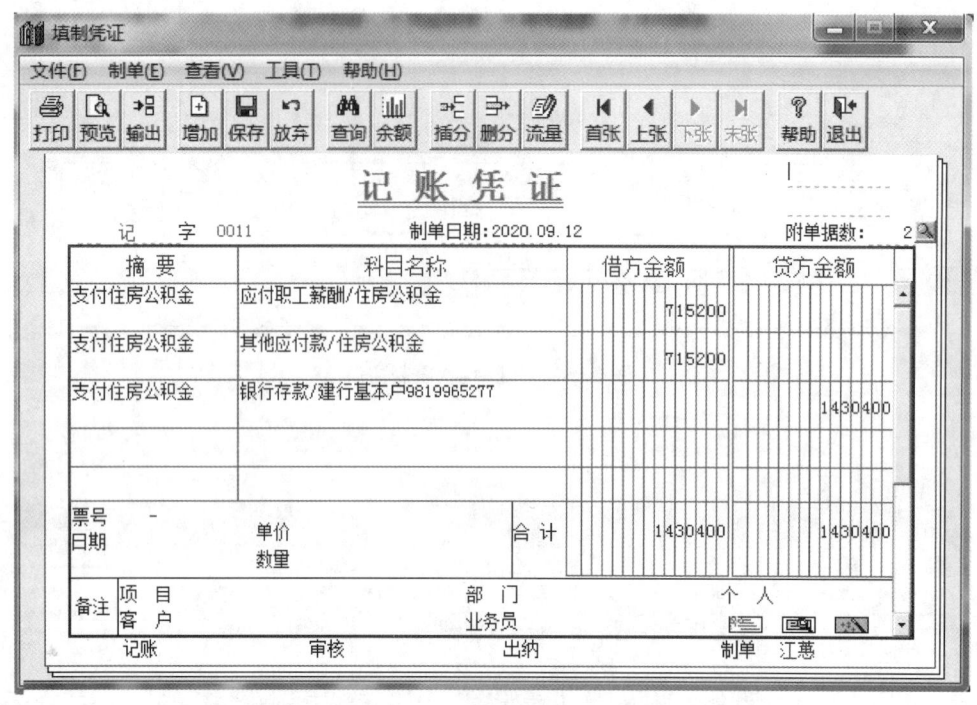

图 2-57 填制凭证

4. 任务实施评价

请扫描以下二维码,认真观看本任务规范操作视频,检查任务实施过程,并完成自我评价。

自我评价：

_____

_____

【工作任务 12】接受货币资金投资

1. 任务实施目标

完成接受货币资金投资的业务操作。

2. 工作任务描述

2020 年 9 月 13 日取得 2 张原始凭证(见凭 2-20、凭 2-21)。要求:在总账系统中完成操作。

股东大会决议

经全体股东审议,将本公司注册资本由 3 000 000.00 元增加至 4 800 000.00 元,一致通过如下决议:

一、增资股东身份情况

（略）

二、增资股东出资情况

股东名称	认缴新增注册资本	认缴比例	实际出资金额	实际出资额占全体股东出资	出资到位日期	出资方式
徐州大鹏有限公司	1 800 000.00	37.50%	1 800 000.00	33.96%	2019-09-13	货币资金

三、增资后各股东持股比例

股东名称	实际出资情况			
	变更前		变更后	
	金额	所占份额	金额	所占份额
徐州大鹏有限公司	0.00	0.00	1 800 000.00	37.50%

股东代表签字:蔡新华　　　　　　　　　　　　　　2020 年 09 月 13 日

凭 2-20

中国建设银行客户专用回单

币别：人民币　　　2020 年 09 月 13 日　　流水号 320320027J0500810028

付款人	全称	徐州大鹏有限公司	收款人	全称	徐州欣阳有限公司
	账号	325546529988		账号	9819965277
	开户行	建行鼓楼支行		开户行	建行基本户
金额	（大写）人民币 壹佰捌拾万元整			（小写）¥1 800 000.00	
凭证种类	电汇凭证		凭证号码		
结算方式	电子汇划汇入		用途	投资款	

打印柜员：320325584257
打印机构：建行基本户
打印卡号：9819965277

打印时间：2020-09-13　　交易柜员：320325584268　　交易机构：320316775

凭 2-21

3. 任务实施过程

以 53102 江蕙的身份登录，日期为 2020 年 9 月 13 日。

进入"总账系统"模块，单击"填制凭证"选项，点击【增加】按钮，根据股东会和中国建设银行客户专用回单输入相关信息。录入"银行存款"科目时，系统会弹出"辅助项"填制窗口（见图 2-58），根据客户专用回单输入相关信息（见图 2-59、图 2-60）点击【确认】按钮，输入结算金额，再依次点击【保存】【确定】按钮（见图 2-61）。

图 2-58 "辅助项"填制窗口

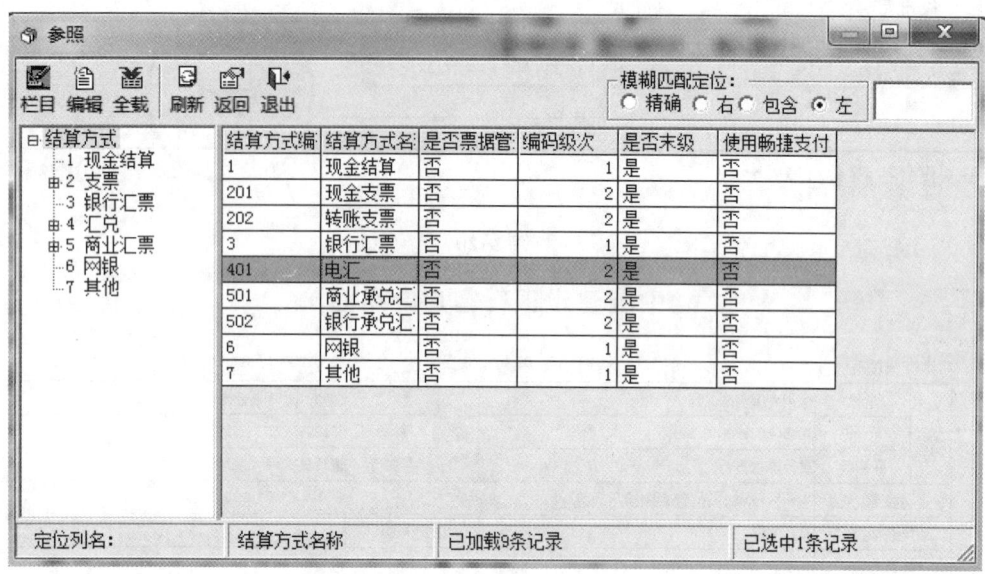

图 2-59 "参照"窗口

图 2-60 填入相关信息

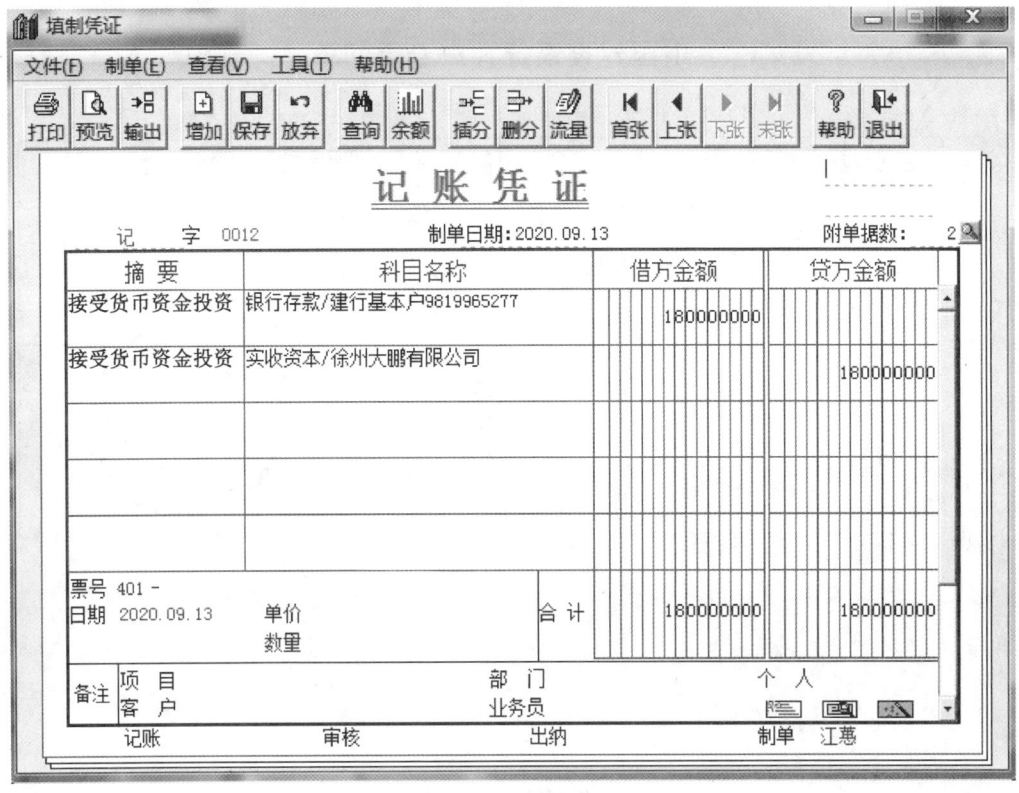

图 2-61 填制凭证

4. 任务实施评价

请扫描以下二维码,认真观看本任务规范操作视频,检查任务实施过程,并完成自我评价。

自我评价:

【工作任务 13】支付聘请中介机构费

1. 任务实施目标

完成支付聘请中介机构费的业务操作。

2. 工作任务描述

2020 年 9 月 13 日取得 3 张原始凭证(见凭 2-22 至凭 2-24)。要求:在总账系统中完成操作。

中国建设银行客户专用回单

币别：人民币　　2020 年 09 月 13 日　　流水号 320320027J0500810058

付款人	全称	徐州欣阳有限公司	收款人	全称	天健会计事务所有限公司
	账号	9819965277		账号	41622124568247
	开户行	建行基本户		开户行	中国建设银行北京市房山区支行
金额	（大写）	人民币 叁仟壹佰捌拾元整		（小写）	￥3 180.00
凭证种类	网银		凭证号码		
结算方式	转账		用途	支付聘请中介机构费	

打印柜员：320325584257
打印机构：建行基本户
打印卡号：9819965277

（中国建设银行 电子回单 专用章）

打印时间：2020-09-13　　交易柜员：320325584268　　交易机构：320310586

凭 2-22

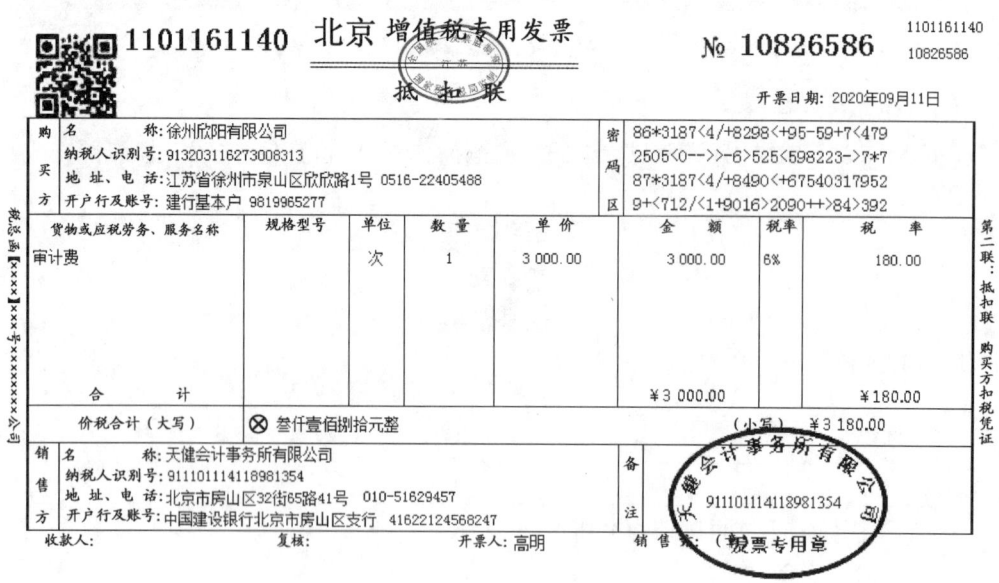

凭 2-23

凭 2-24

3. 任务实施过程

以 53102 江蕙的身份登录,日期为 2020 年 9 月 13 日。

进入"总账系统"模块,单击"填制凭证"选项,点击【增加】按钮,根据增值税专用发票和中国建设银行客户专用回单输入相关信息。录入银行存款科目时,系统会弹出"辅助项"填制窗口(见图 2-62),根据客户专用回单输入相关信息(见图 2-63、图 2-64),点击【确认】按钮,输入结算金额,再依次点击【保存】【确定】按钮(见图 2-65)。

图 2-62 "辅助项"填制窗口

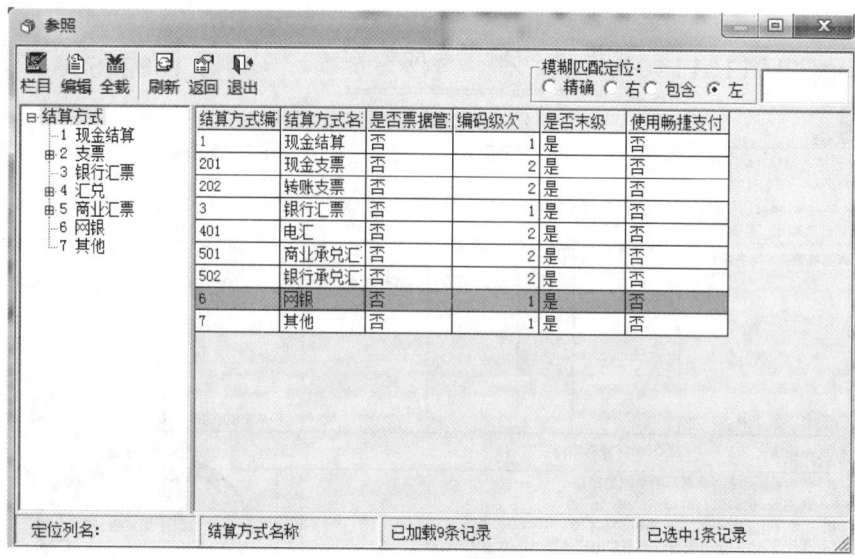

图 2-63 "参照"窗口

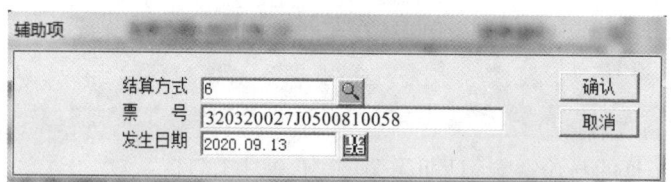

图 2-64 填入相关信息

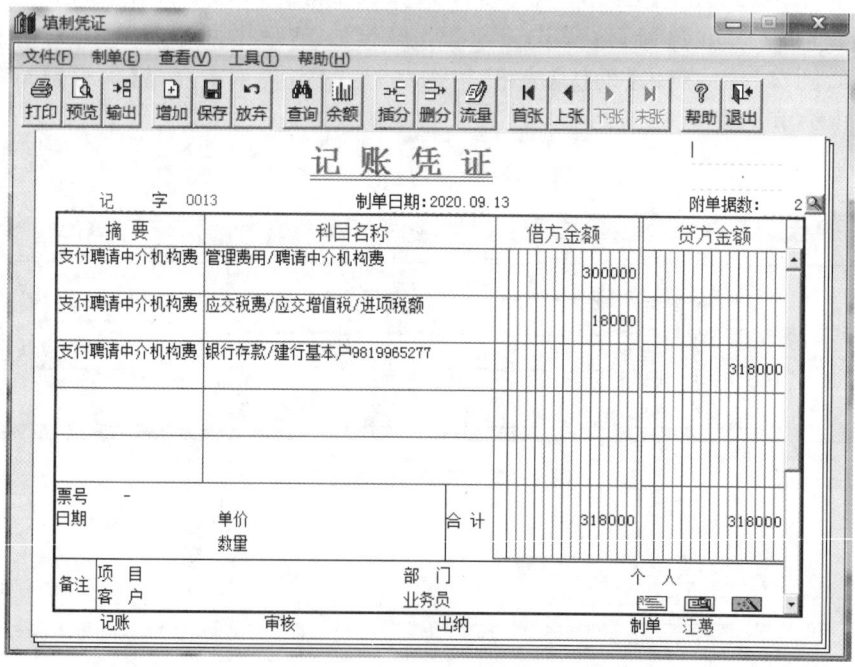

图 2-65 填制凭证

4. 任务实施评价

请扫描以下二维码，认真观看本任务规范操作视频，检查任务实施过程，并完成自我评价。

自我评价：
_____
_____

【工作任务 14】采购材料

1. 任务实施目标

完成采购材料的业务操作。

2. 工作任务描述

2020 年 9 月 14 日取得 2 张原始凭证（见凭 2-25、凭 2-26）。要求：在购销存及核算系统中完成操作（填制 1 张记账凭证，经办人：赵耀）。

凭 2-25

凭 2-26

3. 任务实施过程

以 53102 江蕙的身份登录，日期为 2020 年 9 月 14 日。

（1）进入"采购管理"模块，单击"采购发票"选项，在【增加】按钮下拉选项中，选择"专用发票"，根据采购发票信息填写采购专用发票（见图 2-66），依次点击【保存】【复

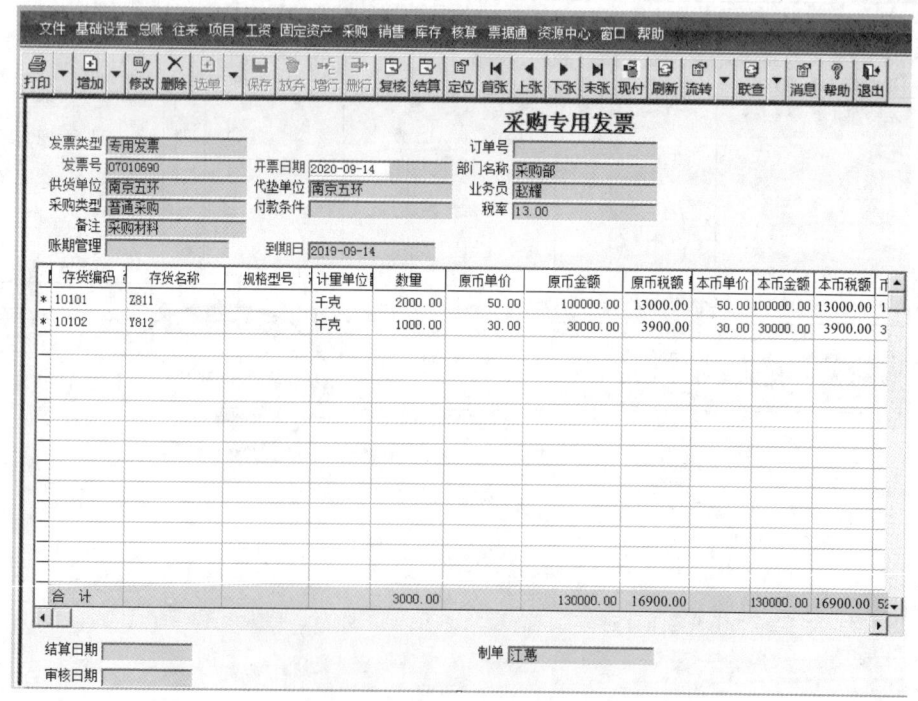

图 2-66 采购专用发票录入

核】后【退出】按钮。单击"供应商往来"选项,选择"预付冲应付"(见图2-67),选择供应商为南京五环,点击【过滤】按钮,在"转账金额"栏输入"150,800.00",再点击【自动转账】按钮后退出(见图2-68)。

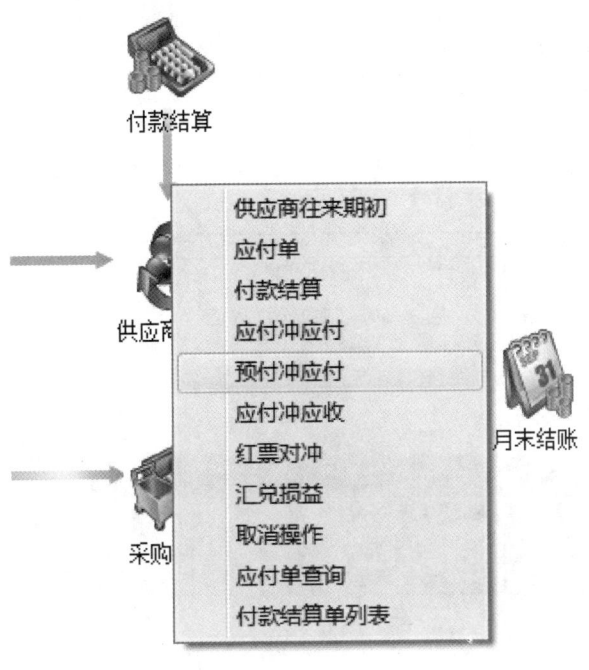

图2-67 选择"预付冲应付"

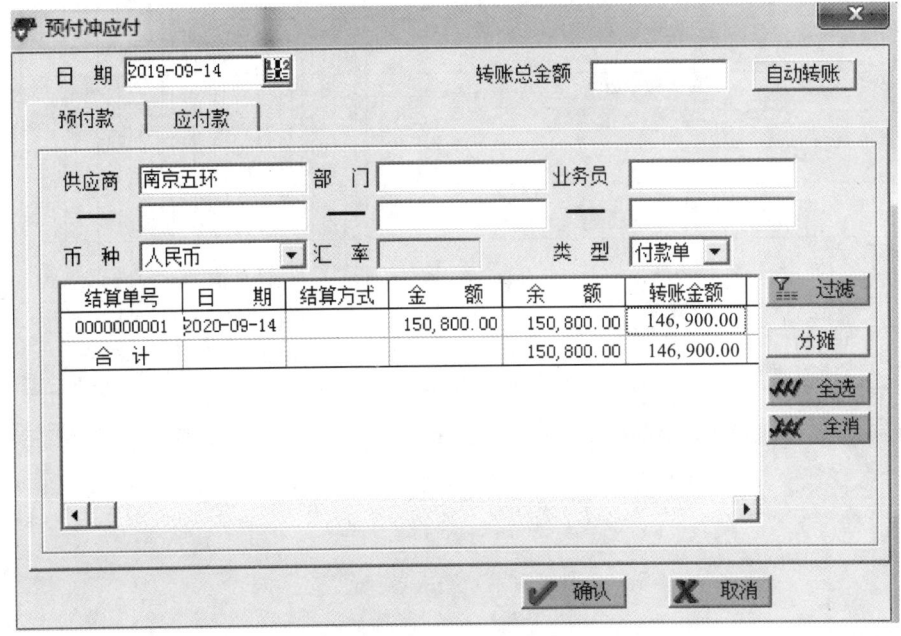

图2-68 输入转账金额

(2)进入"核算管理"模块,在该模块的主界面中,点击"供应商往来制单",选择"发票制单"后点击【确认】(见图 2-69),进行选择后,点击【制单】后,在凭证里修改贷方科目为"预付账款"后点击【保存】(见图 2-70)。

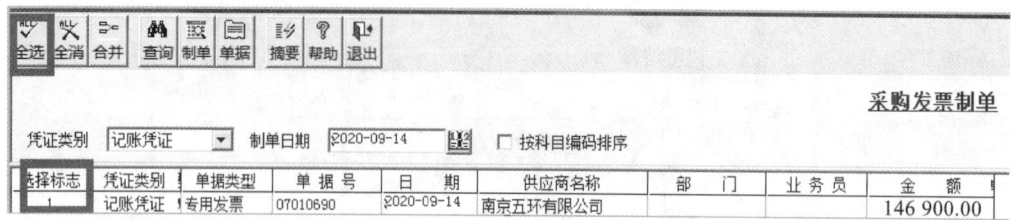

图 2-69 制单选择界面

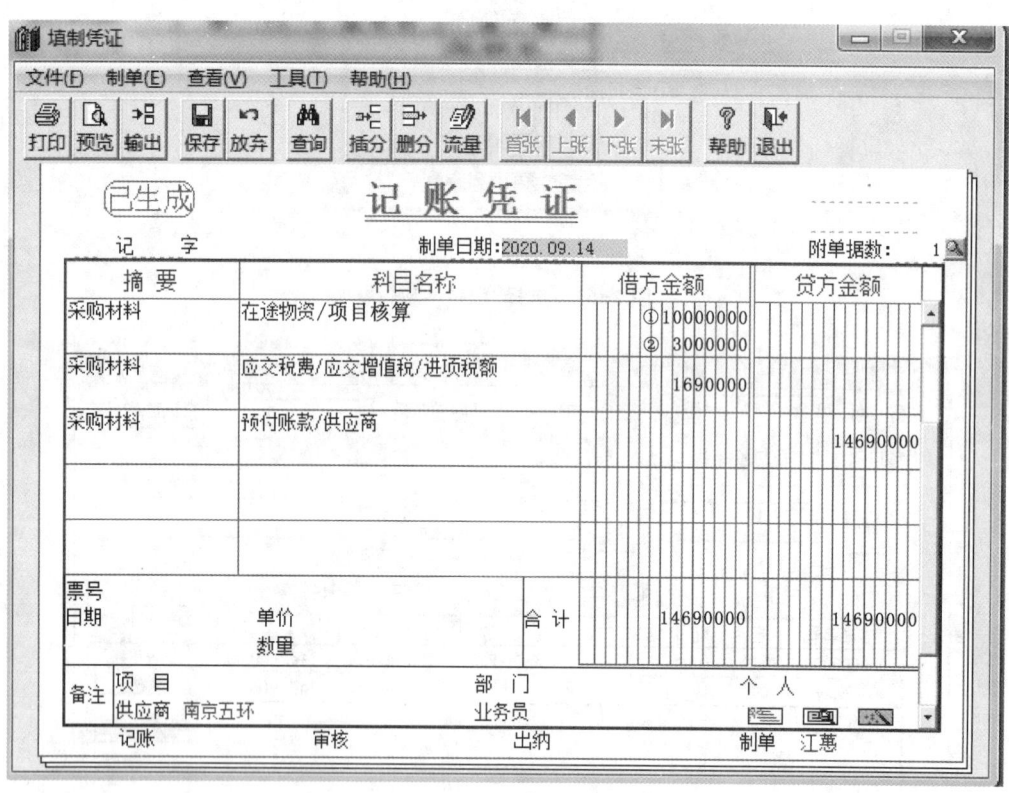

图 2-70 填制凭证

4. 任务实施评价

请扫描以下二维码,认真观看本任务规范操作视频,检查任务实施过程,并完成自我评价。

自我评价:

【工作任务 15】材料入库

1. 任务实施目标

完成材料入库的业务操作。

2. 工作任务描述

2020 年 9 月 15 日取得 1 张原始凭证(见凭 2-27)。要求:在购销存及核算系统中完成操作(填制 1 张记账凭证)。

收 料 单

供应单位:南京五环有限公司　　2020 年 09 月 15 日　　编号 SL083

材料编号	名称	单位	规格	数量		实际成本			
				应收	实收	单价	发票价格	运杂费	总价
CL01	Z811	千克		2 000	2 000				
CL02	Y811	千克		1 000	1 000				
备注:									

第二联　记账联

收料人:　　　　　　　　　　　　　　　　　　交料人:鸿蕙遵

凭 2-27

3. 任务实施过程

以 53102 江蕙的身份登录,日期为 2020 年 9 月 15 日。

(1)进入"采购管理"模块,单击"采购发票"选项,根据上题中已经审核的发票,点击【流转】按钮选择"生成入库单",完善入库类别和仓库的信息后,再依次点击【保存】【退出】按钮(见图 2-71)。在发票上点击【结算】按钮(见图 2-72),在自动结算界面点击【确定】按钮,结算成功后点击【退出】按钮。

图 2-71　采购入库单填写

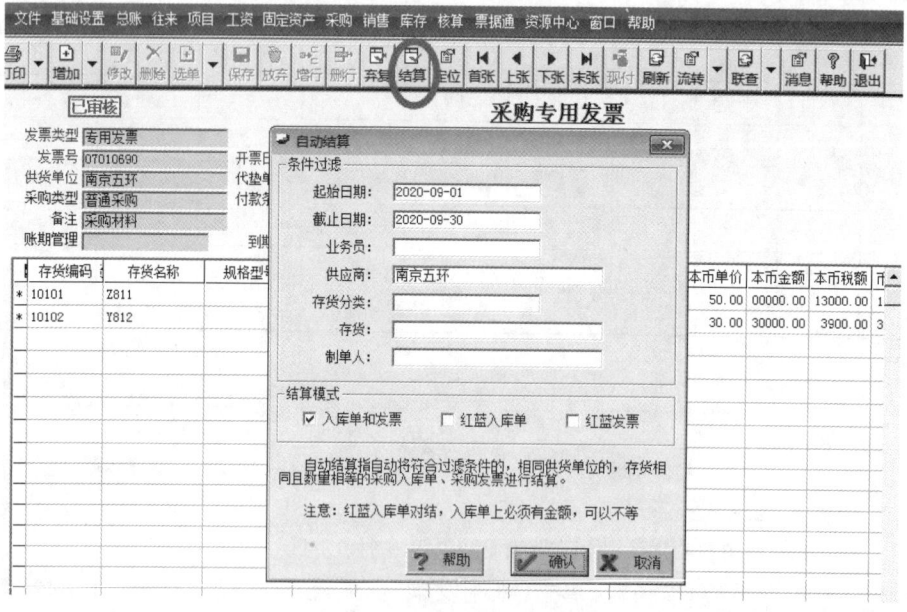

图 2-72　自动结算界面

（2）进入"库存管理"模块，在主界面中单击"采购入库单审核"选项，针对流转生成的入库单，点击【审核】按钮（见图 2-73）。

图 2-73 审核入库单

(3)进入"核算管理"模块,单击"正常单据记账"选项,进入条件选择界面(见图 2-74),依次点击【确认】【全选】【记账】【退出】按钮(见图 2-75)。在该模块的主界面中,单击"购销单据制单"选项,进入选择界面,点击【选择】按钮。在条件查询界面勾选

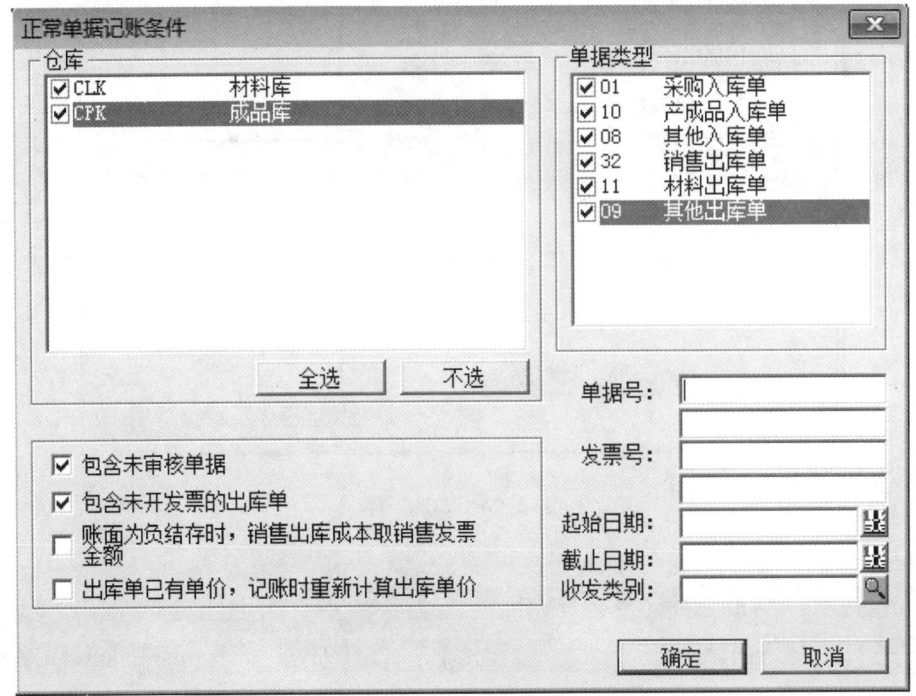

图 2-74 正常单据记账条件

"(01)采购入库单(报销记账)"(见图 2-76),点击【确定】按钮后,再点击【全选】按钮。取消打钩后点击【确定】按钮(见图 2-77)。完善存货科目"原材料"(见图 2-78),点击【生成】按钮,摘要输入为"采购入库",点击【保存】按钮(见图 2-79)。

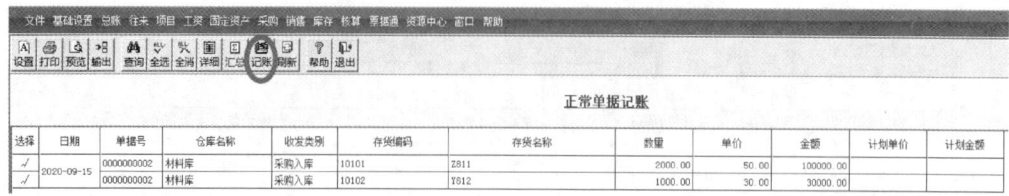

图 2-75　正常单据记账界面

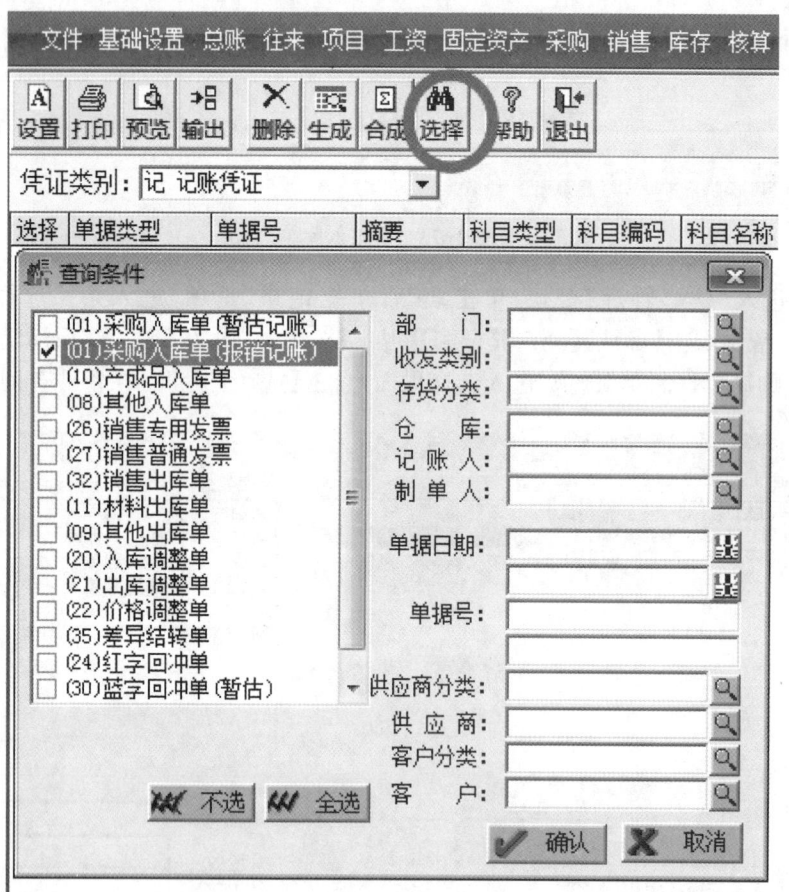

图 2-76　勾选条件

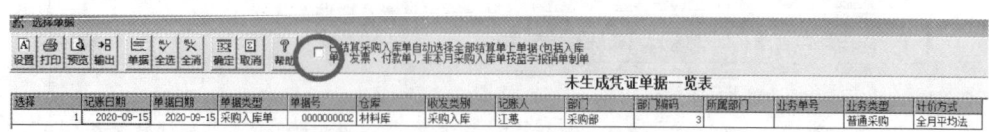

图 2-77　选择界面

图 2-78 完善存货科目

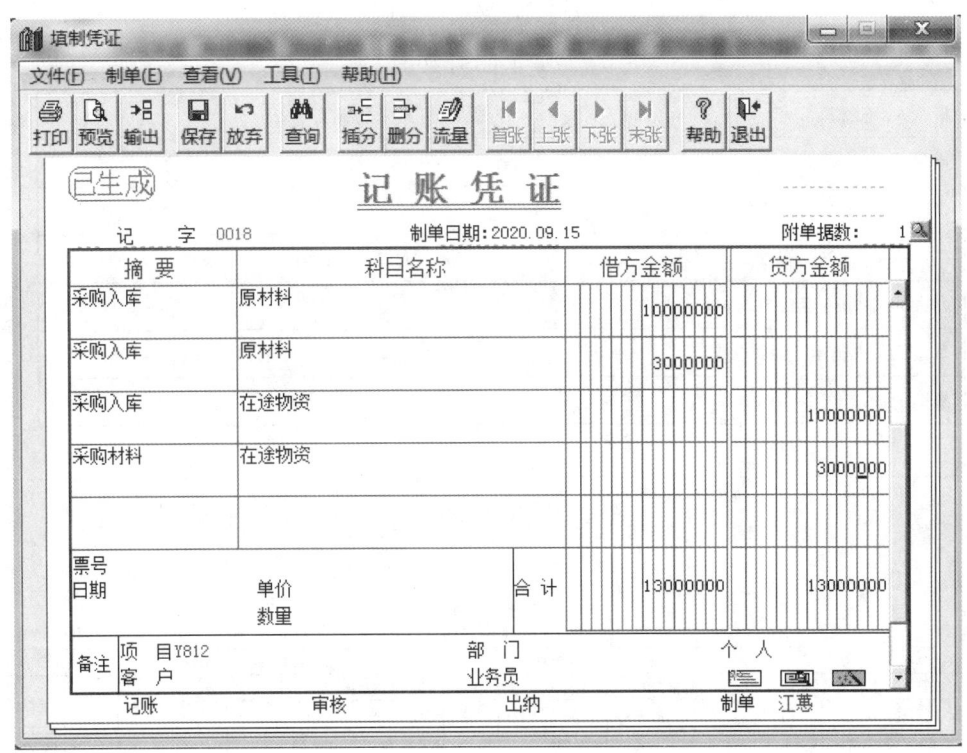

图 2-79 填制凭证

4. 任务实施评价

请扫描以下二维码,认真观看本任务规范操作视频,检查任务实施过程,并完成自我评价。

自我评价:

【工作任务16】报销差旅费

1. 任务实施目标

完成报销差旅费的业务操作。

2. 工作任务描述

2020年9月16日取得6张原始凭证(见凭2-28至凭2-33)。要求:在总账系统中完成操作(填制1张记账凭证)。

借 款 单

2020 年 08 月 20 日   No 02856

借款人:陈珂	所属部门:采购部
借款用途:出差借款	
借款金额:人民币(大写)捌佰元整	￥800.00
部门负责人审批:陈珂 2020-08-20	借款人(签章):陈珂 2020-08-20
财务部门审核:李云 2020-08-20	
单位负责人批示:同意	签字:马聪 2020-08-20
核销记录:补付200.00	

第二联 结算联(结算后记账)

凭2-28

差旅费报销单

2020 年 09 月 16 日   附原始单据4张

姓名	陈珂		工作部门	采购部			出差事由	洽谈商务			
日期		地点		车次或船名	车船费		深夜补贴	途中补贴	住勤费		旅馆费	公交费	金额合计
起	迄	起	迄		时间	金额			地区	天数	补贴			
09月11日	09月13日	徐州市	嘉兴市			811.00			嘉兴市	3	189.00			1000.00

现金付讫

报销金额(大写)人民币 壹仟元整   合计(小写)￥1000.00
补付金额:￥200.00   退回金额:
领导批准 马聪   会计主管 李云   部门负责人 陈珂   审核 江薄   报销人 陈珂

凭2-29

凭 2-30　　　　　　　　　　凭 2-31

凭 2-32　　　　　　　　　　凭 2-33

3. 任务实施过程

以 53102 江蕙的身份登录，日期为 2020 年 9 月 16 日。

进入"总账系统"模块，单击"填制凭证"选项，点击【增加】按钮，摘要为"报销差旅费"。根据差旅费报销单录入"管理费用"科目，根据"借款单"录入其他应收款科目，差额为补付的现金，附件为 2 张，录入完毕点击【保存】按钮（见图 2-80）。

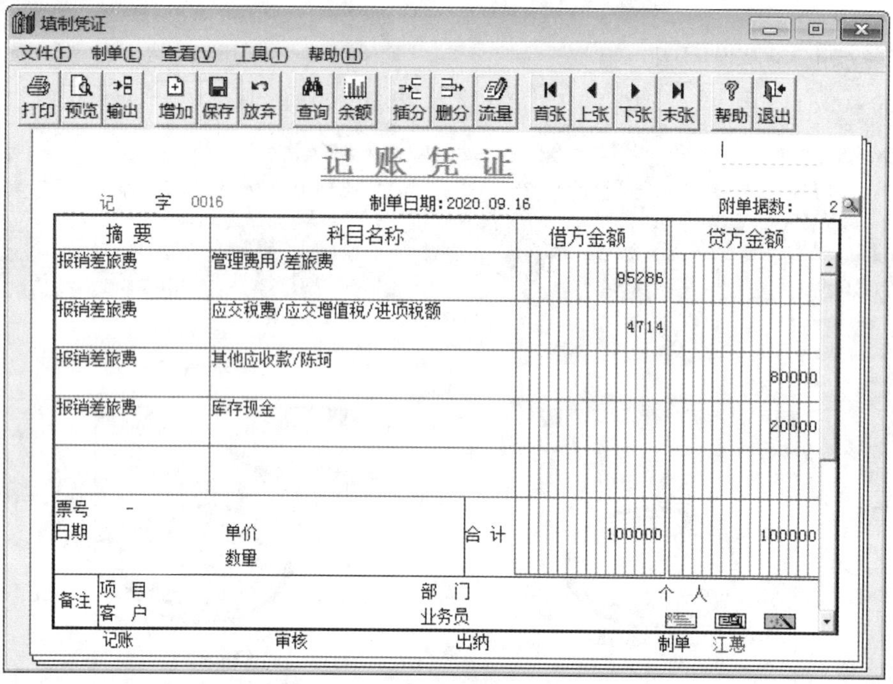

图 2-80 填制凭证

4. 任务实施评价

请扫描以下二维码,认真观看本任务规范操作视频,检查任务实施过程,并完成自我评价。

自我评价:

_____

_____

【工作任务 17】销售商品

1. 任务实施目标

完成销售商品的业务操作。

2. 工作任务描述

2020年9月16日取得2张原始凭证(见凭2-34、凭2-35)。要求:在购销存及核算系统中完成操作(填制1张记账凭证;经办人:袁婧姝)。

销 售 单

购货单位：金坛上源有限公司　　地址和电话：金坛新区路 32 号 83317547　　单据编号：XS038
纳税识别号：913307033035995614　　开户行及账号：工行新区路支行 325546521366

制单日期：2020-09-16

编码	产品名称	规格	单位	单价	数量	金额	备注
SP01	C205		件	632.8	2 500	1 581 250	含税价
SP02	P206		件	1 582	1 200	1 898 400	含税价
合计	人民币(大写)叁佰伍拾柒万贰仟捌佰元整				—	3 480 400	

销售经理：魏雨晨　　经手人：林辰弈　　会计：江蕙　　签收人：刘金花

会计联

凭 2-34

凭 2-35

3. 任务实施过程

以 53102 江蕙的身份登录，日期为 2020 年 9 月 16 日。

（1）进入"销售管理"模块，在主界面中，单击"发货单"选项，点击【增加】按钮后，根据销售单相关信息填写发货单内容（见图 2-81），依次点击【保存】【审核】【退出】按钮后，点击【流转】按钮，生成"专用发票"，注意修改发票号，然后点击【保存】【复核】按钮（见图 2-82）后点击【退出】按钮。

图 2-81 填写发货单

图 2-82 填写销售发票

(2)进入"库存管理"模块,单击"销售出库单生成/审核"选项,进入后由于第一次审核出库单,需要点击【生成】按钮,会出现参照界面(见图 2-83),打钩后点击【刷新】【确认】按钮。系统提示出库数量大于库存,点击【否】按钮即可。针对 2 张销售出库单(见图 2-84、图 2-85),分别进行后点击【退出】按钮。

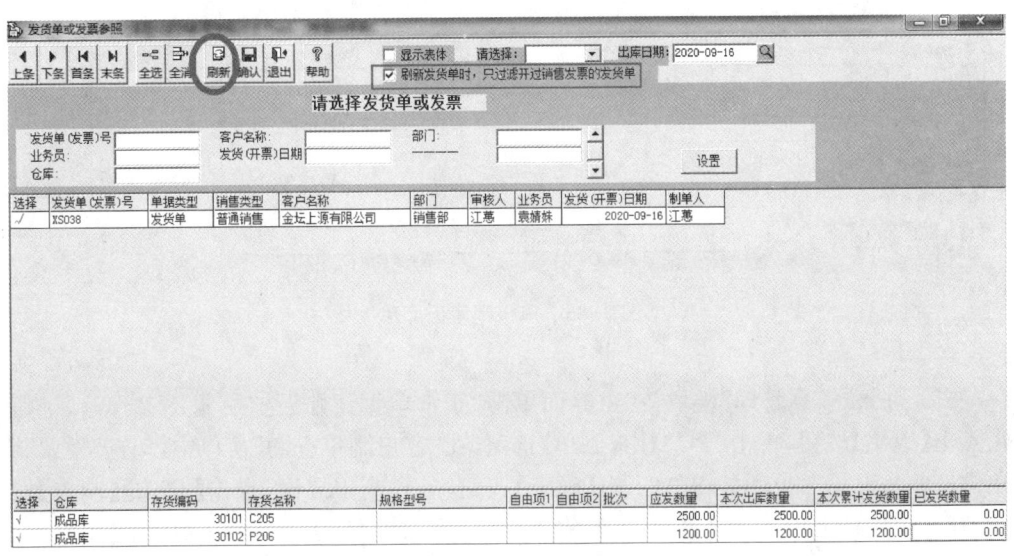

图 2-83　刷新发货单

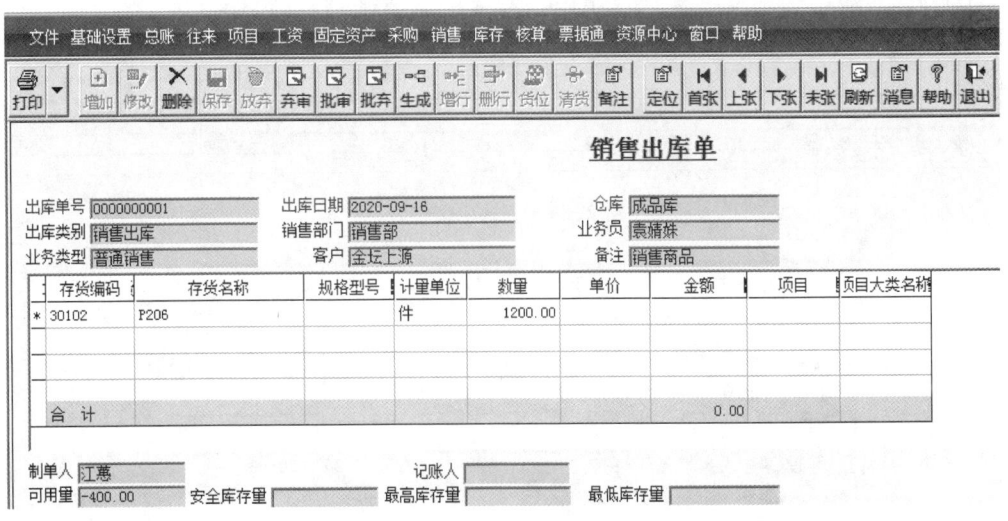

图 2-84　审核销售出库单

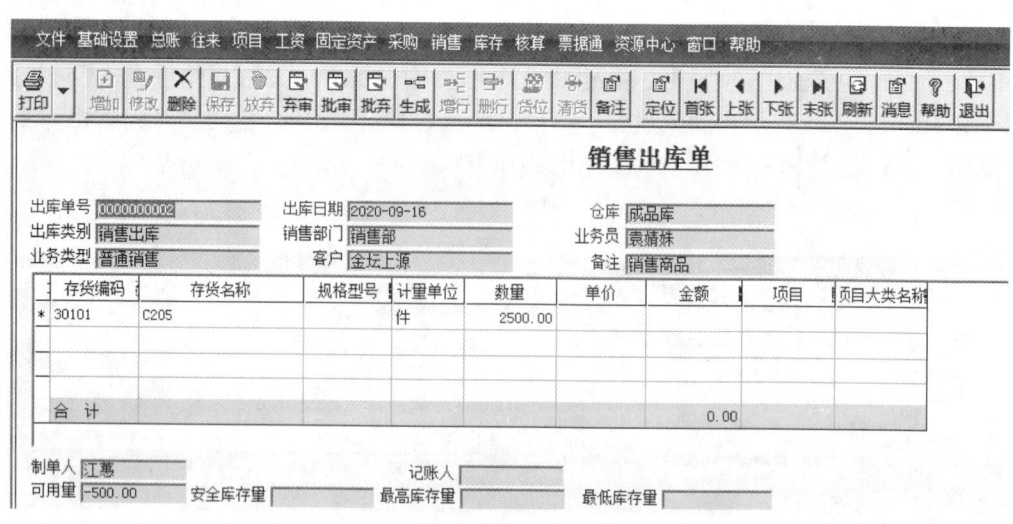

图 2-85　审核销售出库单

（3）进入"核算管理"模块，在主界面单击"正常单据记账"选项（见图 2-86），记账后点击【退出】按钮，单击"客户往来制单"选项，在"客户制单查询"窗口中，勾选"发票制单""应收单制单"（见图 2-87），点击【确定】按钮，进入制单界面，点击【全选】【制单】按钮，在制单凭证上需要录入主营业务收入科目，修改附件为"2"，点击【保存】按钮（见图 2-88）。

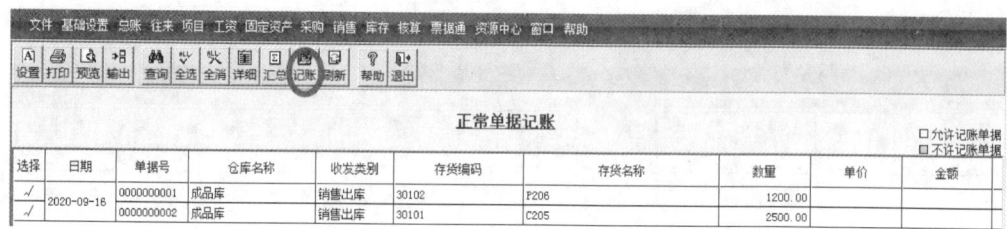

图 2-86　正常单据记账

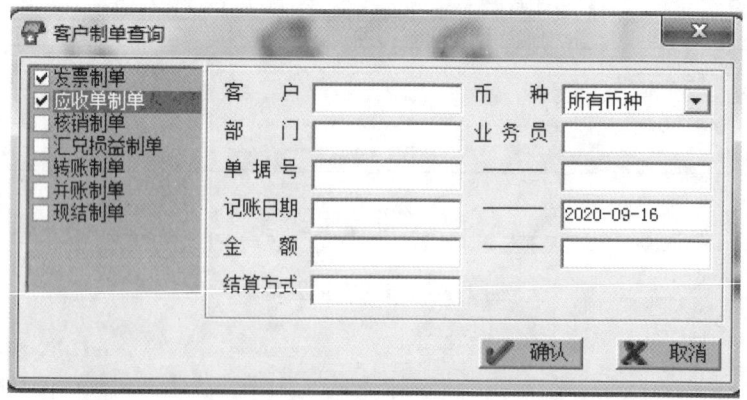

图 2-87　"客户制单查询"窗口

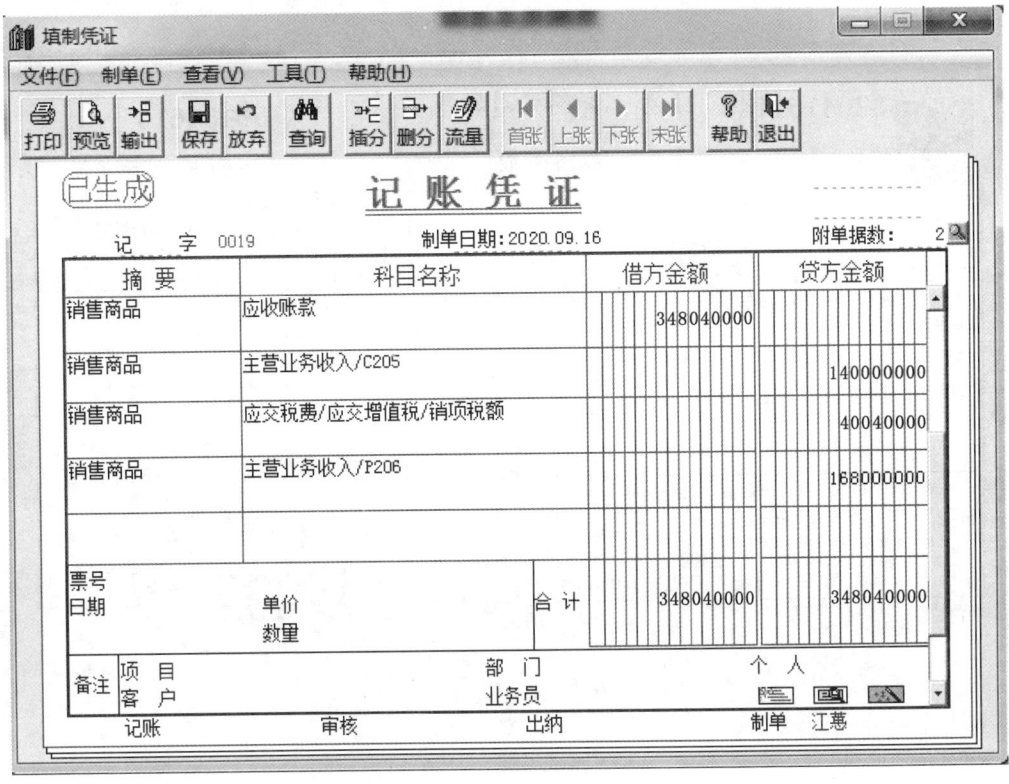

图 2-88 填制凭证

4. 任务实施评价

请扫描以下二维码,认真观看本任务规范操作视频,检查任务实施过程,并完成自我评价。

自我评价:_____

_____

_____

【工作任务18】支付运输费

1. 任务实施目标

完成支付运输费的业务操作。

2. 工作任务描述

2020年9月16日取得3张原始凭证(见凭2-36、凭2-37、凭2-38)。要求:在总账完成填制记账凭证操作。

会计综合化项目实训(用友畅捷通 T3)

凭 2-36

凭 2-37

中国建设银行客户专用回单

凭 2-38

3. 任务实施过程

以 53102 江蕙的身份登录,日期为 2020 年 9 月 16 日。

进入"总账系统"模块,单击"填制凭证"选项,点击【增加】按钮,根据发票信息填写相关科目(见图 2-89),录入"银行存款"科目时,系统会弹出"辅助项"填制窗口,根据客户回单信息输入相关信息(见图 2-90),点击【确认】按钮后,在凭证上点击【保存】按钮。

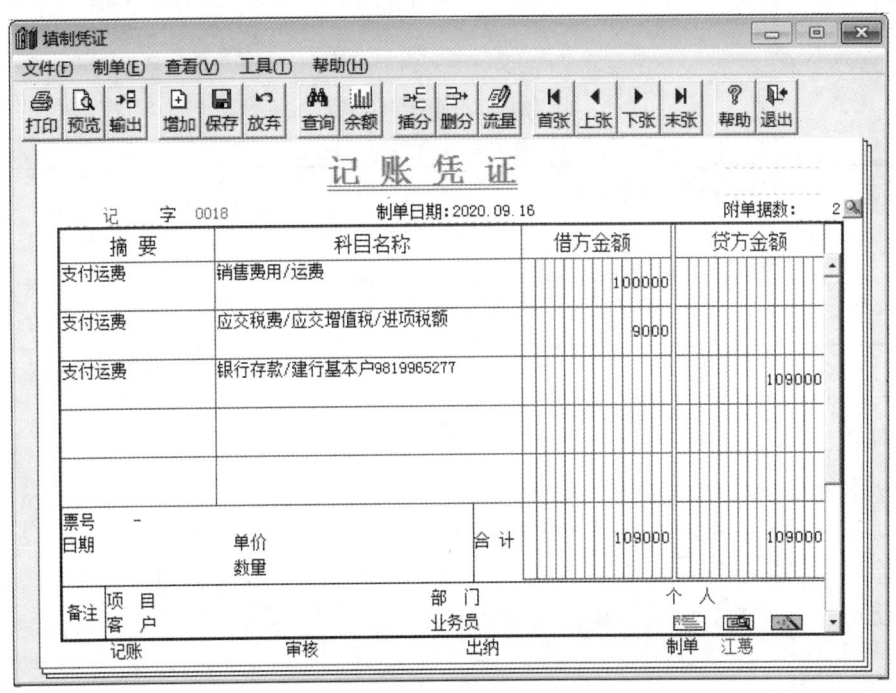

图 2-89 填制凭证

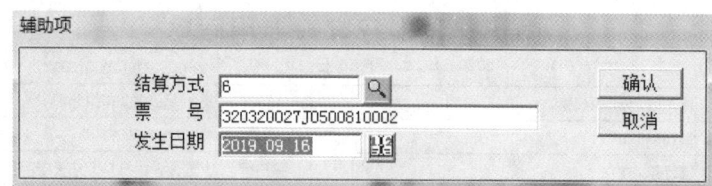

图 2-90 辅助项信息

4. 任务实施评价

请扫描以下二维码,认真观看本任务规范操作视频,检查任务实施过程,并完成自我评价。

自我评价:
_____
_____

【工作任务 19】没收包装物押金

1. 任务实施目标

完成没收包装物押金的业务操作。

2. 工作任务描述

2020 年 9 月 17 日取得 1 张原始凭证(见凭 2-39)。要求:在总账中填制 1 张记账凭证。

特殊事项处理说明	
日期:2020 年 9 月 17 日	
说明事项	徐州天猫有限公司于 2019 年 09 月 16 日借用本公司的包装箱 1 只,期限 1 年,合同约定徐州天猫有限公司应于 2020 年 09 月 16 日归还包装箱,本公司应退还 1 130.00 元押金。因对方未按期归还借用的包装箱,本公司不再退还押金,予以没收。
批准:马聪　　审核:李云　　说明人:林辰奕	

凭 2-39

3. 任务实施过程

以 53102 江蕙的身份登录,日期为 2020 年 09 月 17 日。

进入"总账系统"模块,单击"填制凭证"选项,点击【增加】按钮,根据没收包装物押金业务分析,填写相关科目(见图 2-91),在凭证上点击【保存】按钮。

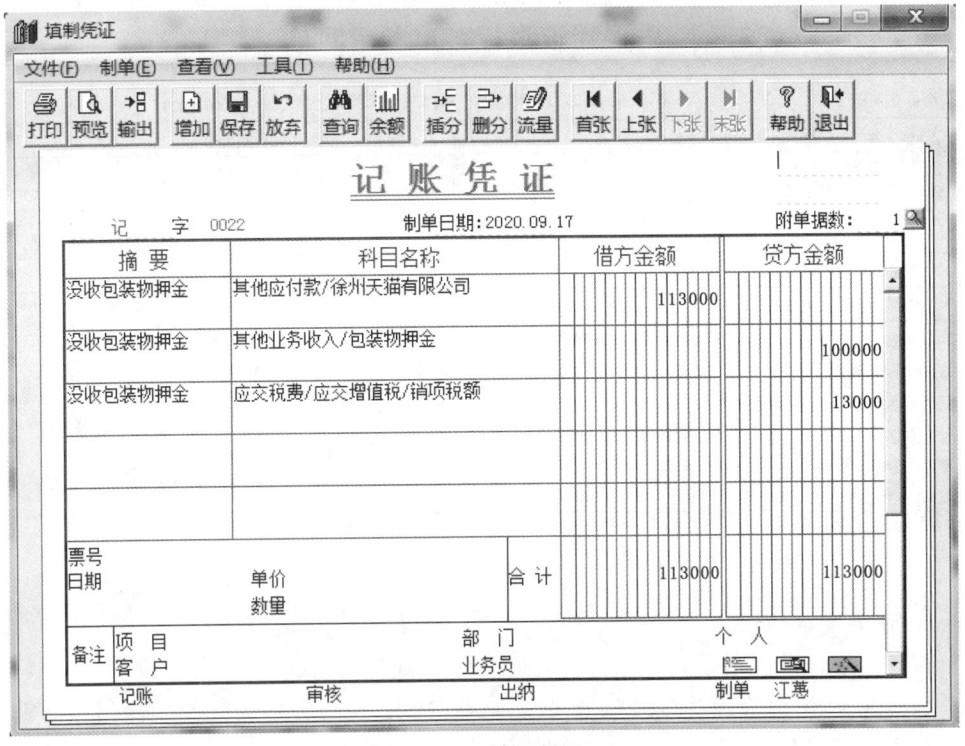

图 2-91 填制凭证

4. 任务实施评价

请扫描以下二维码,认真观看本任务规范操作视频,检查任务实施过程,并完成自我评价。

自我评价:

【工作任务 20】收到货款

1. 任务实施目标

完成收到货款的业务操作。

2. 工作任务描述

2020 年 9 月 17 日取得 1 张原始凭证(见凭 2-40)。要求:在购销存及核算系统中完成操作(填制 1 张记账凭证)。

中国建设银行客户专用回单

币别	人民币		2020年09月17日	流水号	320320027J0500810020

付款人	全称	徐州三叶家具有限公司	收款人	全称	徐州欣阳有限公司
	账号	36545432122		账号	9819965277
	开户行	工行徐州湖东分理处		开户行	建行基本户

金额	(大写) 人民币 肆拾伍万元整	(小写) ￥450 000.00
凭证种类	电汇凭证	凭证号码
结算方式	电子划汇汇入	用途 货款

划汇日期:2019-09-17　汇划款项编号:43726482　打印柜员:320325584257
报文顺序号:26909043　汇出行行号:102578119606173　打印机构:建行基本户
汇出银行名:工行徐州湖东分理处　　　　　　　　　打印卡号:9819965277
业务类型:2105　　　原凭证金额:450000.00
原始凭证种类:6186　　原凭证号码:
附言:
打印时间:2020-09-17　交易柜员:320325584268　交易机构:320328809

凭 2-40

3. 任务实施过程

以 53102 江蕙的身份登录,日期为 2020 年 9 月 17 日。

(1) 进入"销售管理"模块,单击"收款结算"选项,选择客户为"003　徐州三叶家具有限公司",点击【增加】按钮,根据转账支票输入相关信息(见图 2-92),点击【保存】【核销】按钮,输入本次结算金额为"450,000.00"后(此时也可以双击余额栏输入),再次点击【保存】【退出】按钮。

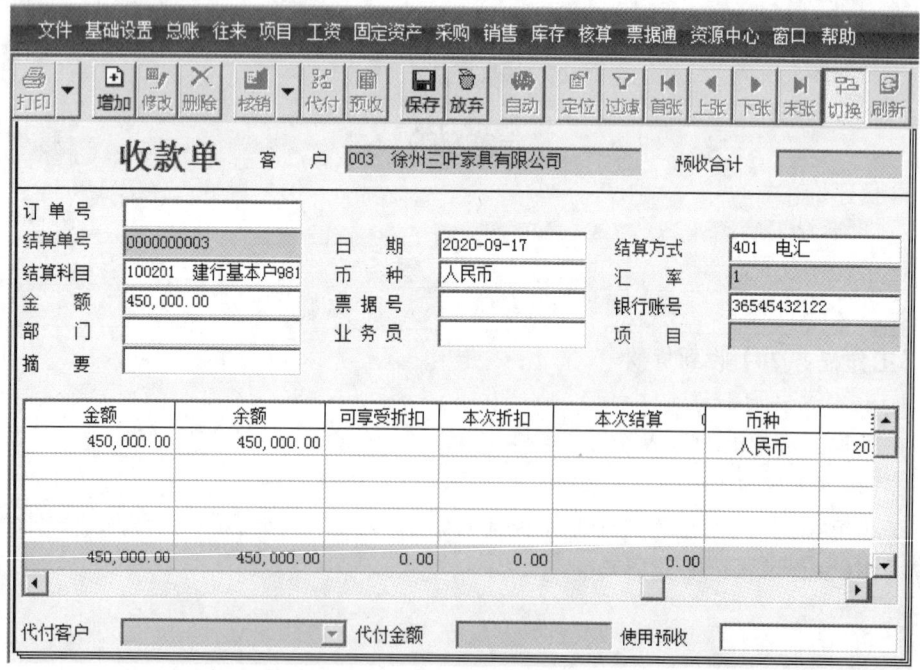

图 2-92　填写收款单

（2）进入"核算管理"模块，单击"客户往来制单"选项，选择"核销制单"，依次点击【全选】【制单】按钮，在填制凭证界面，修改摘要信息后保存（见图2-93）。

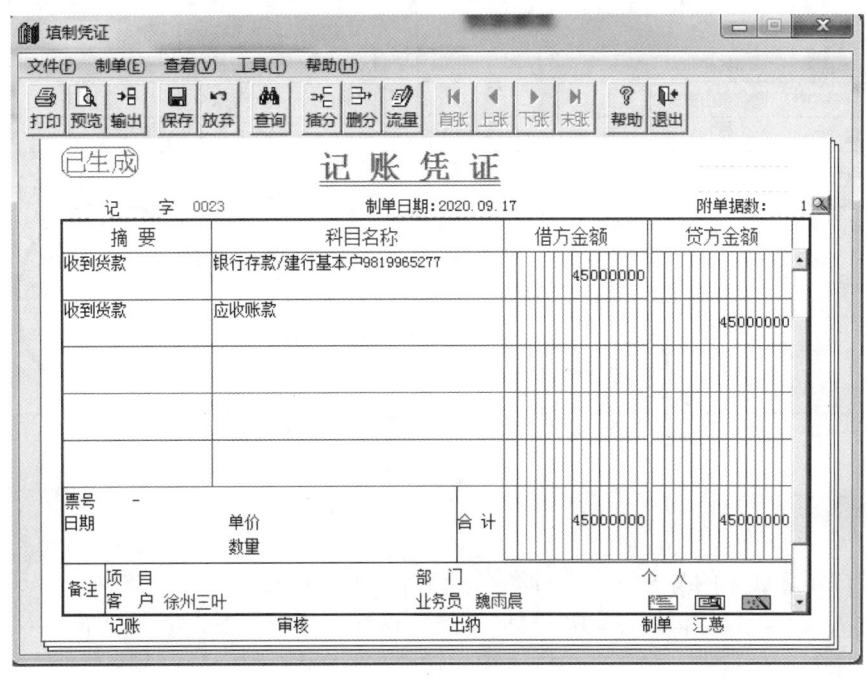

图2-93　填制凭证

4. 任务实施评价

请扫描以下二维码，认真观看本任务规范操作视频，检查任务实施过程，并完成自我评价。

自我评价：
_____
_____

【工作任务21】保证金收回

1. 任务实施目标

完成保证金收回的业务操作。

2. 工作任务描述

2020年9月18日取得1张原始凭证（见凭2-41）。要求：在总账系统中完成操作（填制1张记账凭证）。

中国建设银行客户专用回单

币别：人民币　　2020 年 09 月 18 日　　流水号 320320027J0500810040

付款人	全称	徐州益阳有限公司	收款人	全称	徐州欣阳有限公司
	账号	5857354098		账号	9819965277
	开户行	建行泉山支行		开户行	建行基本户
金额	（大写）人民币 伍万元整			（小写）¥50000.00	
凭证种类	电汇凭证		凭证号码		
结算方式	电汇		用途	退回投标保证金	

打印柜员：320325584257
打印机构：建行基本户
打印卡号：9819965277

（中国建设银行 电子回单 专用章）

打印时间：2020-09-18　　交易柜员：320325584268　　交易机构：320310500541158659

凭 2-41

3. 任务实施过程

以 53102 江蕙的身份登录，日期为 2020 年 9 月 18 日。

进入"总账系统"模块，单击"填制凭证"选项，点击【增加】按钮，根据客户专用回单的退回原因，分析业务，在凭证中输入相关信息（见图 2-94），录入"银行存款"科目时，系统会弹出"辅助项"填制窗口，根据凭证种类选择结算方式，输入票号（见图 2-95）后，点击【确认】按钮，再录完凭证后点击【保存】按钮。

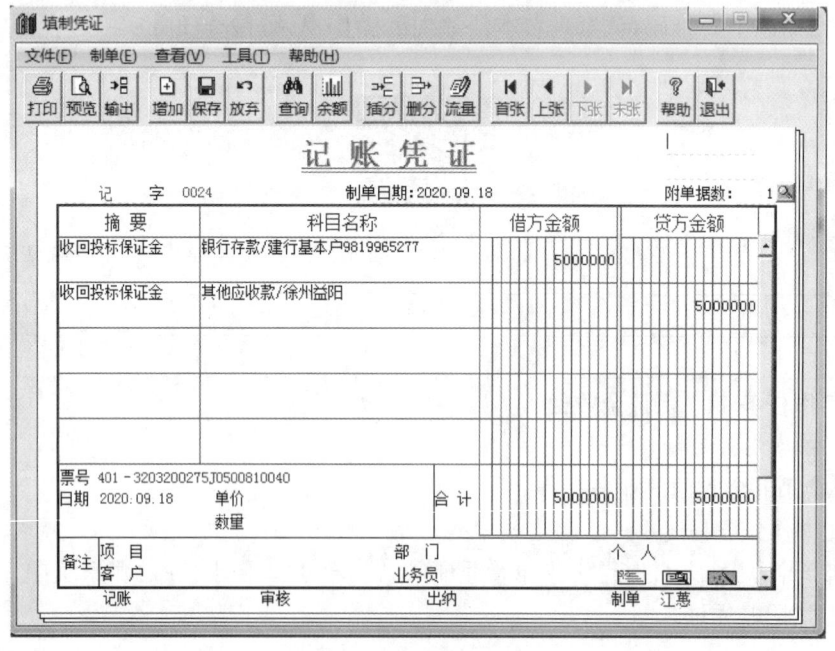

图 2-94　填制凭证

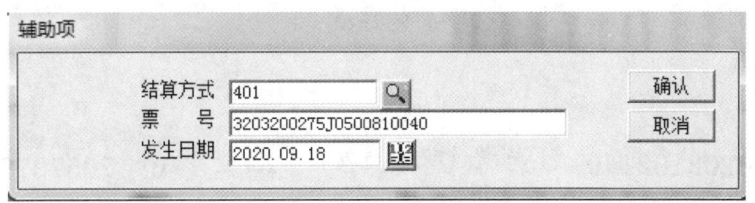

图 2-95　辅助项信息

4. 任务实施评价

请扫描以下二维码，认真观看本任务规范操作视频，检查任务实施过程，并完成自我评价。

自我评价：
_____
_____

【工作任务 22】支付设备维修费

1. 任务实施目标

完成支付设备维修费的业务操作。

2. 工作任务描述

2020 年 9 月 24 日取得 3 张原始凭证（见凭 2-42、凭 2-43、凭 2-44）。要求：在总账系统中完成操作（填制 1 张记账凭证）。

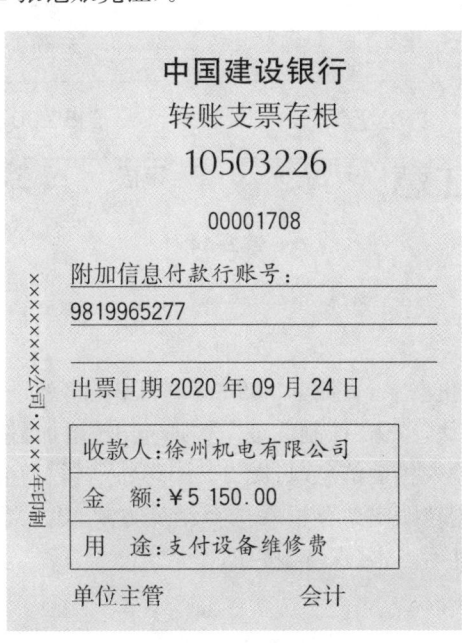

凭 2-42

江苏增值税普通发票

发票号码：3203162140
No 17057079
开票日期：2020年09月24日
校验码 36203 26550 81212 34036

购买方		
名称：	徐州欣阳有限公司	
纳税人识别号：	913203116273008313	
地址、电话：	江苏省徐州市泉山区欣欣路1号 0516-22405488	
开户行及账号：	建行基本户 9819965277	

密码区：
47*3187<4/+3940<+95-59+7<225
3772<0-->>-6>525<635828->7*7
87*3187<4/+8490<+54785979992
6+<712/<1+9016>3176++>84>736

货物或应税劳务、服务名称	规格型号	单位	数量	单价	金额	税率	税额
设备维修费		台	1	5 000.00	5 000.00	3%	150.00
合　　计					￥5 000.00		￥150.00
价税合计（大写）	⊗伍仟壹佰伍拾元整				（小写）￥5 150.00		

销售方		
名称：	徐州机电有限公司	
纳税人识别号：	91320312914512 8342	
地址、电话：	江苏省徐州市铜山区肖宝街高艳路58号 0516-78343840	
开户行及账号：	中国建设银行徐州市铜山区支行 41622124308371	

备注：91320312914512 8342

收款人： 复核： 开票人：苏俊林 销售方：发票专用章

凭 2-43

维修费用分配表

2020-09-24　　　　　　　　　　　　　单位：元

部门	金额
办公室	5150.00

制表：江蕙　　　　审核：李云

凭 2-44

3. 任务实施过程

以53102江蕙的身份登录，日期为2020年9月24日。

进入"总账系统"模块，单击"填制凭证"选项，点击【增加】按钮，根据增值税普通发票分析业务，在凭证中输入相关信息（见图2-96），录入"银行存款"科目时，系统会弹出"辅助项"填制窗口，根据转账支票存根联选择结算方式，输入票号（见图2-97）后点击【确认】按钮，再录完凭证后点击【保存】按钮。

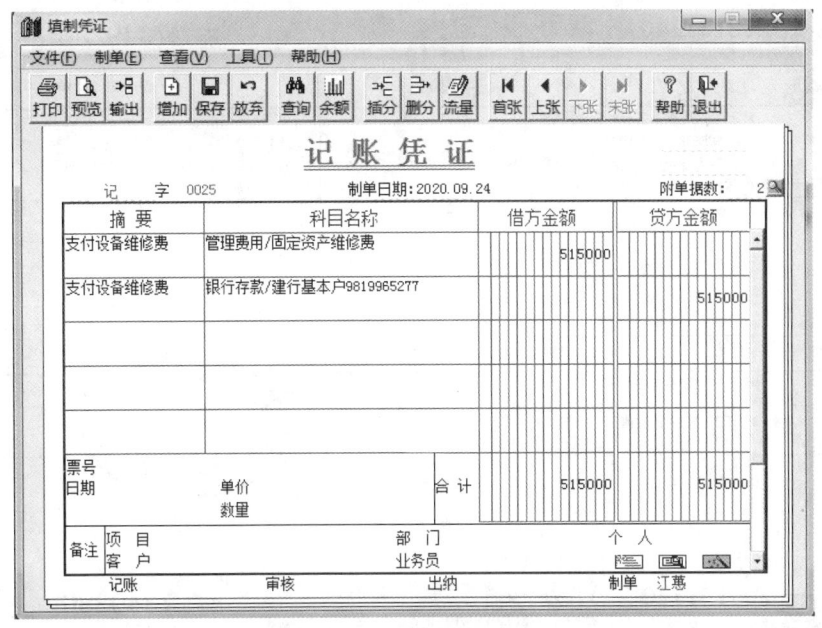

图 2-96 填制凭证

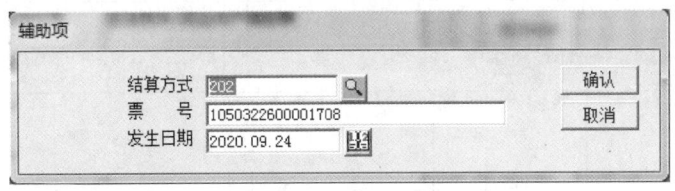

图 2-97 辅助项信息

4. 任务实施评价

请扫描以下二维码,认真观看本任务规范操作视频,检查任务实施过程,并完成自我评价。

自我评价:

_____

_____

【工作任务23】采购原材料、入库、款付

1. 任务实施目标

完成采购原材料、入库、款付的业务操作。

2. 工作任务描述

2020 年 9 月 30 日取得 4 张原始凭证(见凭 2-45 至凭 2-48)。要求:在购销存及核算系统中完成操作(填制 1 张记账凭证;业务员:陈珂)。

会计综合化项目实训(用友畅捷通 T3)

江苏增值税专用发票

3203161140　　　　　　　　　　　　　　　　　　No 27349286

开票日期：2020年09月30日

| 购买方 | 名称：徐州欣阳保温容器制造有限公司
纳税人识别号：329038459086481234
地址、电话：江苏省徐州市泉山区欣欣路1号　0516-22405488
开户行及账号：建行-基本户　9819965277 | 密码区 | 27*3187<4/+4138<+95-59+7<895
1325<0-->-6>525<311693->7*7
87*3187<4/+8490<+93039242159
8+<712/<1*9016>0538++>84>753 |

货物或应税劳务、服务名称	规格型号	单位	数量	单价	金额	税率	税额
Z811		千克	2380	50.00	119000.00	13%	15470.00
合　计					￥119000.00		￥15470.00

价税合计(大写)　壹拾叁万肆仟肆佰柒拾元整　　(小写)￥134470.00

销售方：徐州红星有限公司
纳税人识别号：913203027052301496
地址、电话：江苏省徐州市鼓楼区何郦街胡小路75号　0516-43331041
开户行及账号：中国建设银行徐州市鼓楼区支行　41622124767587

收款人：　　复核：　　开票人：于欢　　销售方：发票专用章

凭 2-45

江苏增值税专用发票

3203161140　　　　　　　　　　　　　　　　　　No 27349286

开票日期：2020年09月30日

| 购买方 | 名称：徐州欣阳保温容器制造有限公司
纳税人识别号：329038459086481234
地址、电话：江苏省徐州市泉山区欣欣路1号　0516-22405488
开户行及账号：建行-基本户　9819965277 | 密码区 | 27*3187<4/+4138<+95-59+7<895
1325<0-->-6>525<311693->7*7
87*3187<4/+8490<+93039242159
8+<712/<1*9016>0538++>84>753 |

货物或应税劳务、服务名称	规格型号	单位	数量	单价	金额	税率	税额
Z811		千克	2380	50.00	119000.00	13%	15470.00
合　计					￥119000.00		￥15470.00

价税合计(大写)　壹拾叁万肆仟肆佰柒拾元整　　(小写)￥134470.00

销售方：徐州红星有限公司
纳税人识别号：913203027052301496
地址、电话：江苏省徐州市鼓楼区何郦街胡小路75号　0516-43331041
开户行及账号：中国建设银行徐州市鼓楼区支行　41622124767587

收款人：　　复核：　　开票人：于欢　　销售方：发票专用章

凭 2-46

收 料 单

供应单位：徐州红星有限公司　　2020 年 09 月 30 日　　编号 SL077

材料编号	名称	单位	规格	数量		实际成本			
				应收	实收	单价	发票价格	运杂费	总价
	Z811	千克		2 380	2 380				
备注									

收料人：　　　　　　　　　　　　　　　　　　　　交料人：王志宁

凭 2-47

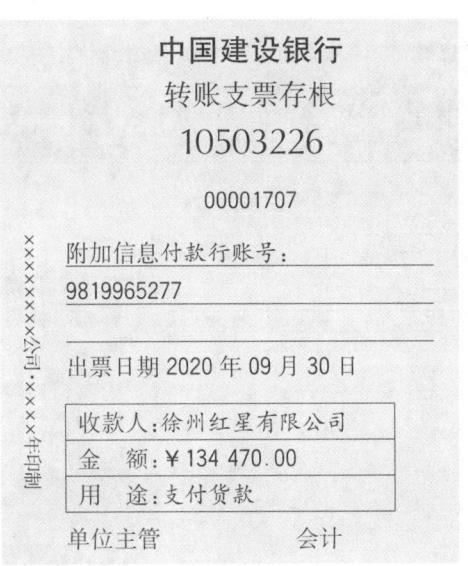

凭 2-48

3. 任务实施过程

以 53102 江蕙的身份登录,日期为 2020 年 9 月 30 日。

(1) 进入"采购管理"模块,单击"采购入库单"选项,查找期初采购入库单(见图 2-98);选择【流转】按钮,生成一张采购专用发票(见图 2-99);根据原始凭证完善相关发票信息,并点击【结算】按钮(见图 2-100),并点击【现付】按钮;按照转账支票存根信息进行录入(见图 2-101),并依次点击【保存】【复核】按钮(见图 2-102)。

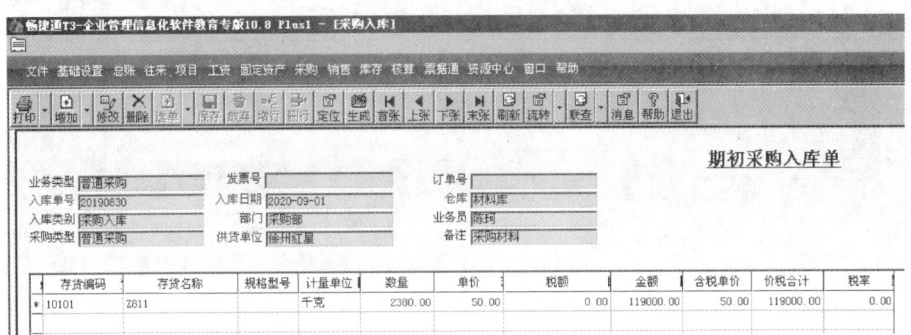

图 2-98

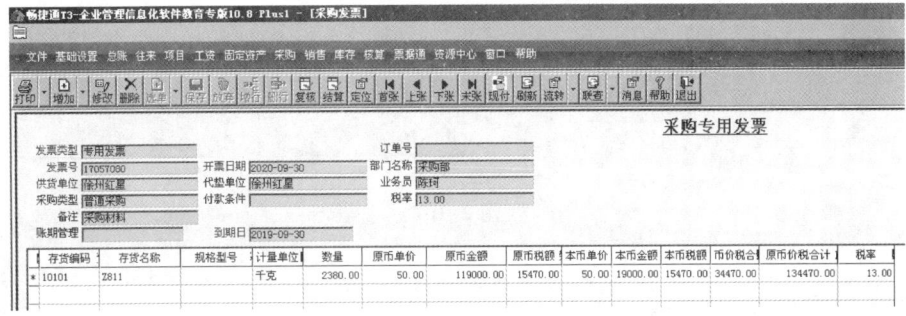

图 2-99

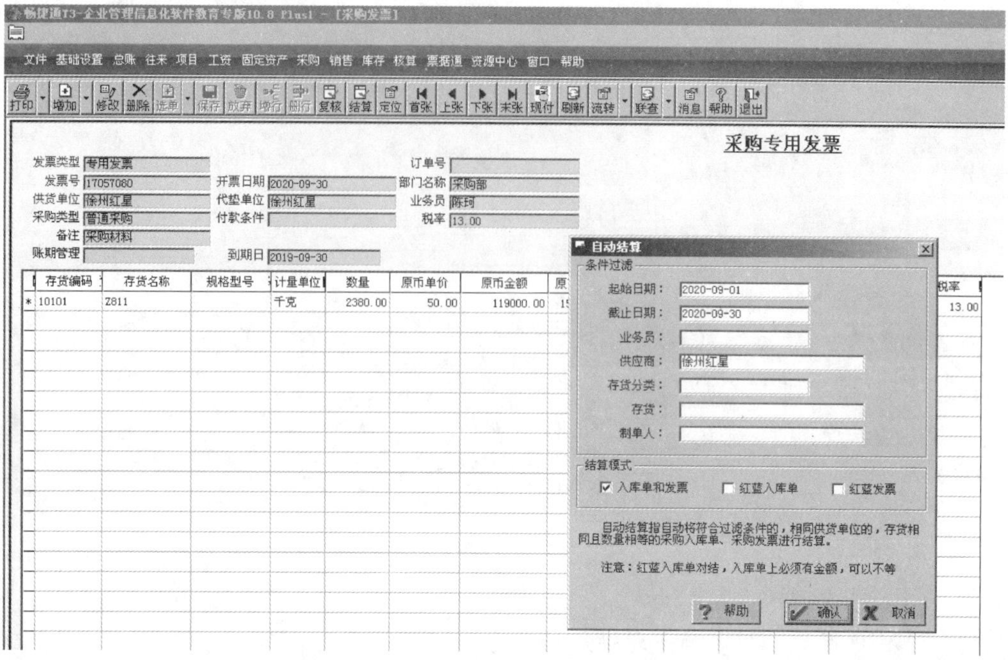
畅捷通T3-企业管理信息化软件教育专版10.8 Plus1 - [采购发票]
文件 基础设置 总账 往来 项目 工资 固定资产 采购 销售 库存 核算 票据通 资源中心 窗口 帮助
打印 增加 修改 删除 选单 保存 放弃 增行 删行 复核 结算 定位 首张 上张 下张 末张 现付 刷新 流转 联查 消息 帮助 退出
采购专用发票
发票类型 专用发票
发票号 17057080
开票日期 2020-09-30
供货单位 徐州红星
代垫单位 徐州红星
采购类型 普通采购
付款条件
备注 采购材料
账期管理
到期日 2019-09-30
订单号
部门名称 采购部
业务员 陈珂
税率 13.00
存货编码 存货名称 规格型号 计量单位 数量 原币单价 原币金额 税率
10101 Z811 千克 2380.00 50.00 119000.00 13.00
自动结算
条件过滤
起始日期: 2020-09-01
截止日期: 2020-09-30
业务员:
供应商: 徐州红星
存货分类:
存货:
制单人:
结算模式
入库单和发票
红蓝入库单
红蓝发票
自动结算指自动将符合过滤条件的，相同供货单位的，存货相同且数量相等的采购入库单、采购发票进行结算。
注意：红蓝入库单对结，入库单上必须有金额，可以不等
帮助
确认
取消

图 2-100

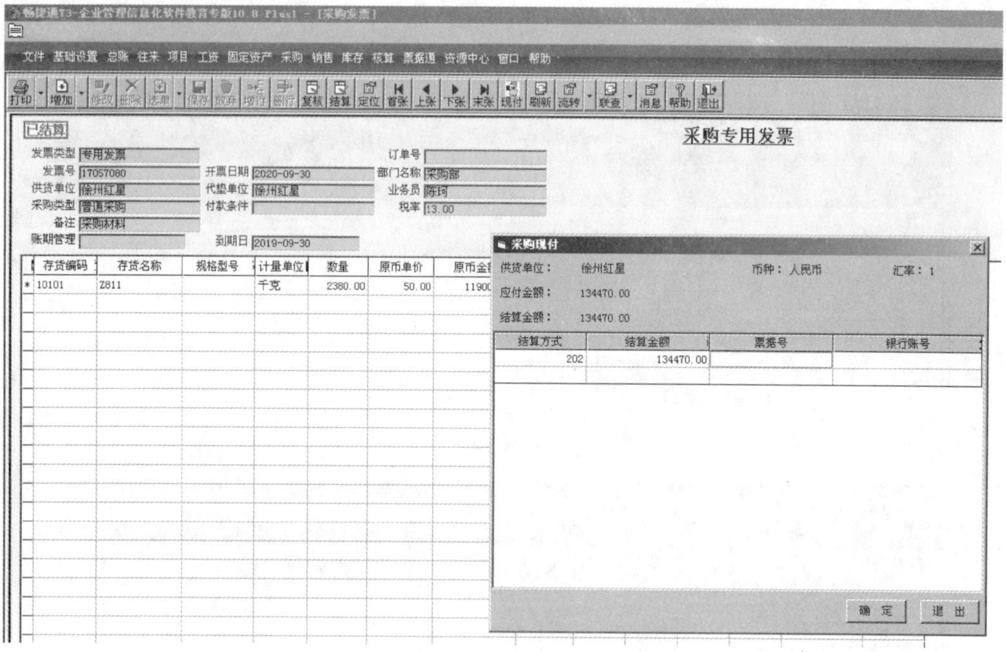
畅捷通T3-企业管理信息化软件教育专版10.8 Plus1 - [采购发票]
文件 基础设置 总账 往来 项目 工资 固定资产 采购 销售 库存 核算 票据通 资源中心 窗口 帮助
已结算
采购专用发票
发票类型 专用发票
发票号 17057080
开票日期 2020-09-30
供货单位 徐州红星
代垫单位 徐州红星
采购类型 普通采购
付款条件
备注 采购材料
账期管理
到期日 2019-09-30
订单号
部门名称 采购部
业务员 陈珂
税率 13.00
存货编码 存货名称 规格型号 计量单位 数量 原币单价
10101 Z811 千克 2380.00 50.00
采购现付
供货单位: 徐州红星
币种：人民币
汇率：1
应付金额: 134470.00
结算金额: 134470.00
结算方式 结算金额 票据号 银行账号
202 134470.00
确定
退出

图 2-101

图 2-102

（2）进入"核算管理"管理模块，单击"暂估成本处理"选项，针对本题的入库单，点击【全选】【确认】按钮（见图 2-103）；选择【全选】【暂估】（见图 2-104），点击"购销单据制单"，完善相关科目信息，点击【生成】按钮（见图 2-105）；在填制凭证里修改附件为"3"、摘要为"采购材料"后，点击【保存】按钮（见图 2-106）。

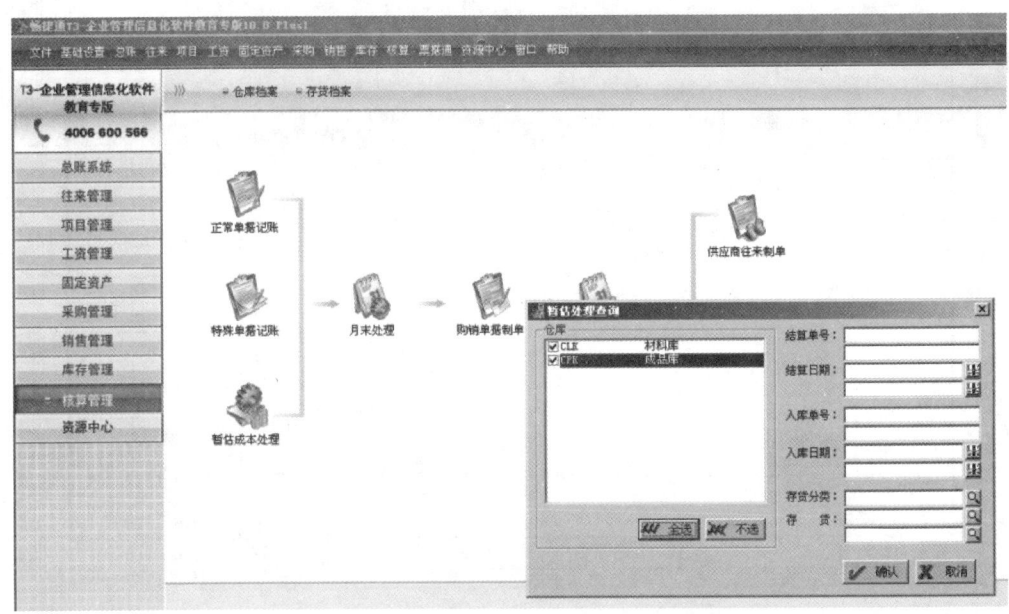

图 2-103

图 2-104

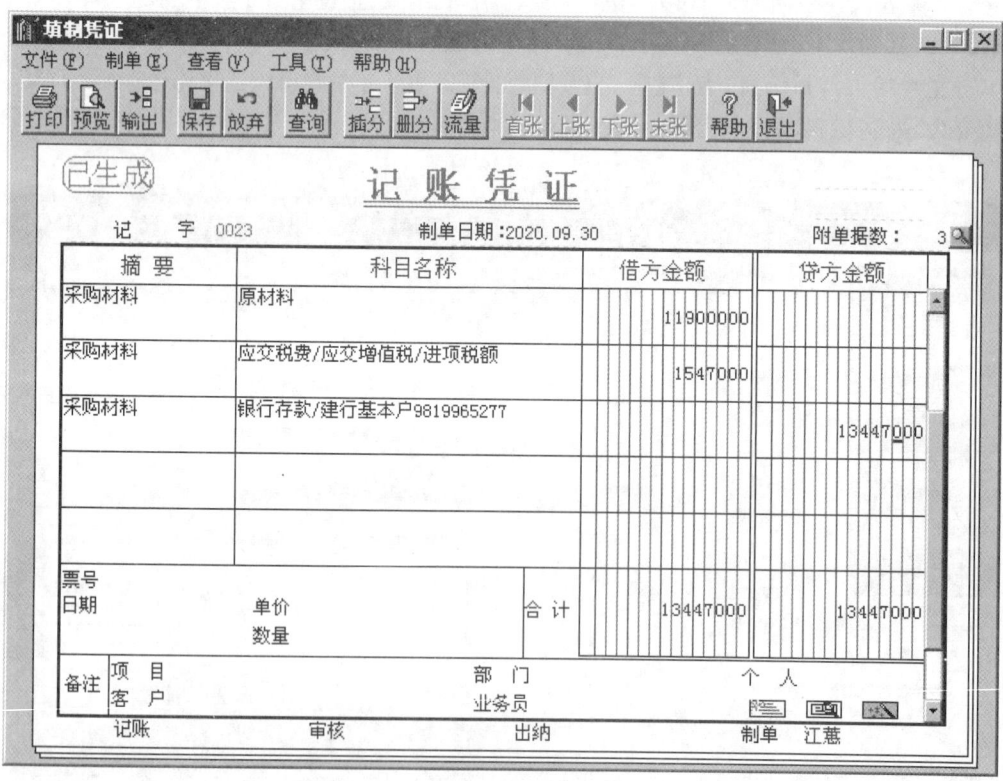

图 2-105

图 2-106

4. 任务实施评价

请扫描以下二维码,认真观看本任务规范操作视频,检查任务实施过程,并完成自我评价。

自我评价:
_____
_____

【工作任务 24】采购暂估入库

1. 任务实施目标

完成采购暂估入库的业务操作。

2. 工作任务描述

2020 年 9 月 30 日取得 1 张原始凭证(见凭 2-49)。要求:在购销存及核算系统中完成操作(填制 1 张记账凭证;业务员:陈珂)。

材料暂估入库清单
2020-09-30

单位:元

材料名称	合同号	供货单位	数量	合同单价(不含税)	合同金额	入库日期
Z811	2020070045	徐州乐视有限公司	1 000	50	50 000.00	2020-09-30
合计					50 000.00	

审核:李云　　　　　　　　　　　　　　　　　　　　制单:江蕙

凭 2-49

3. 任务实施过程

以 53102 江蕙的身份登录,日期为 2020 年 9 月 30 日。

(1)进入"采购管理"模块,单击"采购入库单"选项,点击【增加】按钮,根据材料暂估入库单进行材料月末暂估业务分析,输入相关信息(见图 2-107),点击【保存】【退出】按钮。

(2)进入"库存管理"模块,单击"采购入库单审核"选项,选择该题入库单点击【审核】按钮(见图 2-108)。

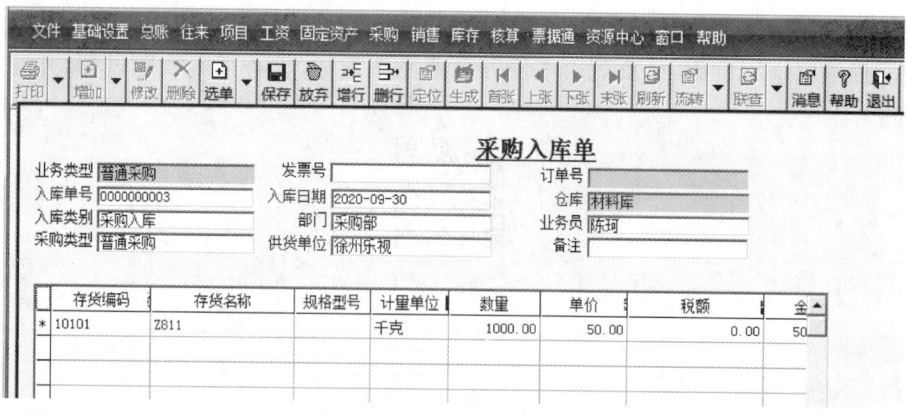

图 2-107　填写采购入库单

图 2-108　审核入库单

(3) 进入"核算管理"模块,单击"正常单据记账",进入记账条件界面点击【确认】按钮,然后点击【全选】【记账】按钮。单击"购销单据制单"选项,选择"(01)采购入库单(暂估记账)"制单(见图 2-109),点击【全选】【制单】按钮,在填制凭证界面,修改摘要信息后保存(见图 2-110、图 2-111)。

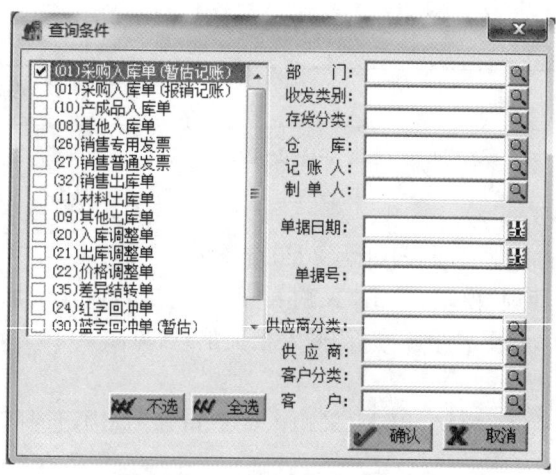

图 2-109　查询条件

图 2-110 制单列表

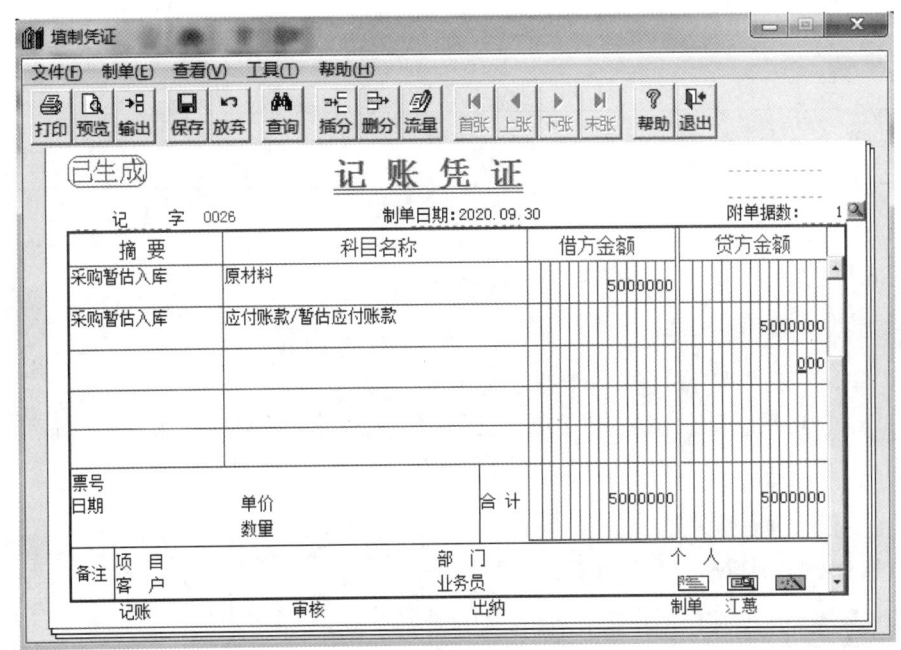

图 2-111 保存凭证

4. 任务实施评价

请扫描以下二维码,认真观看本任务规范操作视频,检查任务实施过程,并完成自我评价。

自我评价:

【工作任务 25】分摊报刊费

1. 任务实施目标

完成分摊报刊费的业务操作。

2. 工作任务描述

2020年9月30日取得1张原始凭证(见凭2-50)。要求:在总账系统中完成操作(填制1张记账凭证)。

报刊征订费分摊表
2020-09-30

单位:元

部门	实际发生金额	受益起始日期	受益截止日期	受益期限(月)	月分摊金额
办公室	2 400.00	2020-08	2021-07	12	200.00
合计	2 400.00				200.00

审核:李云　　　　　　　　　编制:江蕙

凭 2-50

3. 任务实施过程

以53102江蕙的身份登录,日期为2020年9月30日。

进入"总账系统"模块,单击"填制凭证"选项,点击【增加】按钮,根据报刊征订费分摊表分析,在凭证中录入相关信息,点击【保存】按钮(见图2-112)。

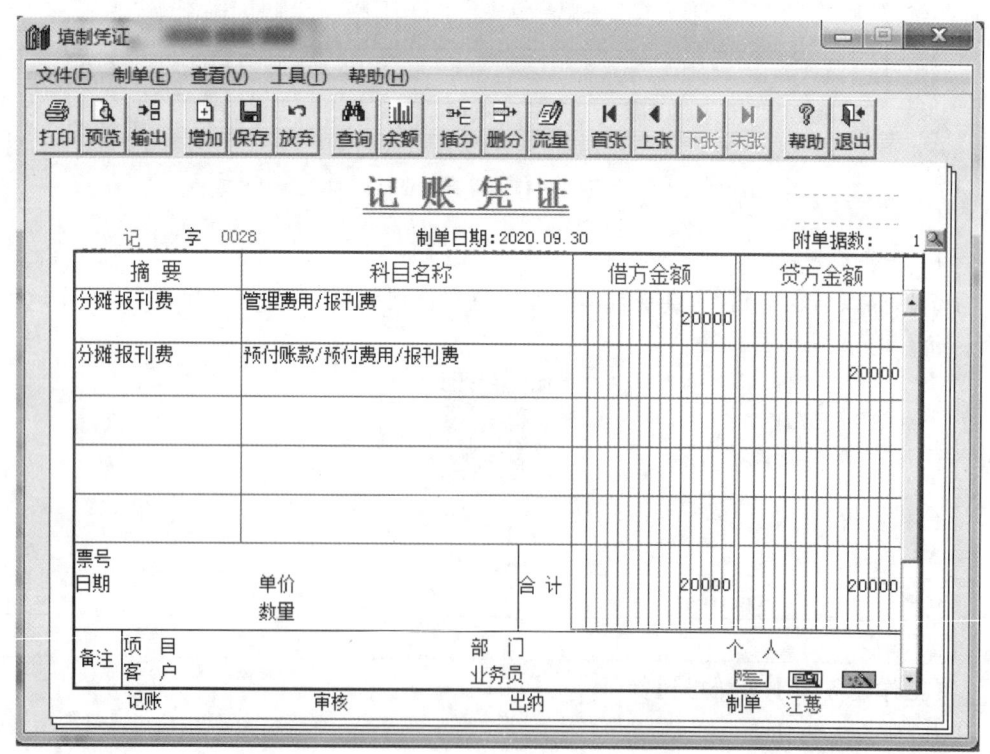

图2-112　填制凭证

4. 任务实施评价

请扫描以下二维码,认真观看本任务规范操作视频,检查任务实施过程,并完成自我评价。

自我评价:
___
___

【工作任务 26】计提坏账准备

1. 任务实施目标

完成计提坏账准备的业务操作。

2. 工作任务描述

2020 年 9 月 30 日取得 1 张原始凭证(见凭 2-51)。要求:在总账系统中完成操作(填制 1 张记账凭证,按借记费用科目、贷记"坏账准备"科目的方式填制记账凭证)。

坏账准备计算表

2020-09-30   金额单位:元

项目	应收款项期末余额	计提比例(%)	坏账准备期初余额	本期确认坏账损失	已确认坏账本期收回	应补提全额	应冲减金额
应收账款坏账准备							
其他应收款坏账准备							
合计							

审核:李云   编制:江蕙

凭 2-51

3. 任务实施过程

以 53102 江蕙的身份登录,日期为 2020 年 9 月 30 日。

进入"总账系统"模块,单击"填制凭证"选项,点击【增加】按钮,通过查找"应收账款"和"其他应收款"的期末余额,同时考虑期初有"坏账准备",根据计提比率 5%,计算出应计提和回冲的金额,在凭证中录入相关信息,点击【保存】按钮(见图 2-113)。

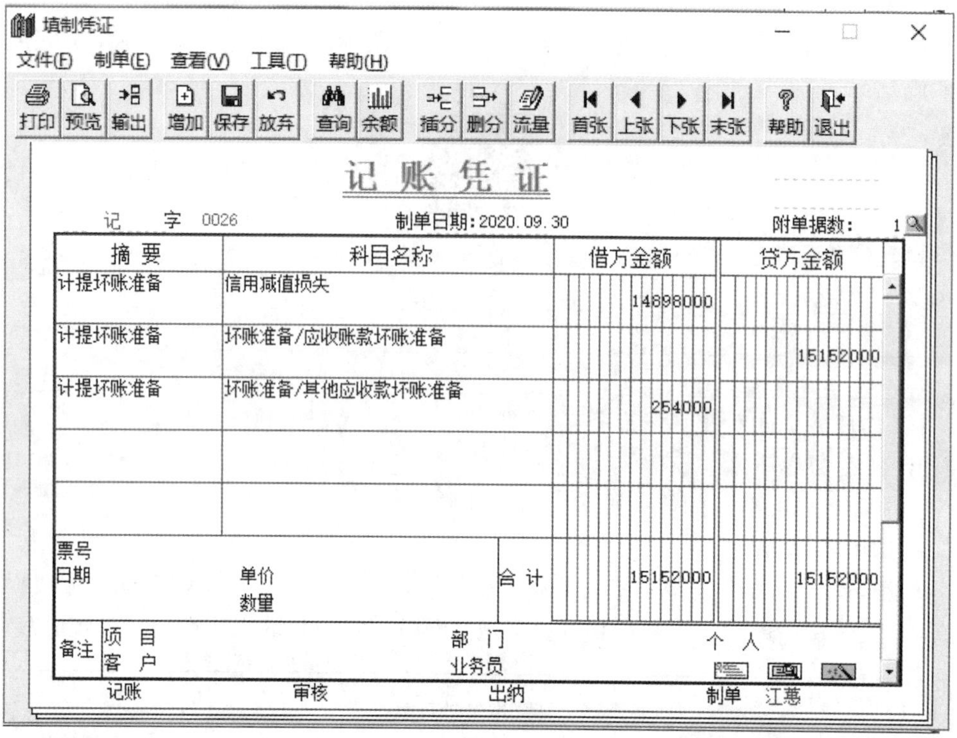

图 2-113　填制凭证

4. 任务实施评价

请扫描以下二维码,认真观看本任务规范操作视频,检查任务实施过程,并完成自我评价。

自我评价：

_____

_____

【工作任务 27】支付并分摊水费

1. 任务实施目标

完成支付并分摊水费的业务操作。

2. 工作任务描述

2020 年 9 月 30 日取得 5 张原始凭证(见凭 2-52 至凭 2-56)。要求:在总账系统中完成操作(填制 1 张记账凭证)。

凭 2-52

凭 2-53

会计综合化项目实训(用友畅捷通 T3)

江苏增值税普通发票

3203166120　　　　　　　　　　　　　　　No 21454660

校验码 29756 31391 60757 48869　　　　开票日期:2020年09月24日

购买方	名称: 徐州欣阳有限公司 纳税人识别号: 913203116273008313 地址、电话: 江苏省徐州市泉山区欣欣路1号 0516-22405488 开户行及账号: 建行基本户 9819965277	密码区	35*3187<4/+9490<+95-59+7<869 8241<0-->-6>525<694684->7*7 87*3187<4/+8490<+89561380387 9+<712/<1+9016>1106++>84>758

货物或应税劳务、服务名称	规格型号	单位	数量	单价	金额	税率	税额
污水处理费		吨	500	1.35	675.00	0	***
合　计					￥675.00		￥0

价税合计(大写)	⊗ 陆佰柒拾伍元整		(小写) ￥675.00

销售方	名称: 江苏水务股份有限公司 纳税人识别号: 913203111167476863 地址、电话: 江苏省徐州市泉山区解红街胡春路01号 0516-246439372 开户行及账号: 中国建设银行江苏省徐州市泉山区支行 41621526485817	备注	913203111167476863

收款人:　　　　　复核:　　　　　开票人: 周维敏　　　　　销售方: (章)

凭 2-54

中国建设银行客户专用回单

币别: 人民币　　　　2020 年 09 月 24 日　　　流水号 320320027J0500810082

付款人	全称	徐州欣阳有限公司	收款人	全称	江苏水务股份有限公司
	账号	9819965277		账号	41621526485817
	开户行	建行基本户		开户行	中国建设银行江苏省徐州市泉山区支行

金额	(大写) 人民币 壹仟柒佰壹拾玖元伍角柒分	(小写) ￥1719.57

凭证种类	网银	凭证号码	
结算方式	转账	用途	支付水费

打印柜员: 320325584257
打印机构: 建行基本户
打印卡号: 9819965277

打印时间: 2020-09-24　　交易柜员: 320325584268　　交易机构: 320310532

凭 2-55

费用分配表

2020-09-30　　　　　　　　　　　　　　　　　　　　　　　单位：元

部门	实际用量	水费分摊金额	污水处理费分摊金额	合计
办公室	100			
生产车间	300			
在建工程部	100			
合计	500.00			

审核：　　　　　　　　　　　　　　　　　　　　　　　编制：

凭 2-56

3. 工作任务描述

以 53102 江蕙的身份登录，日期为 2020 年 9 月 30 日。

进入"总账系统"模块，单击"填制凭证"选项，点击【增加】按钮，将水费按照受益部门进行分配，计算并填写分配表，在凭证中录入相关信息，点击【保存】按钮（见图 2-114）。在录入银行存款信息时，根据客户专用回单，填写辅助信息（见图 2-115）。

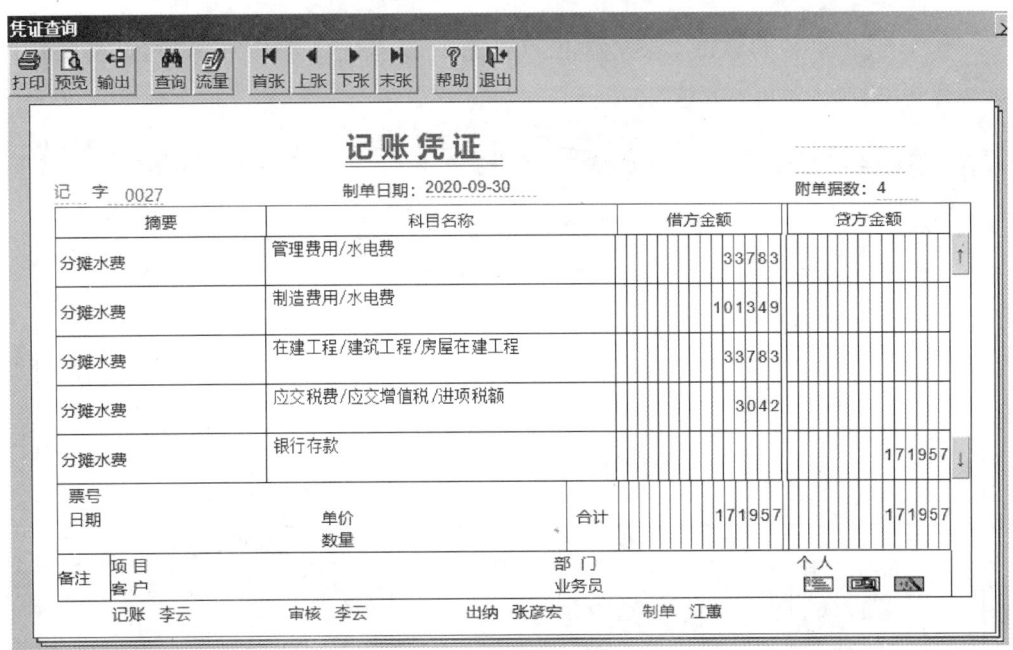

图 2-114　填制凭证 1

图 2-115 辅助项信息

4. 任务实施评价

请扫描以下二维码,认真观看本任务规范操作视频,检查任务实施过程,并完成自我评价。

自我评价:

【工作任务 28】支付并分摊电费

1. 任务实施目标

完成支付并分摊电费的业务操作。

2. 工作任务描述

2020 年 9 月 30 日取得 4 张原始凭证(见凭 2-57 至凭 2-60)。要求:在总账系统中完成操作(填制 1 张记账凭证)。

凭 2-57

凭 2-58

凭 2-59

3. 任务实施过程

以 53102 江蕙的身份登录，日期为 2020 年 9 月 30 日。

进入"总账系统"模块，单击"填制凭证"选项，点击【增加】按钮，将电费按照受益部门进行分配，计算并填写分配表，在凭证中录入相关信息，点击【保存】按钮（见图 2-116）。

在录入银行存款信息时，根据客户专用回单，填写辅助信息（见图 2-117）。

费 用 分 配 表
2020-09-30
单位:元

部门	实际用量	分配率	分配金额
办公室	300		
生产车间	9 000		
在建工程部	500		
合计	9 800.00		

审核：　　　　　　　　　　编制：

凭 2-60

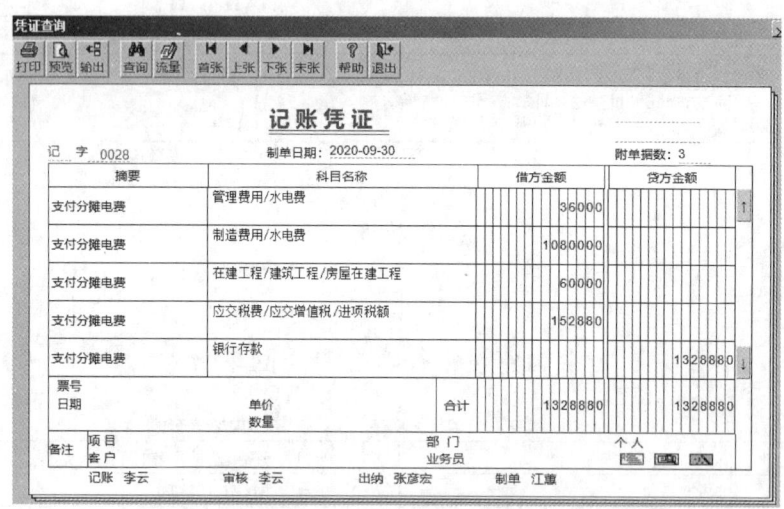

图 2-116　填制凭证

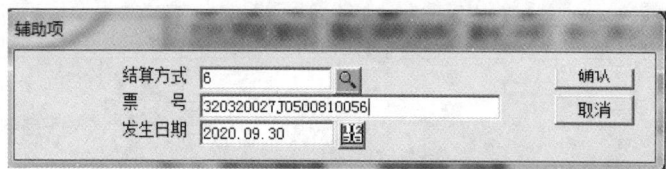

图 2-117　辅助项信息

4. 任务实施评价

请扫描以下二维码，认真观看本任务规范操作视频，检查任务实施过程，并完成自我评价。

自我评价：

【工作任务29】分配本月工资

1. 任务实施目标

完成计提本月工资的业务操作。

2. 工作任务描述

2020年9月30日取得3张原始凭证(见凭2-61至凭2-63)。要求:在工资系统中完成操作。

生产工时明细表

2020-09-30

车间	产品	生产工时(小时)
生产车间	C205	3 000
生产车间	P206	2 000
合计		5 000

审核:李云　　　　　　　　　　　编制:江蕙

凭 2-61

工 资 明 细 表

2020-09-30　　　　　　　　　　　　　　　　　　单位:元

姓名	部门	岗位	应付工资
王健	办公室	法定代表人	7 000
马聪	办公室	总经理	5 000
张鹏宇	办公室	办公室职员	4 500
李云	财务部	财务经理	3 200
江蕙	财务部	会计	2 500
张彦宏	财务部	出纳	1 900
史玉柱	在建工程部	其他职员	4 000
陈珂	采购部	采购经理	3 500
赵耀	采购部	采购员	2 500
魏雨晨	销售部	销售经理	4 000
林辰奕	销售部	销售员	3 500
袁婧妹	销售部	销售员	2 600
袁林岳	生产车间	生产车间主任	4 600
李雅晨	生产车间	生产车间主任	4 000
孟筱璇	生产车间	质检	2 200
王子俊	生产车间	车间工人	4 500
袁梓祎	生产车间	车间工人	4 000
徐丽涵	生产车间	车间工人	1 800
翁文双	生产车间	车间工人	2 800
丁唯唯	生产车间	车间工人	1 900
杨澜	生产车间	车间工人	2 800
合计			72 800

审核:李云　　　　　　　　　　　编制:江蕙

凭 2-62

工资费用分配表
2020-09-30
单位：元

应借账户		直接计入	分配计入			合计
			生产工时（小时）	分配率	分配金额	
管理费用						
在建工程	建筑工程——房屋在建工程					
制造费用						
生产成本	C205					
生产成本	P206					
合计						
审核：			编制：			

凭 2-63

具体要求为：

（1）根据工资数据表对已有的工资数据进行核对完善。

（2）根据预置的工资费用分摊设置，按照分配到部门、明细到工资项目的要求合并生成凭证。

3. 任务实施过程

以 53102 江蕙的身份登录，日期为 2020 年 9 月 30 日。

（1）进入"工资管理"模块，单击"工资变动"选项，根据"工资明细表"对照"工资变动"，将缺少的杨澜的月标准工资 2 800 元录入"工资变动"中（见图 2-118），点击【保存】按钮。在"工资表动表"里点击【输出】按钮，将工资表按照 .xls 类型，保存到桌面（见图 2-119），以便通过".xls"表进行分配工人工资的计算，然后将计算的结果填入"工资变动"的"工人工资分配"一列（见图 2-120）后点击【保存】按钮。

人员编号	姓名	部门	人员类别	应付工资	月标准工资
01103	张鹏宇	办公室	管理	4,500.00	4,500.00
02201	李云	财务部	管理	3,200.00	3,200.00
02202	江蕙	财务部	管理	2,500.00	2,500.00
02203	张彦宏	财务部	管理	1,900.00	1,900.00
03301	陈珂	采购部	管理	3,500.00	3,500.00
03302	赵耀	采购部	管理	2,500.00	2,500.00
04401	袁林岳	生产车间	管理	4,600.00	4,600.00
04402	李雅晨	生产车间	管理	4,000.00	4,000.00
04403	孟筱璇	生产车间	管理	2,200.00	2,200.00
04404	王子俊	生产车间	生产	4,500.00	4,500.00
04405	袁梓祎	生产车间	生产	4,000.00	4,000.00
04406	徐丽涵	生产车间	生产	1,800.00	1,800.00
04407	翁文双	生产车间	生产	2,800.00	2,800.00
04408	丁唯唯	生产车间	生产	1,900.00	1,900.00
04409	杨澜	生产车间	生产		2,800.00
04410	C205生产工	生产车间	C205工人		
04411	P206生产工	生产车间	P206工人		
05501	魏雨晨	销售部	管理	4,000.00	4,000.00
05502	林辰亦	销售部	管理	3,500.00	3,500.00
05503	袁婧妹	销售部	管理	2,600.00	2,600.00
06601	史玉柱	工程管理部	管理	4,000.00	4,000.00

图 2-118 录入工资数据

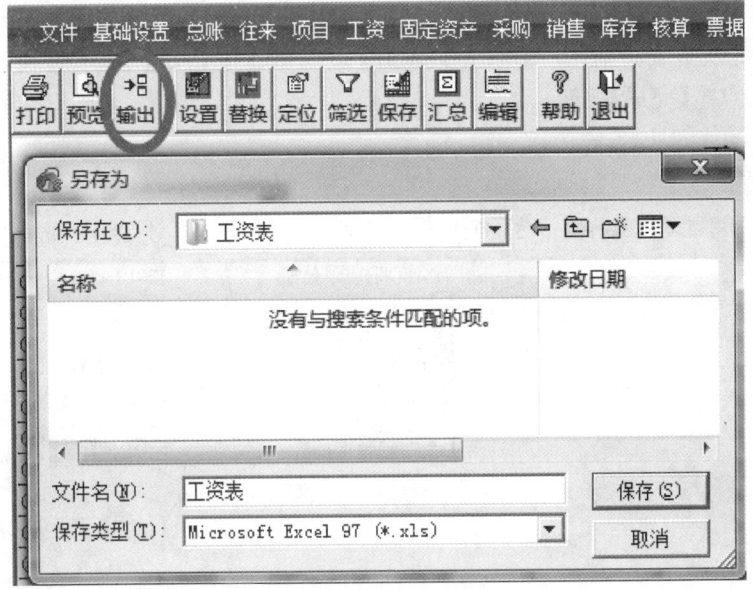

图 2-119　输出工资表

人员编号	姓名	部门	人员类别	工人工资分配
01101	王健	办公室	管理	
01102	马聪	办公室	管理	
01103	张鹏宇	办公室	管理	
02201	李云	财务部	管理	
02202	江蕙	财务部	管理	
02203	张彦宏	财务部	管理	
03301	陈珂	采购部	管理	
03302	赵耀	采购部	管理	
04401	袁林岳	生产车间	管理	
04402	李雅晨	生产车间	管理	
04403	孟筱璇	生产车间	管理	
04404	王子俊	生产车间	生产	
04405	袁梓祎	生产车间	生产	
04406	徐丽涵	生产车间	生产	
04407	翁文双	生产车间	生产	
04408	丁唯唯	生产车间	生产	
04409	杨澜	生产车间	生产	
04410	C205生产工	生产车间	C205工人	10,680.00
04411	P206生产工	生产车间	P206工人	7,120.00
05501	魏雨晨	销售部	管理	
05502	林辰亦	销售部	管理	
05503	袁婧姝	销售部	管理	
06601	史玉柱	工程管理部	管理	

图 2-120　录入分配金额

(2) 单击"工资分摊"选项(见图2-121),进入后点击【工资分摊设置】【增加】按钮,输入计提类型名称(见图2-122),点击【下一步】按钮,进行分摊构成设置(见图2-123),点击【完成】按钮。

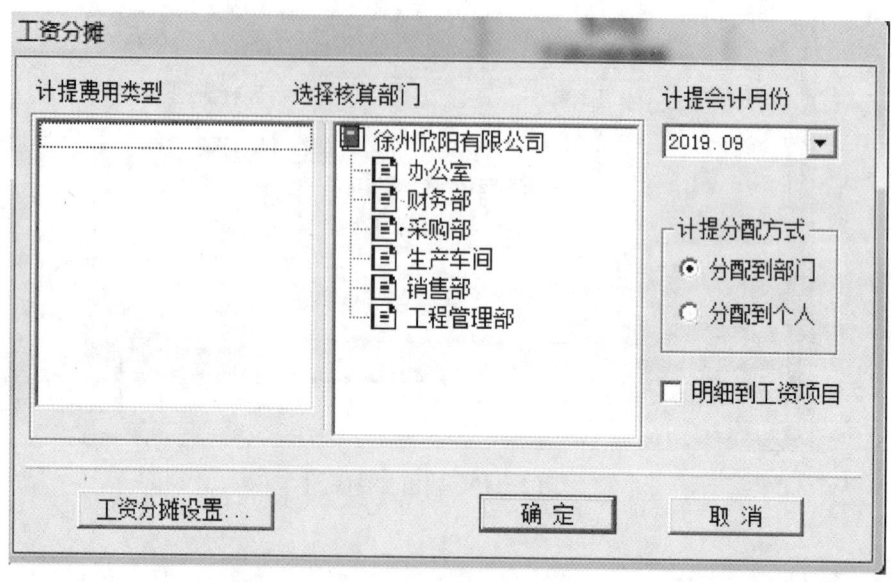

图 2-121　工资分摊

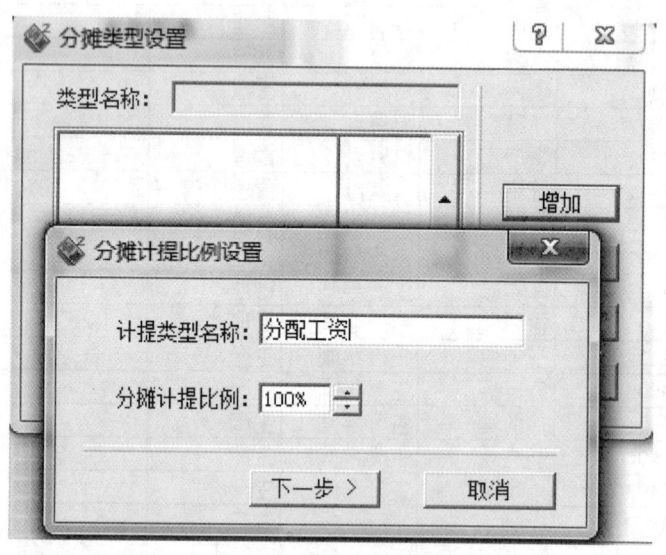

图 2-122　输入分摊类型

(3) 单击"工资分摊"选项(见图2-124),勾选"分配工资"复选框,核算部门全选,"明细到工资项目"复选框要打钩,点击【确定】按钮,在分配工资一览表中点击【制单】按钮(见图2-125),在记账凭证中需要完善附件张数,"生产成本"科目需要填写对应的辅助信息(见图2-126),填写完整后点击【保存】按钮(见图2-127、图2-128)。

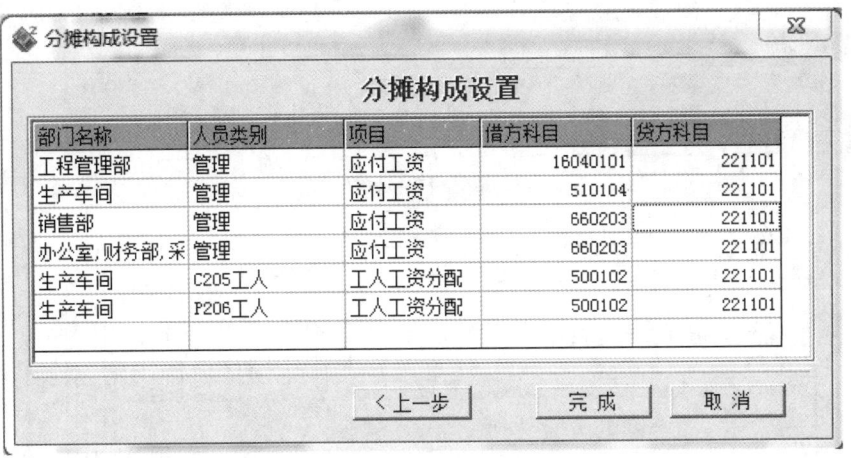

图 2-123　分摊构成设置

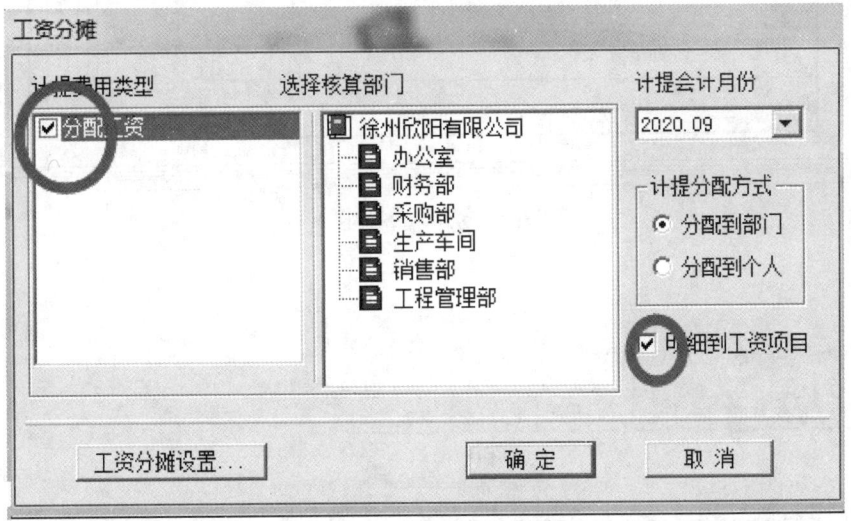

图 2-124　制单类型选择

图 2-125　制单

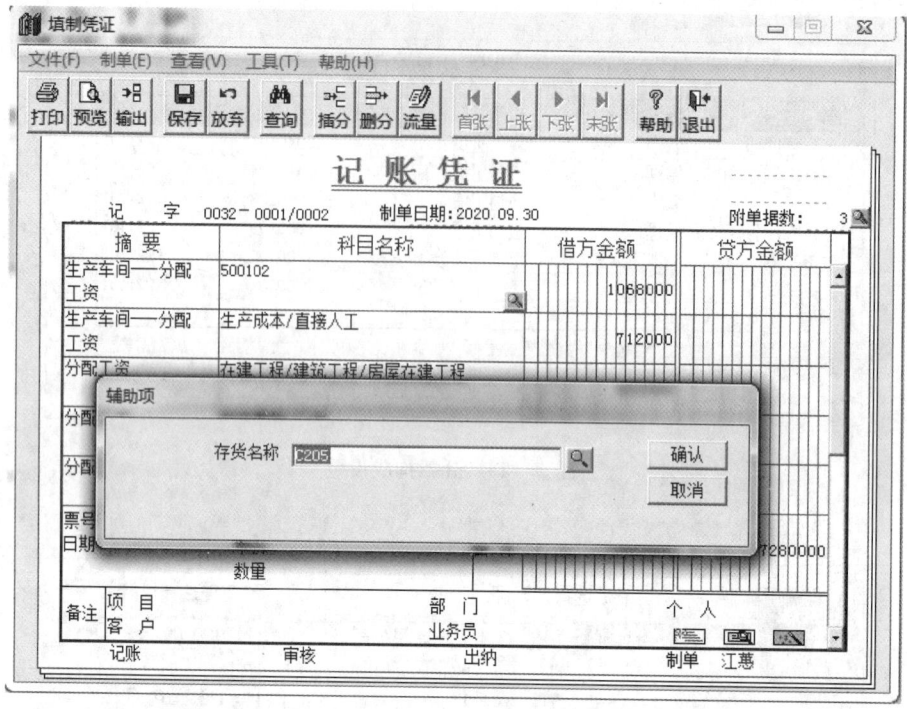

图 2-126 辅助项信息

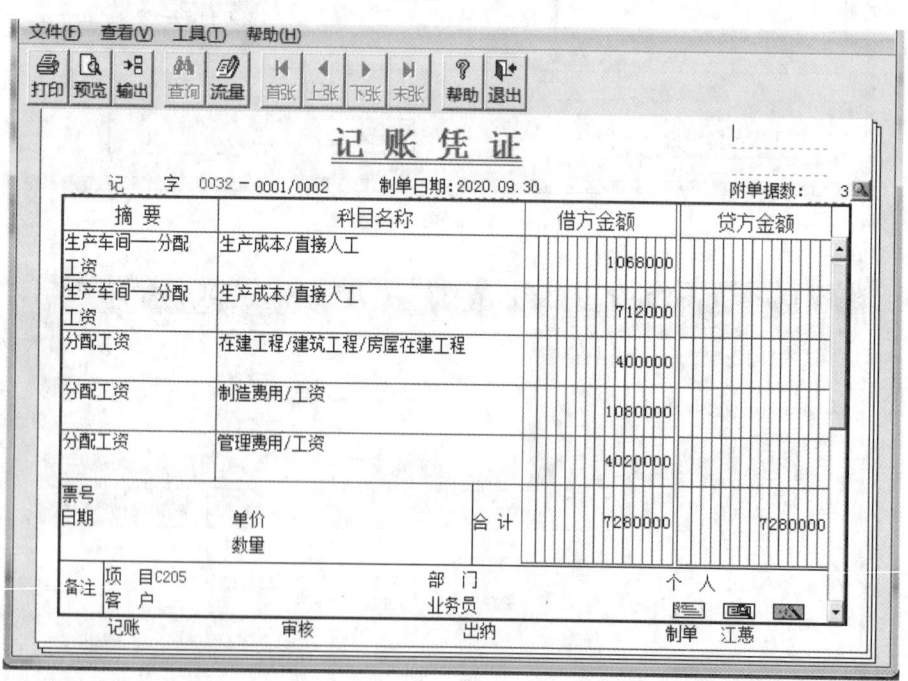

图 2-127 生成凭证 1

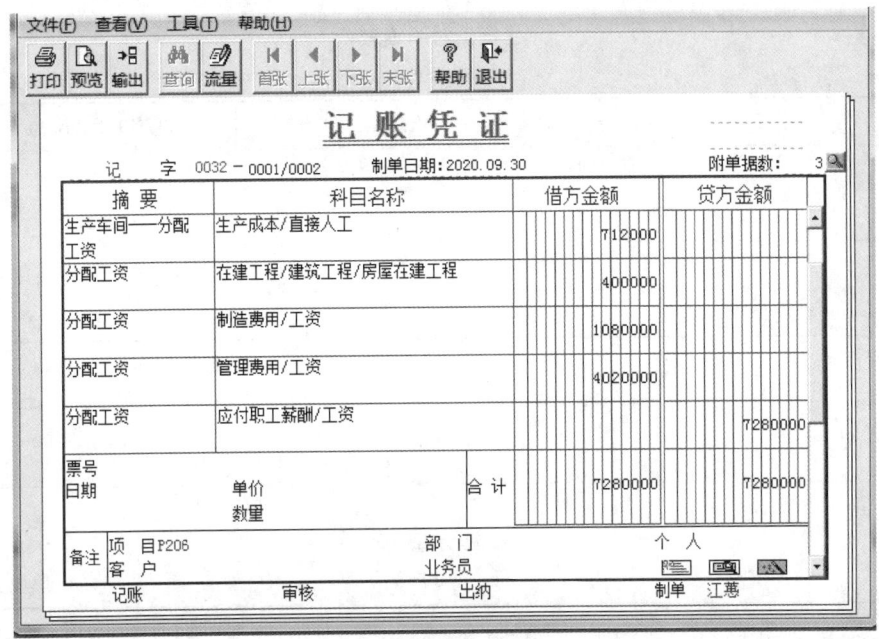

图 2-128 生成凭证 2

4. 任务实施评价

请扫描以下二维码,认真观看本任务规范操作视频,检查任务实施过程,并完成自我评价。

自我评价:

_____

_____

【工作任务 30】计提五险

1. 任务实施目标

完成计提五险的业务操作。

2. 工作任务描述

2020 年 9 月 30 日取得 2 张原始凭证(见凭 2-64、凭 2-65)。要求:在工资系统中完成操作(在类别中进行计提五险的分摊设置,分别按照分配到部门、明细到工资项目的要求合并生成记账凭证)。

生产工时明细表
2020-09-30

车间	产品	生产工时(小时)
生产车间	C205	3 000
	P206	2 000
合计		5 000

审核:李云　　　　　　　　　　　　　　　　　　　编制:江蕙

凭 2-64

五险计算表
2020-09-30
单位:元

应借账户		医疗保险	养老保险	失业保险	生育保险	工伤保险	五险合计
管理费用							
在建工程	建筑工程——房屋在建工程						
制造费用							
生产成本	C205						
	P206						
合计							

审核:　　　　　　　　　　　　　　　　　　　编制:

凭 2-65

3. 任务实施过程

以 53102 江蕙的身份登录,日期为 2020 年 9 月 30 日。

(1) 根据上题导出的".xls"表,分别计算生产工人的五险,然后将计算的结果填入"工资变动"的"工人社保分配"一列(见图 2-129)后点击【保存】按钮。

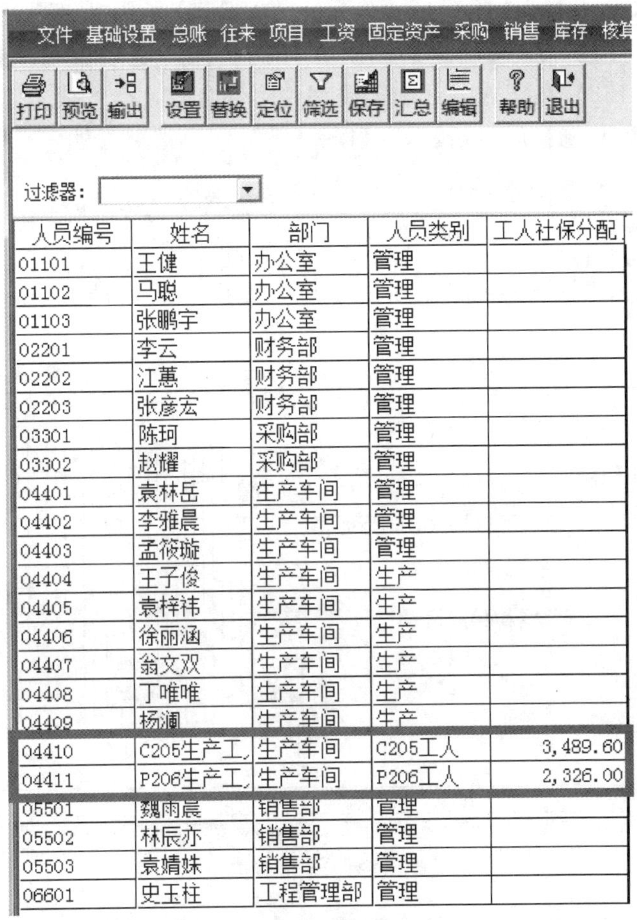

人员编号	姓名	部门	人员类别	工人社保分配
01101	王健	办公室	管理	
01102	马聪	办公室	管理	
01103	张鹏宇	办公室	管理	
02201	李云	财务部	管理	
02202	江蕙	财务部	管理	
02203	张彦宏	财务部	管理	
03301	陈珂	采购部	管理	
03302	赵耀	采购部	管理	
04401	袁林岳	生产车间	管理	
04402	李雅晨	生产车间	管理	
04403	孟筱璇	生产车间	管理	
04404	王子俊	生产车间	生产	
04405	袁梓祎	生产车间	生产	
04406	徐丽涵	生产车间	生产	
04407	翁文双	生产车间	生产	
04408	丁唯唯	生产车间	生产	
04409	杨澜	生产车间	生产	
04410	C205生产工	生产车间	C205工人	3,489.60
04411	P206生产工	生产车间	P206工人	2,326.00
05501	魏雨晨	销售部	管理	
05502	林辰亦	销售部	管理	
05503	袁婧姝	销售部	管理	
06601	史玉柱	工程管理部	管理	

图 2-129　输入分配社保

(2) 单击“工资分摊”选项，进入后点击【工资分摊设置】【增加】按钮，输入计提类型名称“分配社会保险费”，点击【下一步】按钮，进行分摊构成设置(见图 2-130)，点击【完成】按钮。

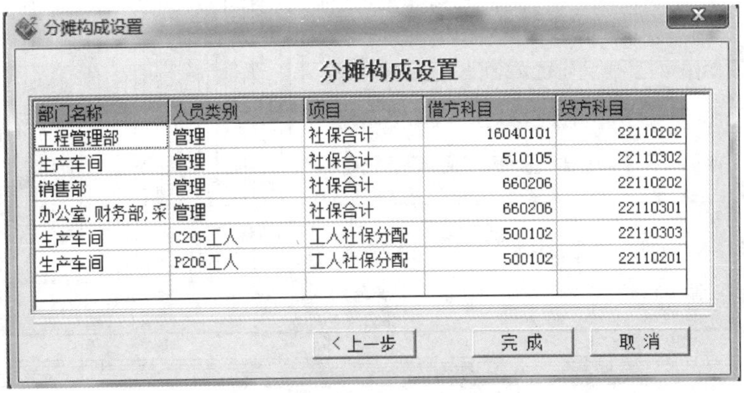

部门名称	人员类别	项目	借方科目	贷方科目
工程管理部	管理	社保合计	16040101	22110202
生产车间	管理	社保合计	510105	22110302
销售部	管理	社保合计	660206	22110202
办公室，财务部，采	管理	社保合计	660206	22110301
生产车间	C205工人	工人社保分配	500102	22110303
生产车间	P206工人	工人社保分配	500102	22110201

图 2-130　分摊设置

（3）单击"工资分摊"选项，勾选"分配社会保险费"复选框，核算部门全选，"明细到工资项目"要打钩，点击【确定】按钮，在计提社保一览表中点击【制单】按钮（见图 2-131、图 2-132），在记账凭证中需要完善附件张数，"生产成本"科目需要填写对应的辅助信息，填写完整后点击【保存】按钮。

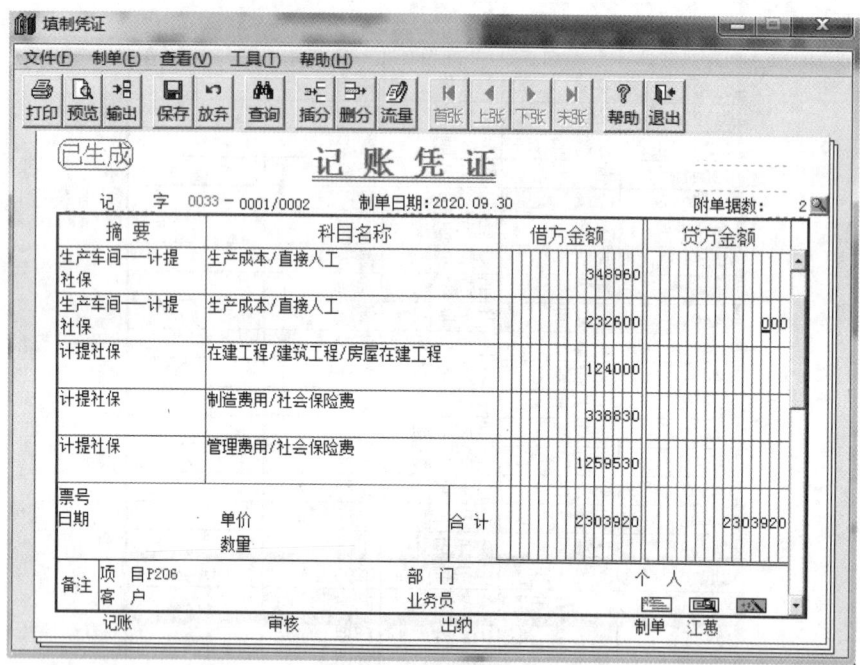

图 2-131　生成凭证 1

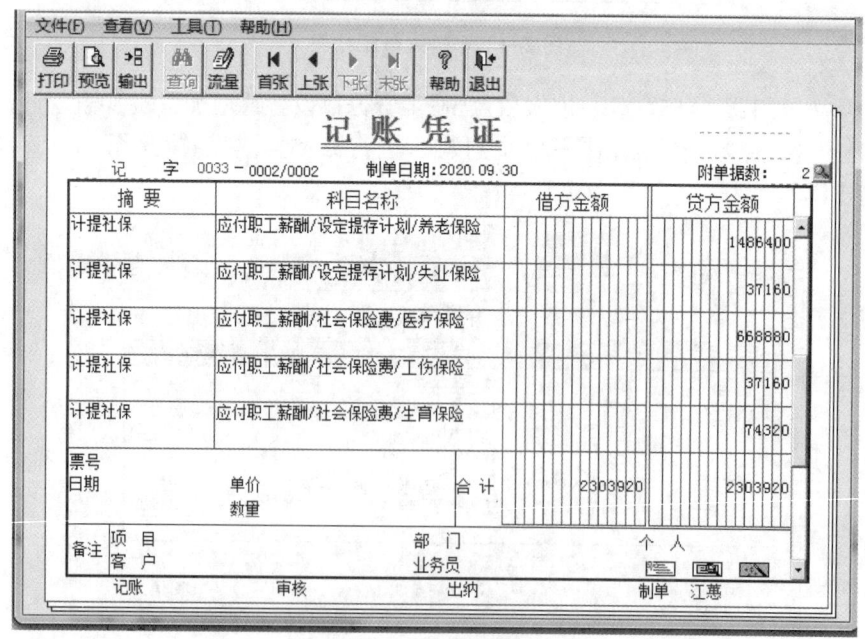

图 2-132　生成凭证 2

4. 任务实施评价

请扫描以下二维码,认真观看本任务规范操作视频,检查任务实施过程,并完成自我评价。

自我评价:
_____
_____

【工作任务31】计提公积金

1. 任务实施目标

完成计提公积金的业务操作。

2. 工作任务描述

2020年9月30日取得2张原始凭证(见凭2-66、凭2-67)。要求:在工资系统中完成操作(在类别中进行计提公积金的分摊设置,分别按照分配到部门、明细到工资项目的要求合并生成记账凭证)。

生产工时明细表

2020-09-30

车间	产品	生产工时(小时)
生产车间	C205	3 000
	P206	2 000
合计		5 000

审核:李云　　　　　　　　　　　　　　　　　　编制:江蕙

凭2-66

住房公积金计算表

2020-09-30　　　　　　　　　　　　　　　　　　单位:元

应借账户		住房公积金
管理费用		
在建工程	建筑工程——房屋在建工程	
制造费用		
生产成本	C205	
生产成本	P206	
合计		

审核:　　　　　　　　　　　　　　　　　　　　编制:

凭2-67

3. 任务实施过程

以 53102 江蕙的身份登录，日期为 2020 年 9 月 30 日。

(1) 根据上题导出的".xls"表，分别计算生产工人的住房公积金，然后将计算的结果填入"工资变动"的"工人公积金分配"一列(见图 2-133)后点击【保存】按钮。

人员编号	姓名	部门	人员类别	工人公积金分配
01101	王健	办公室	管理	
01102	马聪	办公室	管理	
01103	张鹏宇	办公室	管理	
02201	李云	财务部	管理	
02202	江蕙	财务部	管理	
02203	张彦宏	财务部	管理	
03301	陈珂	采购部	管理	
03302	赵耀	采购部	管理	
04401	袁林岳	生产车间	管理	
04402	李雅晨	生产车间	管理	
04403	孟筱璇	生产车间	管理	
04404	王子俊	生产车间	生产	
04405	袁梓祎	生产车间	生产	
04406	徐丽涵	生产车间	生产	
04407	翁文双	生产车间	生产	
04408	丁唯唯	生产车间	生产	
04409	杨澜	生产车间	生产	
04410	C205生产工	生产车间	C205工人	1,125.60
04411	P206生产工	生产车间	P206工人	750.40
05501	魏雨晨	销售部	管理	
05502	林辰亦	销售部	管理	
05503	袁婧姝	销售部	管理	
06601	史玉柱	工程管理部	管理	

图 2-133 输入分配公积金

(2) 单击"工资分摊"选项，进入后点击【工资分摊设置】【增加】按钮，输入计提类型名称"计提公积金"，点击【下一步】按钮，进行分摊构成设置(见图 2-134)，点击【完成】按钮。

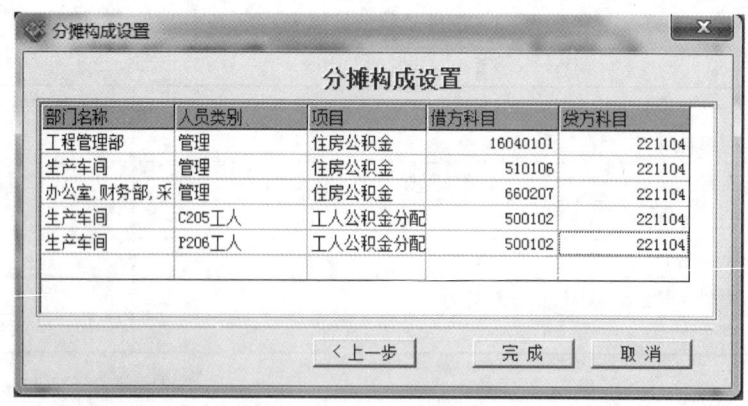

图 2-134 分摊设置

（3）单击"工资分摊"选项，勾选"计提公积金"复选框，核算部门全选，"明细到工资项目"要打钩，点击【确定】按钮，在计提公积金一览表中点击【制单】按钮（见图2-135、图2-136），在记账凭证中需要完善附件张数，"生产成本"科目需要填写对应的辅助信息，填写完整后点击【保存】按钮。

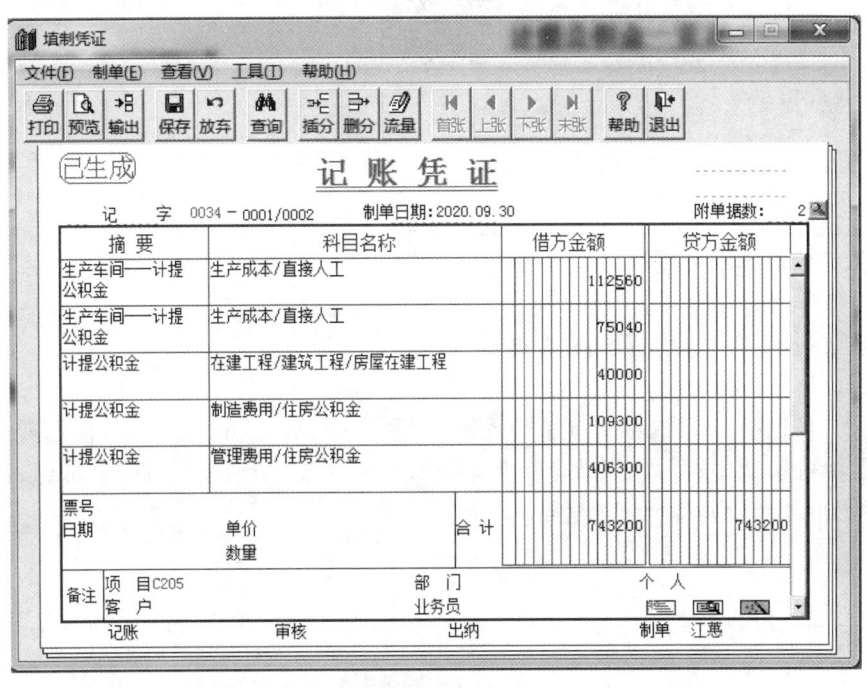

图 2-135　生成凭证 1

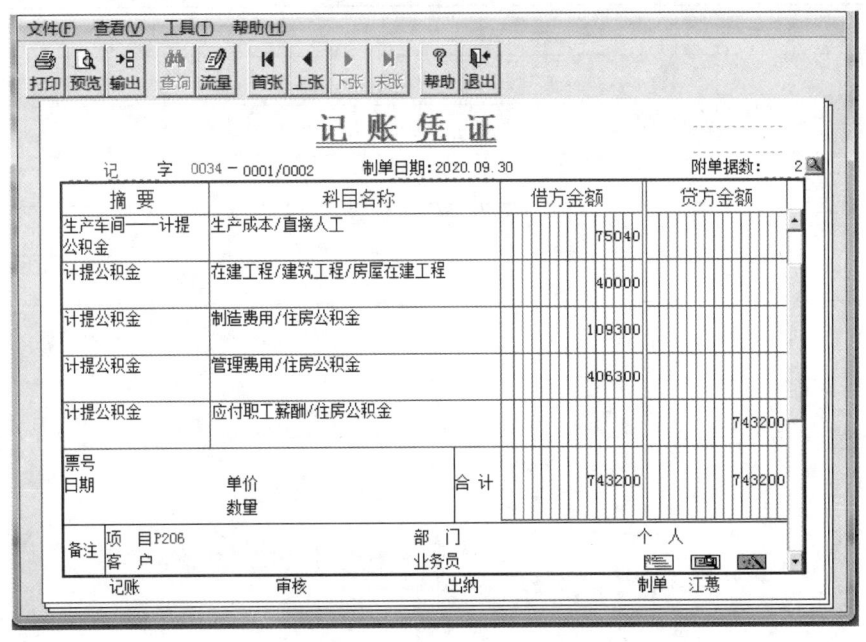

图 2-136　生成凭证 2

4. 任务实施评价

请扫描以下二维码,认真观看本任务规范操作视频,检查任务实施过程,并完成自我评价。

自我评价:
___
___
___

【工作任务32】计提职工教育经费

1. 任务实施目标

完成计提职工教育经费的业务操作。

2. 工作任务描述

2020年9月30日取得2张原始凭证(见凭2-68、凭2-69)。要求:在工资系统中完成操作(在类别中进行职工教育经费计提的分摊设置,分别按照分配到部门、明细到工资项目的要求合并生成记账凭证)。

生产工时明细表
2020-09-30

车间	产品	生产工时(小时)
生产车间	C205	3 000
	P206	2 000
合计		5 000

审核:李云　　　　　　　　　　　　　　　　　编制:江蕙

凭 2-68

职工教育经费计算表

2020-09-30   单位:元

应借账户		职工教育经费
管理费用		
在建工程	建筑工程——房屋在建工程	
制造费用		
生产成本	C205	
	P206	
合计		

审核: 编制:

凭 2-69

3. 任务实施过程

以 53102 江蕙的身份登录,日期为 2020 年 9 月 30 日。

(1) 单击"工资分摊"选项,进入后点击【工资分摊设置】【增加】按钮,输入计提类型名称"计提职工教育经费",分摊计提比例输入"2.5％",点击【下一步】按钮,进行分摊构成设置(见图 2-137),点击【完成】按钮。

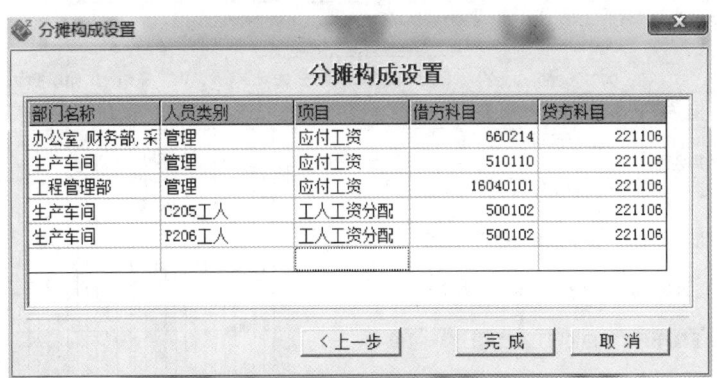

图 2-137　分摊设置

(2) 单击"工资分摊"选项,勾选"计提职工教育经费",核算部门全选,"明细到工资项目"复选框要打钩,点击【确定】按钮,在计提公积金一览表中点击【制单】按钮(见图 2-138、图 2-139),在记账凭证中需要完善附件张数,"生产成本"科目需要填写对应的辅助信息,填写完整后点击【保存】按钮。

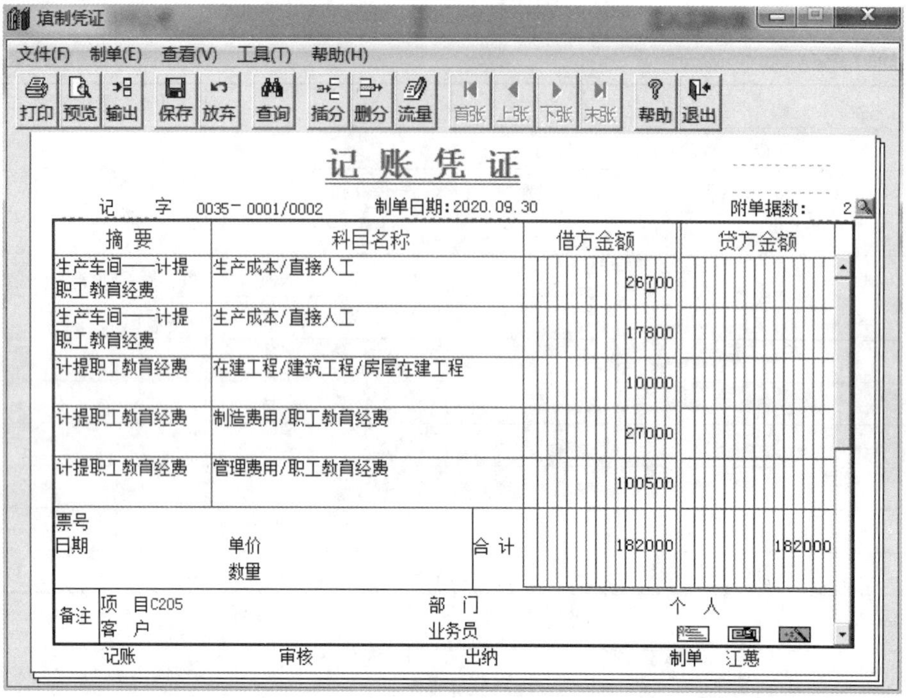

图 2-138　生成凭证 1

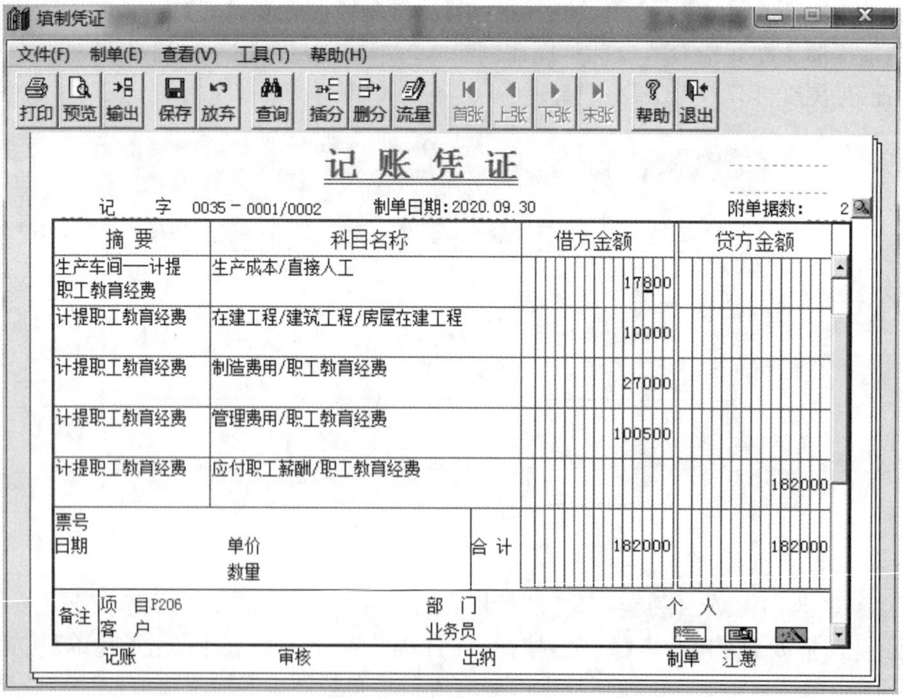

图 2-139　生成凭证 2

4. 任务实施评价

请扫描以下二维码,认真观看本任务规范操作视频,检查任务实施过程,并完成自我评价。

自我评价:
_____
_____

【工作任务33】计提工会经费

1. 任务实施目标

完成计提工会经费的业务操作。

2. 工作任务描述

2020年9月30日取得2张原始凭证(见凭2-70、凭2-71)。要求:在工资系统中完成操作(在类别中进行计提工会经费的分摊设置,分别按照分配到部门、明细到工资项目的要求合并生成记账凭证)。

生产工时明细表
2020-09-30

车间	产品	生产工时(小时)
生产车间	C205	3 000
	P206	2 000
合计		5 000

审核:李云　　　　　　　　　　　　　编制:江蕙

凭2-70

工会经费计算表

2020-09-30　　　　　　　　　　　　　　　　　　　单位：元

应借账户		工会经费
管理费用		
在建工程	建筑工程——房屋在建工程	
制造费用		
生产成本	C205	
	P206	
合计		
审核：		编制：

凭 2-71

3. 任务实施过程

以 53102 江蕙的身份登录，日期为 2020 年 9 月 30 日。

(1) 单击"工资分摊"选项，进入后点击【工资分摊设置】【增加】按钮，输入计提类型名称"计提工会经费"，分摊计提比例输入"2%"，点击【下一步】按钮，进行分摊构成设置（见图 2-140），点击【完成】按钮。

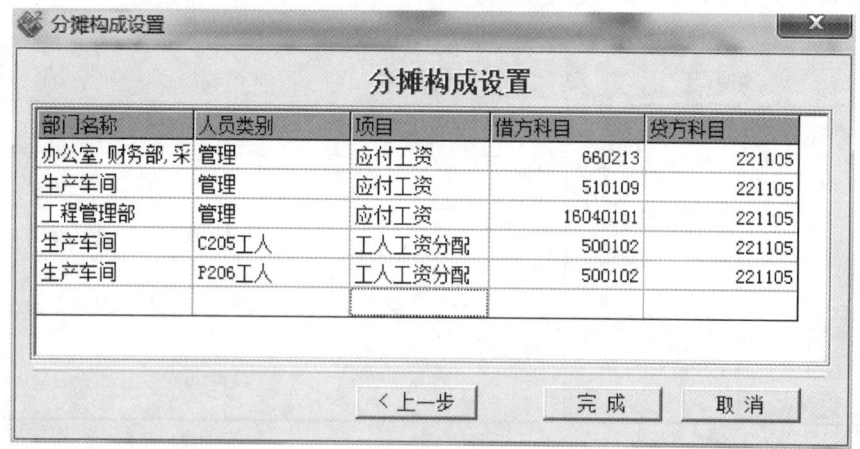

图 2-140　分摊设置

(2) 单击"工资分摊"选项，勾选"计提工会经费"复选框，核算部门全选，"明细到工资项目"复选框要打钩，点击【确定】按钮，在计提公积金一览表中点击【制单】按钮（见图 2-141、图 2-142），在记账凭证中需要完善附件张数，"生产成本"科目需要填写对应的辅助信息，填写完整后点击【保存】按钮。

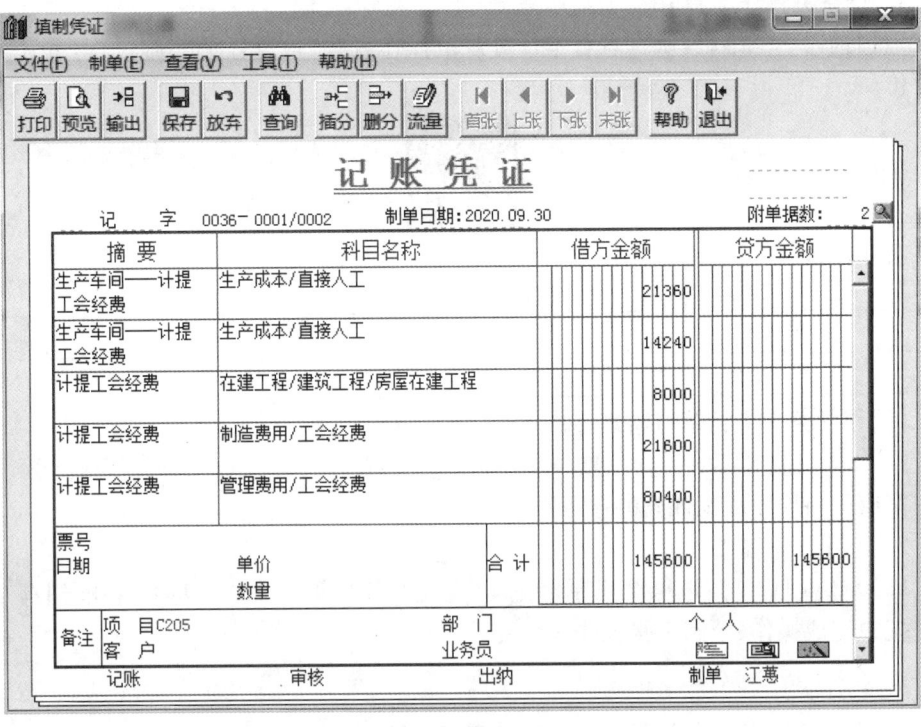

图 2-141　生成凭证 1

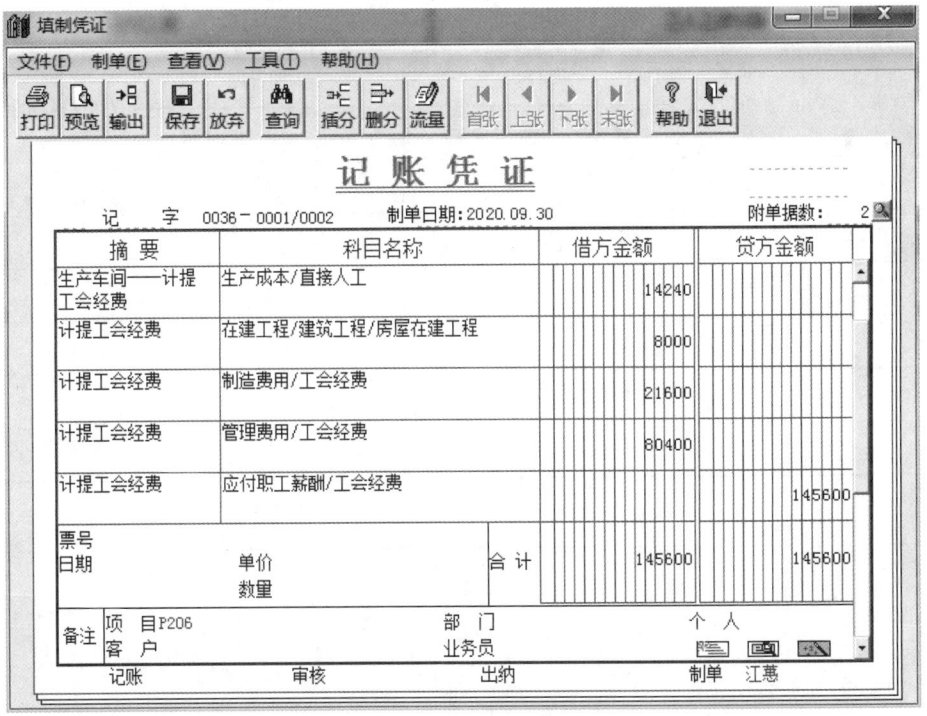

图 2-142　生成凭证 2

4. 任务实施评价

请扫描以下二维码,认真观看本任务规范操作视频,检查任务实施过程,并完成自我评价。

自我评价:
_____
_____

【工作任务34】计算材料出库成本

1. 任务实施目标

完成材料出库成本计算的业务操作。

2. 工作任务描述

2020年9月30日取得2张原始凭证(见凭2-72、凭2-73)。要求:在购销存及核算系统中完成操作(填制1张记账凭证)。

发出材料单位成本计算表

2020-09-30　　　　　　　　　　　　　　　　　　　金额单位:元

材料名称	单位	期初		本期入库		发出材料单价
		数量	金额	数量	金额	
Z811	千克					
Y812	千克					
合计						

审核:　　　　　　　　　　　　　　　　　　　编制:

凭 2-72

原材料发出汇总表

2020-9-30

单位:元

领料部门	领料用途	产品	Z811		Y812		合计
			数量	金额	数量	金额	
生产车间	生产产品直接领用	C205	600		6 900		
生产车间	生产产品直接领用	P206	1 200		2 300		
合计							

审核: 　　　　　　　　　　　　　　编制:

凭 2-73

3. 任务实施过程

以 53102 江蕙的身份登录,日期为 2020 年 9 月 30 日。

(1) 进入"库存管理"模块,单击"材料出库单"选项,点击【增加】按钮,按照题目要求输入相关内容(见图 2-143、图 2-144),点击【保存】【审核】按钮。

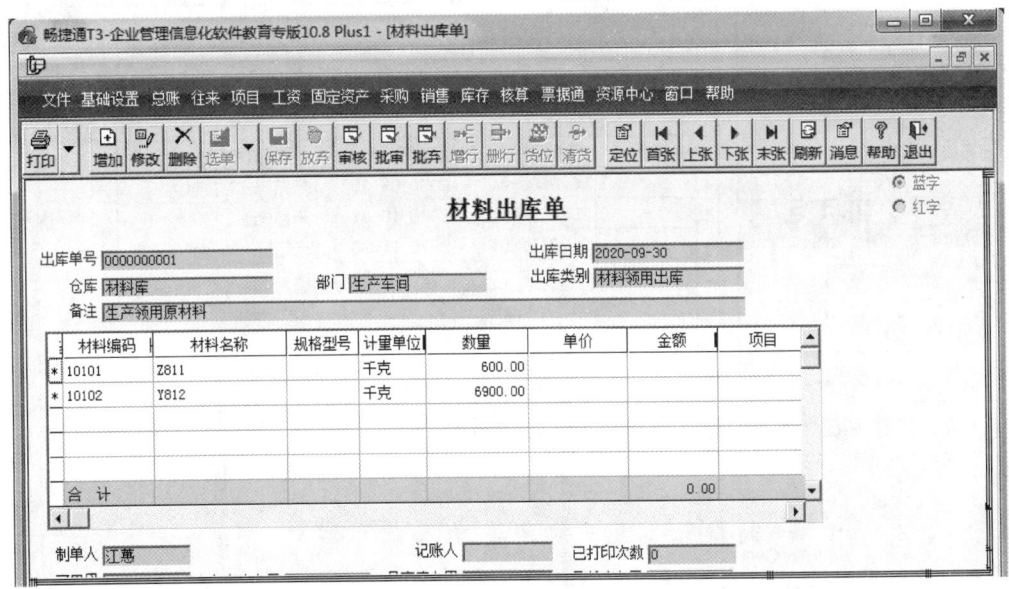

图 2-143　C205 产品领用原材料

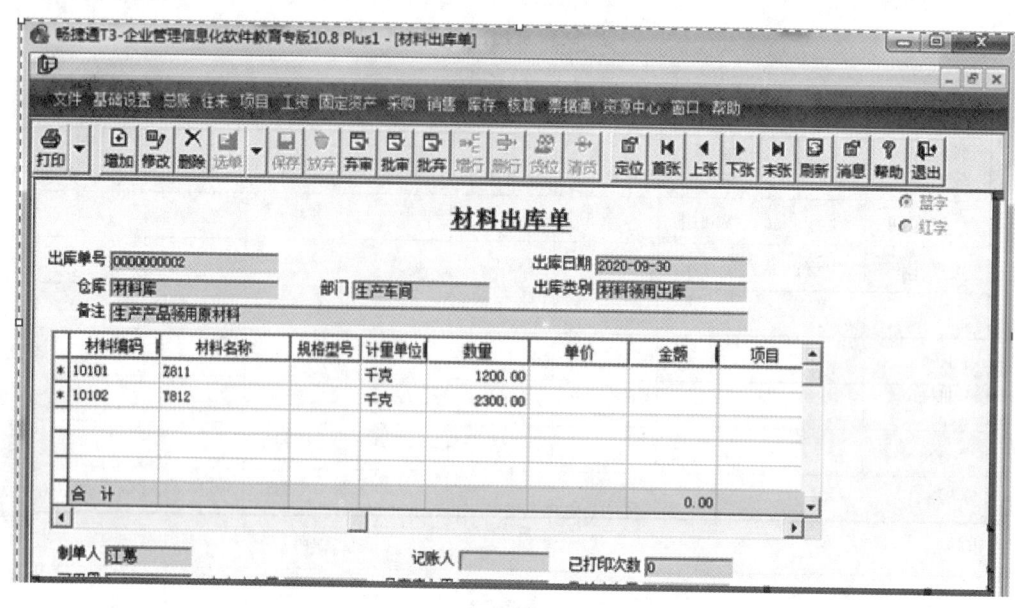

图 2-144　P206 产品领用原材料

（2）分别进入"采购管理""销售管理"和"库存管理"模块进行月末结账（见图 2-145、图 2-146、图 2-147）。

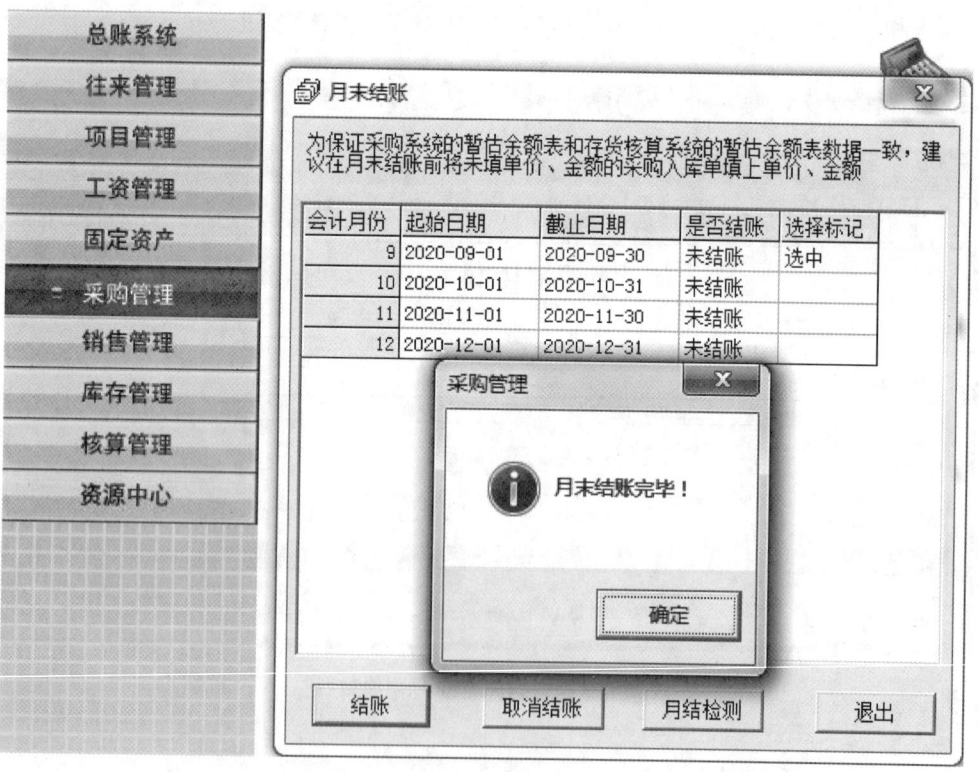

图 2-145　采购管理模块月末结账

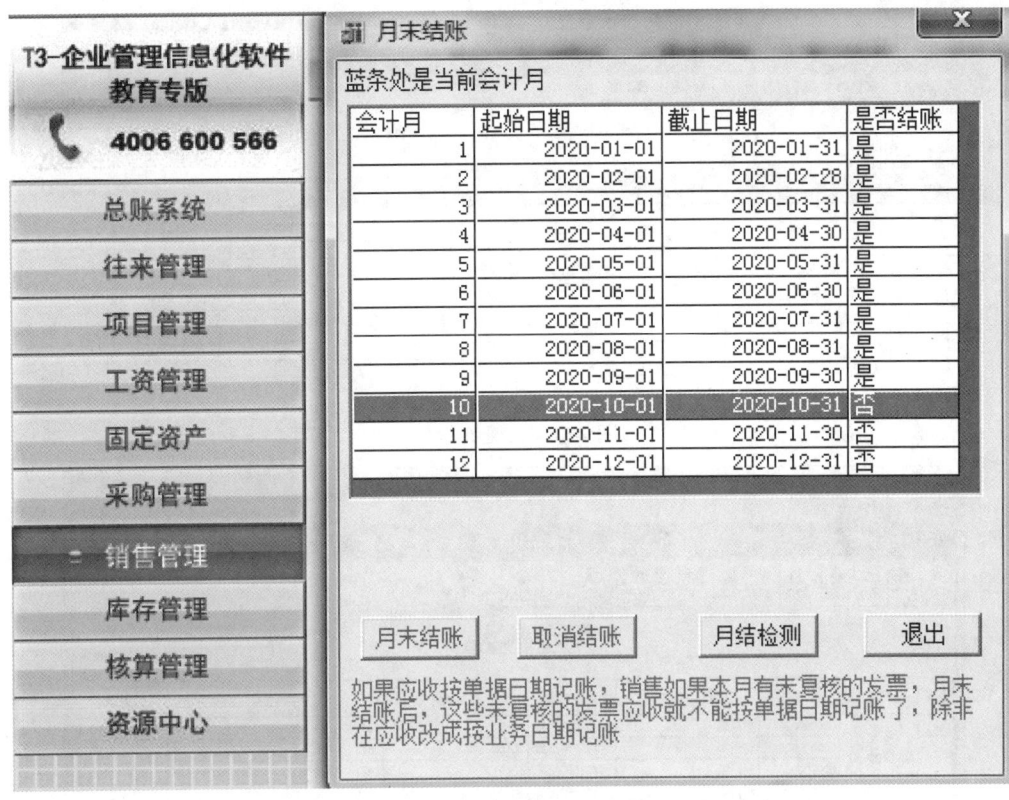

图2-146 销售管理模块月末结账

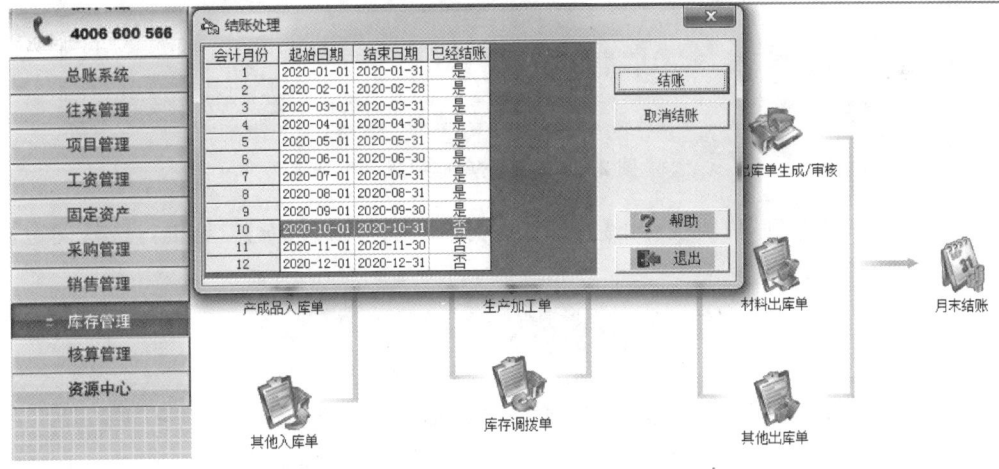

图2-147 库存管理模块月末结账

(3) 在"核算管理"模块中,执行"核算"—"账表"—"明细账"命令,查询材料库,存货编码为"Z811"(见图2-148),找到单价,相同操作找到"Y812"的单价,执行"核算"—"材料出库单"命令,点击【修改】按钮,将查询的单价填入后保存,然后按【正常单据记账】(见图2-149)。

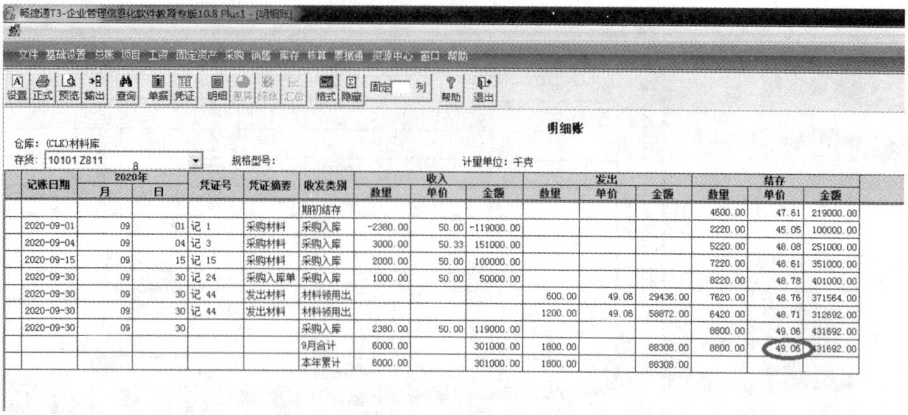

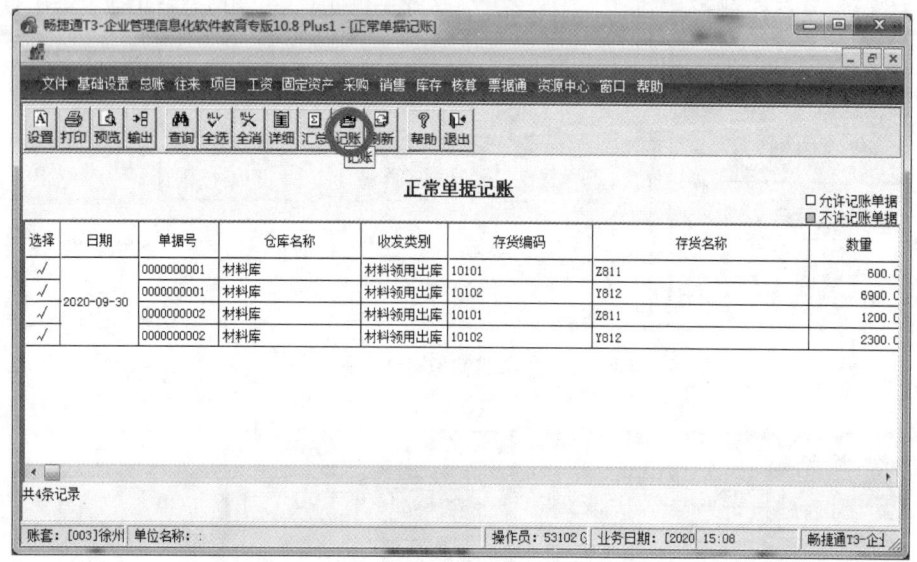

记账日期	2020年 月	日	凭证号	凭证摘要	收发类别	收入 数量	收入 单价	收入 金额	发出 数量	发出 单价	发出 金额	结存 数量	结存 单价	结存 金额
					期初结存							4600.00	47.61	219000.00
2020-09-01	09	01	记 1	采购材料	采购入库	-2380.00	50.00	-119000.00				2220.00	45.05	100000.00
2020-09-04	09	04	记 3	采购材料	采购入库	3000.00	50.33	151000.00				5220.00	48.08	251000.00
2020-09-15	09	15	记 15	采购材料	采购入库	2000.00	50.00	100000.00				7220.00	48.61	351000.00
2020-09-30	09	30	记 24	采购入库单	采购入库	1000.00	50.00	50000.00				8220.00	48.78	401000.00
2020-09-30	09	30	记 44	发出材料	材料领用出				600.00	49.06	29436.00	7620.00	48.76	371564.00
2020-09-30	09	30	记 44	发出材料	材料领用出				1200.00	49.06	58872.00	6420.00	48.71	312692.00
2020-09-30	09	30			采购入库	2380.00	50.00	119000.00				8800.00	49.06	431692.00
					9月合计	6000.00		301000.00	1800.00		88308.00	8800.00	49.06	431692.00
					本年累计	6000.00		301000.00	1800.00		88308.00			

图 2-148　查询单价

选择	日期	单据号	仓库名称	收发类别	存货编码	存货名称	数量
√	2020-09-30	0000000001	材料库	材料领用出库	10101	Z811	600.C
√		0000000001	材料库	材料领用出库	10102	Y812	6900.C
√		0000000002	材料库	材料领用出库	10101	Z811	1200.C
√		0000000002	材料库	材料领用出库	10102	Y812	2300.C

图 2-149　正常单据记账

(4) 在“核算管理”模块里点击【月末处理】按钮，勾选【材料库】复选框，点击【确定】按钮(见图 2-150)。

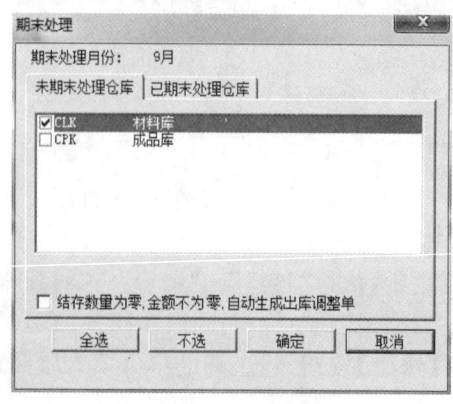

图 2-150　月末处理

（5）在“核算管理”模块单击“购销单据制单”选项，点击【选择】【确定】【全选】【确定】按钮（见图 2-151），输入相应科目（见图 2-152），点击【合成】按钮，在凭证中修改相应的辅助项内容，点击【保存】按钮（见图 2-153）。

图 2-151 购销单据制单 1

畅捷通T3-企业管理信息化软件教育专版10.8 Plus1 - [生成凭证]

凭证类别：记 记账凭证

选择	单据类型	单据号	摘要	科目类型	科目编码	科目名称	借方金额	贷方金额	借方数量	贷方数量	存货编码	存货名称	部门编码	部门名称
1	材料出库单	0000000003	生产C205令	存货	1403	原材料		29436.00		600.00	10101	Z811	4	生产车间
				对方	500101	直接材料	29436.00		600.00		10101	Z811	4	生产车间
				存货	1403	原材料		224526.00		6900.00	10102	Y812	4	生产车间
				对方	500101	直接材料	224526.00		6900.00		10102	Y812	4	生产车间
		0000000004	生产P206令	存货	1403	原材料		58872.00		1200.00	10101	Z811	4	生产车间
				对方	500101	直接材料	58872.00		1200.00		10101	Z811	4	生产车间
				存货	1403	原材料		74842.00		2300.00	10102	Y812	4	生产车间
				对方	500101	直接材料	74842.00		2300.00		10102	Y812	4	生产车间

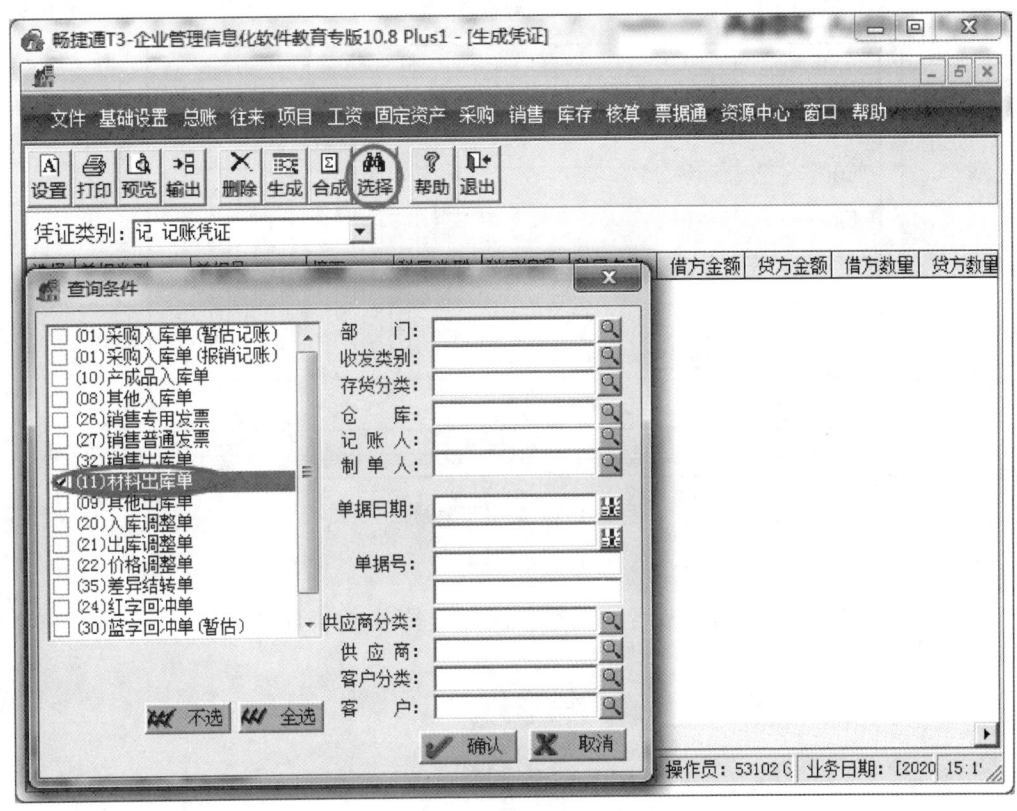

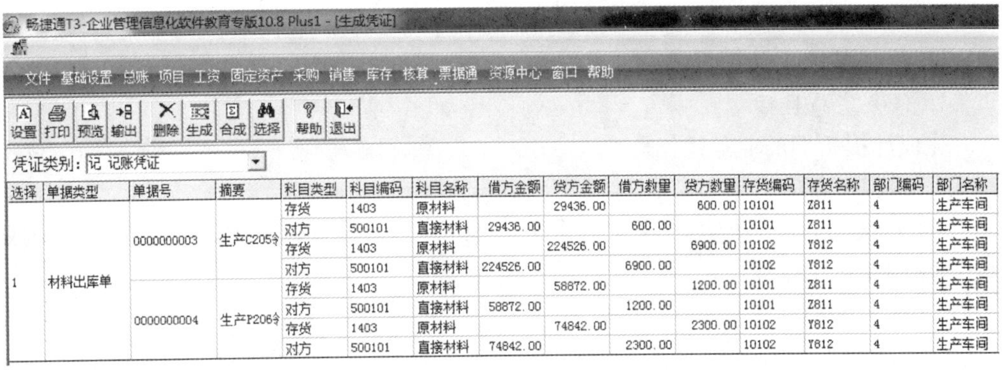

图 2-152 购销单据制单 2

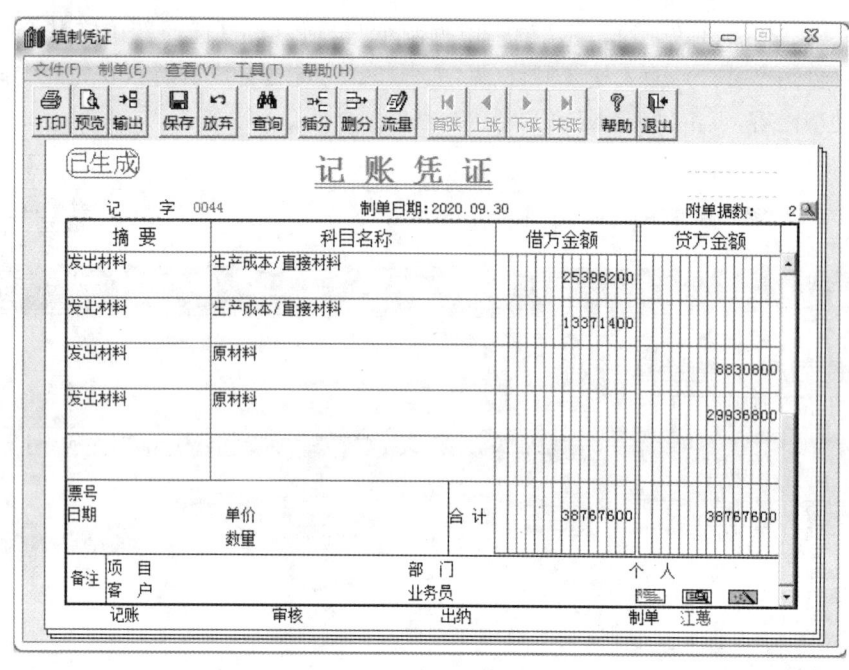

图 2-153 购销单据制单

4. 任务实施评价

请扫描以下二维码，认真观看本任务规范操作视频，检查任务实施过程，并完成自我评价。

自我评价：

_____

_____

【工作任务 35】计提折旧

1. 任务实施目标

完成计提折旧的业务操作。

2. 工作任务描述

2020 年 9 月 30 日取得 1 张原始凭证（见凭 2-74）。要求：在固定资产系统中完成操作（填制 1 张记账凭证）。

固定资产及投资性房地产折旧表

2020-09-30   单位:元

固定资产类别	使用部门	品名	单位	数量	原价(元)	投入使用日期	预计使用年限(年)	月折旧率	本月折旧额(元)
房屋及建筑物	办公室	办公楼	幢	1	1 200 000.00	2015-10-25	20	0.004 0	4 800.00
房屋及建筑物	生产车间	厂房	幢	1	420 000.00	2015-11-02	20	0.004 0	1 680.00
生产设备	生产车间	机器设备W	台	1	80 000.00	2015-09-01	10	0.008 0	640.00
生产设备	生产车间	机器设备K	台	10	1 379 200.00	2015-11-06	10	0.008 0	11 033.60
运输设备	办公室	大众轿车	辆	2	125 000.00	2017-11-09	4	0.020 0	2 500.00
电子设备	生产车间	空调H	台	6	30 000.00	2018-11-07	3	0.026 7	801.00
电子设备	生产车间	电脑HP	台	2	10 000.00	2019-01-16	3	0.026 7	267.00
电子设备	工程管理部	空调P	台	5	30 000.00	2019-01-24	3	0.026 7	801.00
电子设备	财务部	电脑HP	台	7	35 000.00	2019-01-16	3	0.026 7	934.50
合计					3 309 200.00				23 457.10

制表:江蕙   审核:李云

凭2-74

3. 任务实施过程

以53102江蕙的身份登录,日期为2020年9月30日。

(1)进入"固定资产"模块,单击"计提本月折旧"选项。

(2)单击"批量制单"选项,双击"制单"处下方空白,出现"Y"字样,点击【制单设置】按钮(见图2-154),点击【制单】按钮,修改相应摘要和附件张数后点击【保存】按钮(见图2-155)。

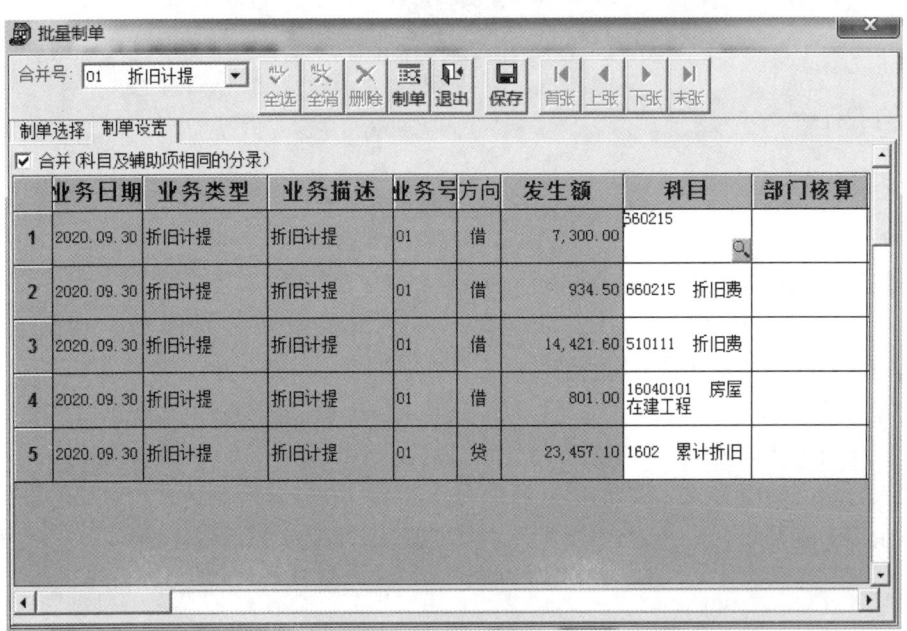

图2-154 【业务2-34】制单设置

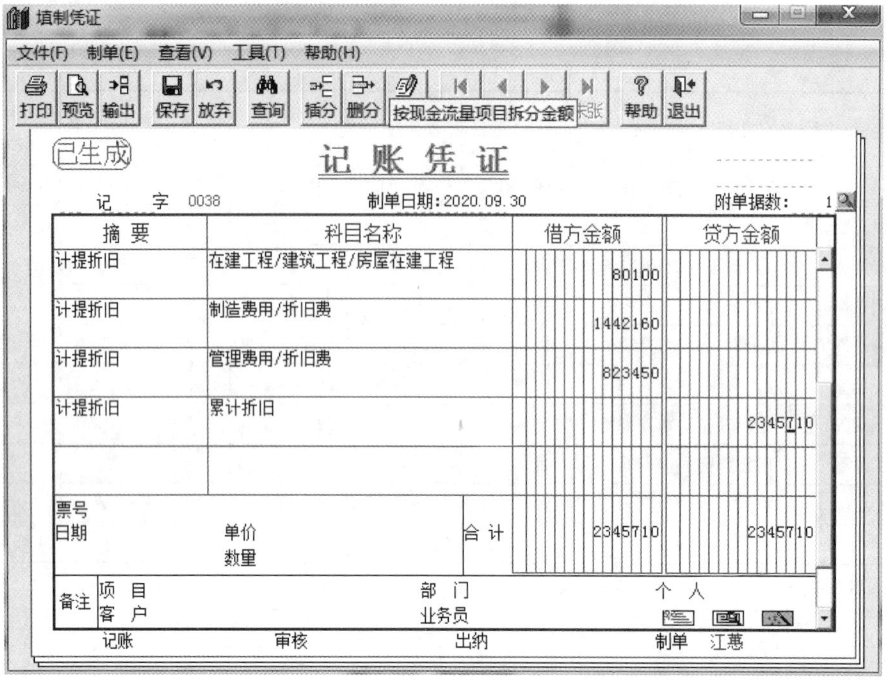

[图示:记账凭证填制界面]

图 2-155　生成凭证

4. 任务实施评价

请扫描以下二维码,认真观看本任务规范操作视频,检查任务实施过程,并完成自我评价。

自我评价:
_____
_____

【工作任务36】分配制造费用

1. 任务实施目标

完成分配制造费用的业务操作。

2. 工作任务描述

2020年9月30日取得2张原始凭证(见凭2-75、凭2-76)。要求:在总账系统中以期末自定义转账方式完成操作(转账序号:0002。说明:分配制造费用,以相关科目的期末余额为基数设置金额公式,要求显示计算过程;填制1张记账凭证)。

产品生产工时明细表
2020-09-30

生产部门	产品	生产工时(小时)
生产车间	C205	3 000
生产车间	P206	2 000
合计		5 000

制表：江蕙　　　　　　　　　　　　　　　　　审核：李云

凭 2-75

制造费用分配表
2020-09-30
金额单位：元

生产部门	产品	分配标准(工时)	分配率	分配金额
生产车间	C205			
生产车间	P206			
合计				

审核：　　　　　　　　　　　　　　　　　　编制：

凭 2-76

3. 任务实施过程

以 53102 江蕙的身份登录,日期为 2020 年 9 月 30 日。

(1) 执行"总账"—"期末"—"转账定义"—"自定义转账"命令(见图 2-156),点击【增加】按钮,按照题干输入相关内容(见图 2-157)。

(2) 按照图示编辑分录的公式(见图 2-158),点击【保存】按钮。

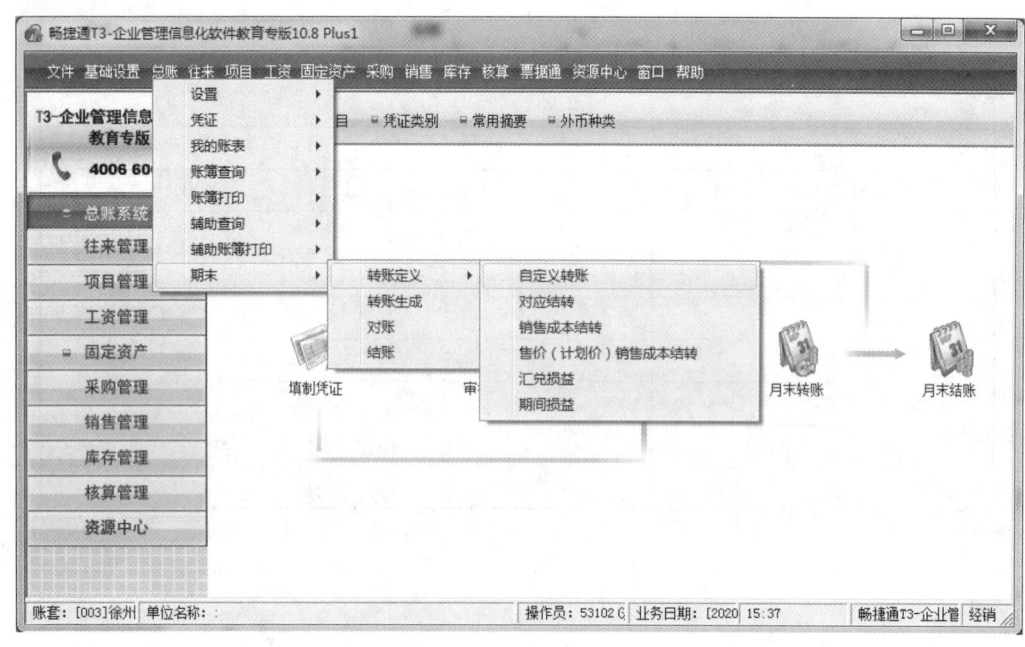

图2-156 自定义转账

图2-157 转账目录

图2-158 自动转账设置

（3）执行"总账"—"期末"—"转账生成"；双击"0001"、勾选"包含未记账凭证"复选框（见图 2-159），点击【确定】按钮生成记账凭证，修改附件张数并点击【保存】按钮（见图 2-160）。

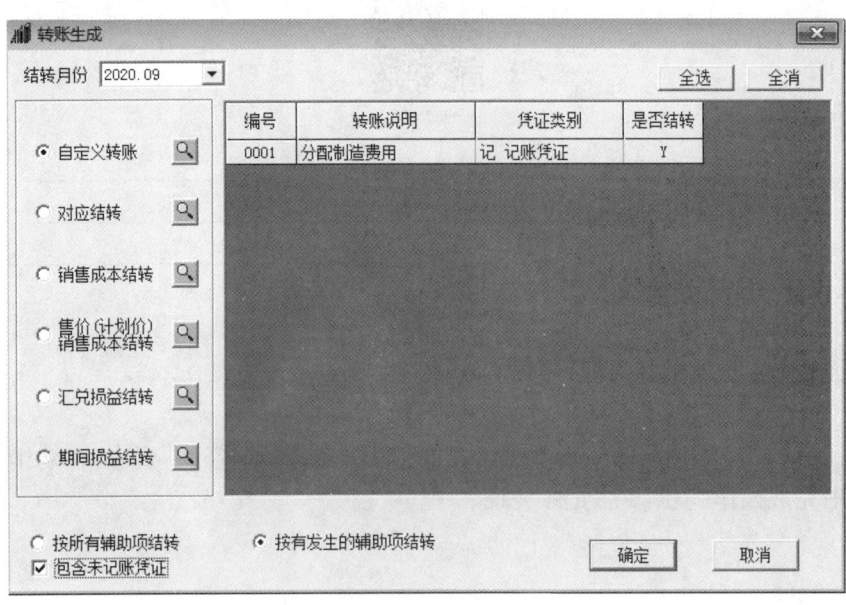

图 2-159　转账生成

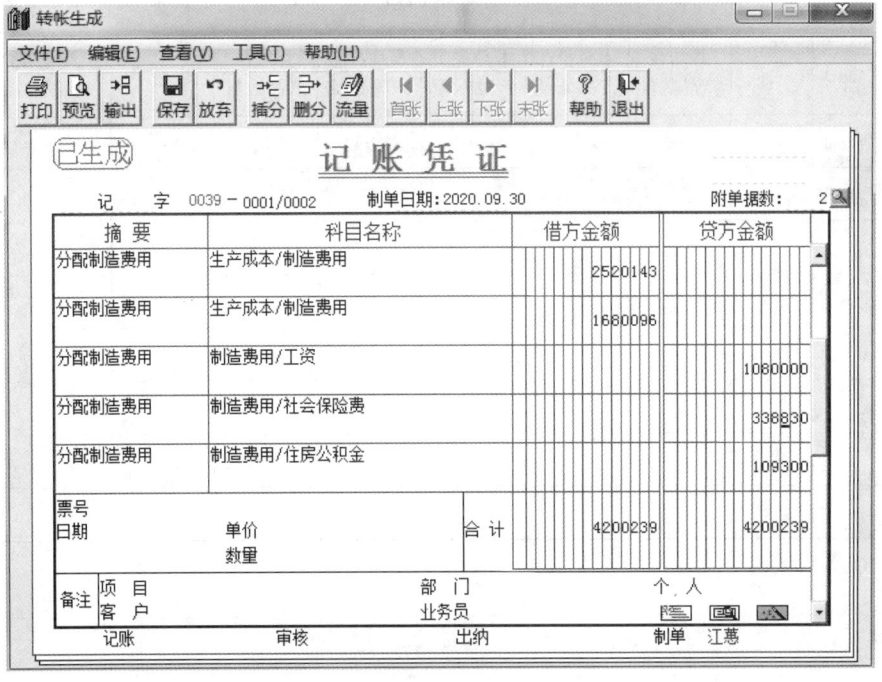

图 2-160　生成凭证

4. 任务实施评价

请扫描以下二维码,认真观看本任务规范操作视频,检查任务实施过程,并完成自我评价。

自我评价:
_____
_____
_____

【工作任务37】产成品入库

1. 任务实施目标

完成产成品成本的计算及入库的业务操作。

2. 工作任务描述

2020年9月30日取得2张原始凭证(见凭2-77、凭2-78)。要求:在购销存及核算系统中完成操作(填制1张记账凭证)。

产品产量明细表
2020-09-30   单位:件

生产部门	产品	月初在产品数量	本月投产产品数量	本月完工产品数量	本月产品入库数量	月末在产品数量	投料率	期末在产品完工率
生产车间	C205	100	1 100	1 000	1 000	200.00	100%	50%
生产车间	P206	0	600	500	500	100.00	100%	80%

制表:江蕙   审核:李云

凭 2-77

产品成本计算表

2020-09-30　　　　　　　　　　　　　　　　金额单位：元

生产部门	产品	项目	月初在产品成本	本月生产费用	生产成本合计	产量			单位成本	完工产品成本	月末在产品成本
						完工产品产量	在产品约当产量	产量合计			
生产车间	C205	直接材料									
		直接人工									
		制造费用									
	小计										
生产车间	P206	直接材料									
		直接人工									
		制造费用									
	小计										
合计											

审核：　　　　　　　　　　　　　　　　　　编制：

凭 2-78

3. 任务实施过程

以 53102 江蕙的身份登录，日期为 2020 年 9 月 30 日。

（1）进入"库存管理"模块，点击【月末结账】【取消结账】按钮。

（2）进入"项目管理"模块，点击【项目明细账】按钮，输入两种产品的相应内容（见图 2-161），点击【确定】按钮，查找出两种产品的直接材料、直接人工和制造费用的总额，通过约当产量法计算出两种产品完工产品的成本。

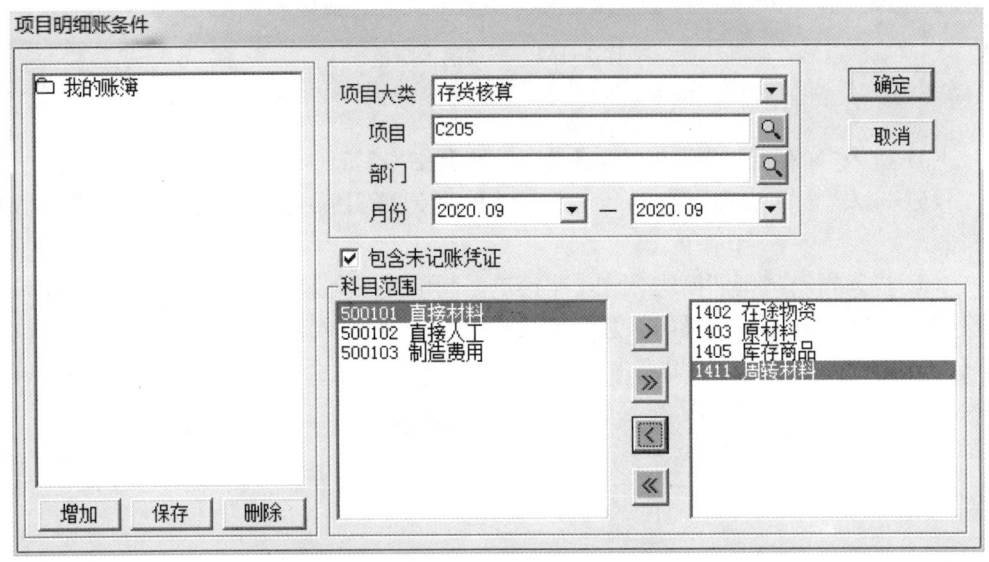

图 2-161　项目明细账条件查找

(3)进入"库存管理"模块,单击"产成品入库单"选项后点击【增加】按钮,输入相应信息(见图2-162)后点击【保存】【审核】按钮。

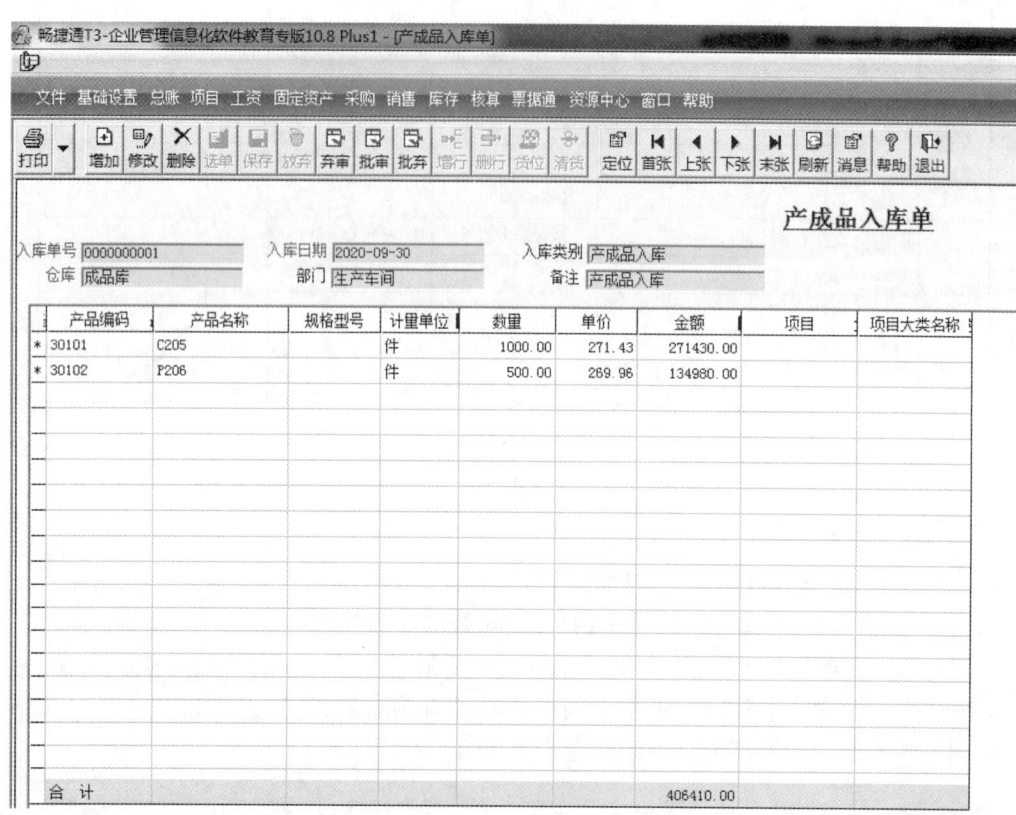

图2-162 产成品入库单

(4)进入"库存管理"模块,点击【月末结账】【结账】按钮。

(5)进入"核算管理"模块,点击【正常单据记账】【确定】【全选】【记账】【退出】按钮。

(6)进入"核算管理"模块,点击【购销单据制单】【选择】按钮,勾选【产成品入库单】复选框(见图2-163),点击【确认】【全选】【确定】按钮后输入相应科目(见图2-164),点击【合成】按钮,在记账凭证里点击【拆分】按钮形成正确的会计分录并修改附件后点击【保存】按钮(见图2-165、图2-166)。

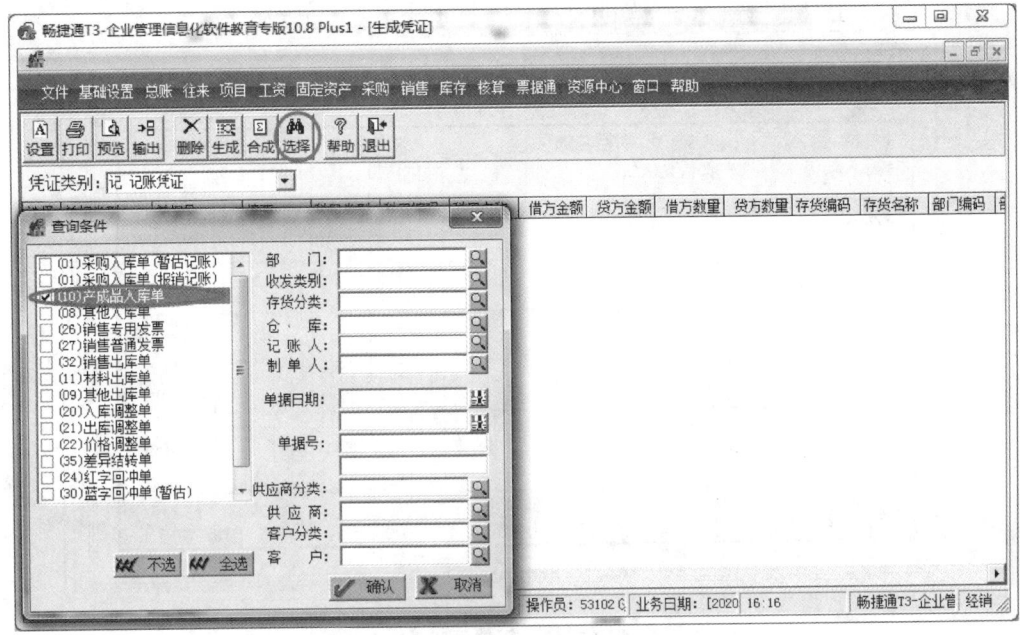

图 2-163 选择单据

图 2-164 科目输入

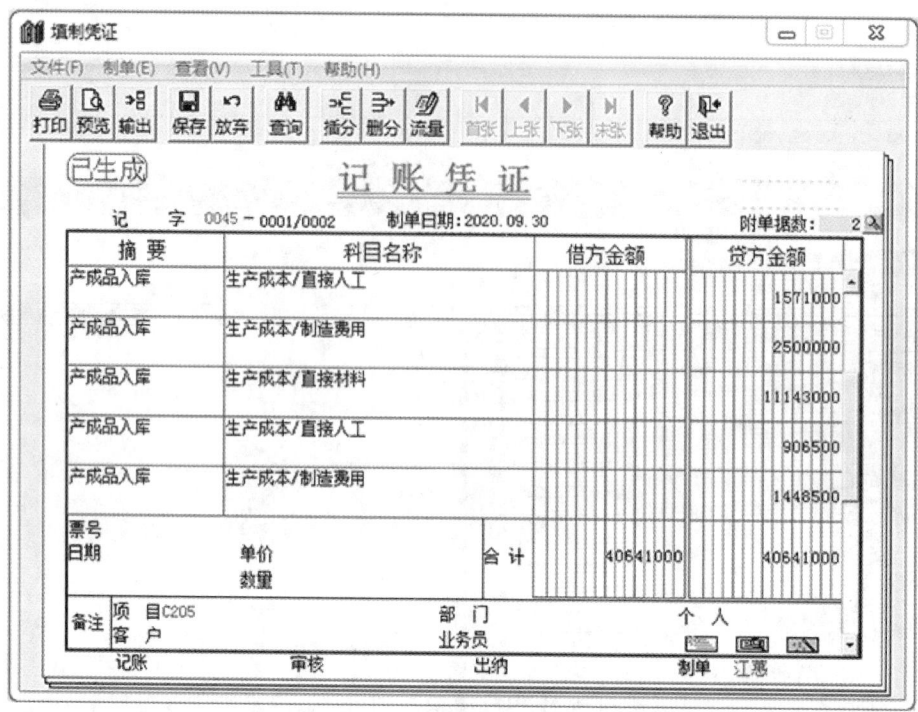

图 2-165　生成凭证 1

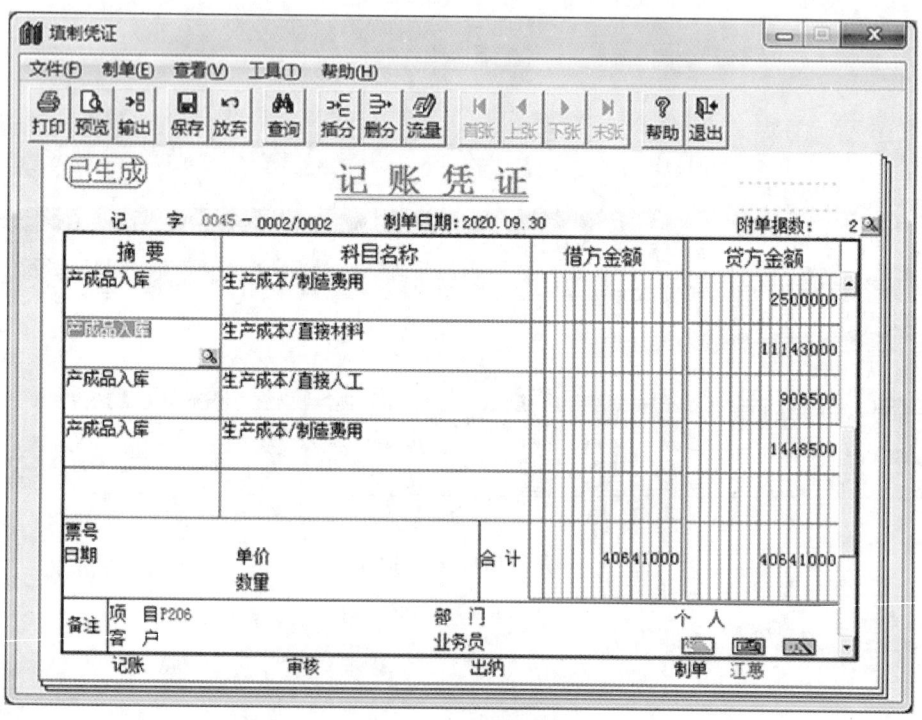

图 2-166　生成凭证 2

4. 任务实施评价

请扫描以下二维码,认真观看本任务规范操作视频,检查任务实施过程,并完成自我评价。

自我评价:
___
___

【工作任务38】结转销售成本

1. 任务实施目标

完成销售出库成本计算和结转销售成本的业务操作。

2. 工作任务描述

2020年9月30日取得2张原始凭证(见凭2-79、凭2-80)。要求:在购销存及核算系统中完成操作(填制1张记账凭证)。

单位产品成本计算单

2020-09-30　　　　　　　　　　金额单位:元

产品名称	期初结存		本期入库		单位成本
	数量	金额	数量	金额	
C205					
P206					
合计					

制表:　　　　　　　　　　　　　　审核:

凭2-79

销售产品成本结转表
2020-09-30

金额单位:元

领用部门	用途	C205		P206		合计
		数量	金额	数量	金额	
销售部	销售领用					
合计						

制表: 　　　　　　　　　　　　　　　　　　审核:

凭 2-80

3. 任务实施过程

以 53102 江蕙的身份登录,日期为 2020 年 9 月 30 日。

(1) 进入"核算管理"模块,点击【月末处理】按钮,勾选【成品库】复选框,点击【确定】按钮。

(2) 进入"核算管理"模块,点击【购销单据制单】按钮,点击【选择】按钮,勾选【销售出库单】复选框(见图 2-167),点击【确认】【全选】和【确定】按钮后输入相应的科目(见图 2-168),点击【合成】【保存】按钮(见图 2-169)。

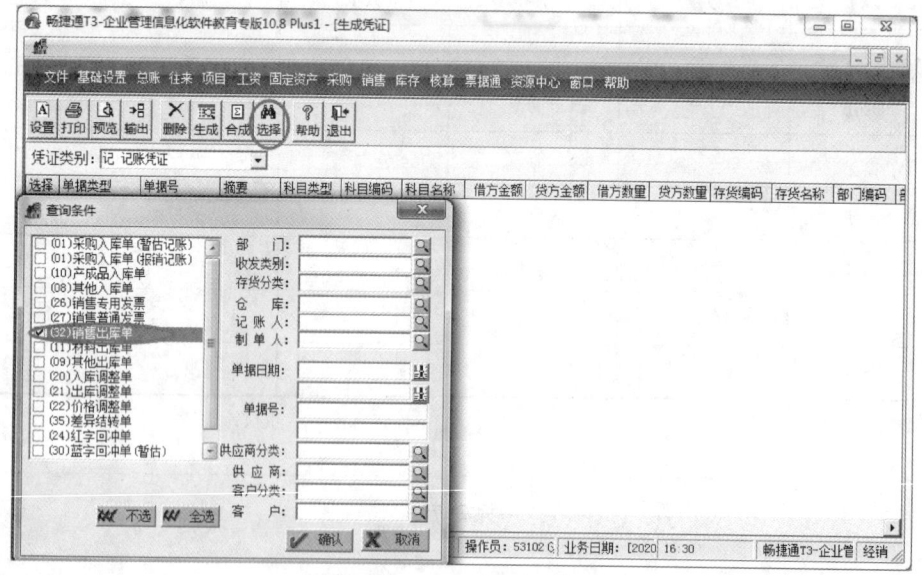

图 2-167　勾选销售出库单

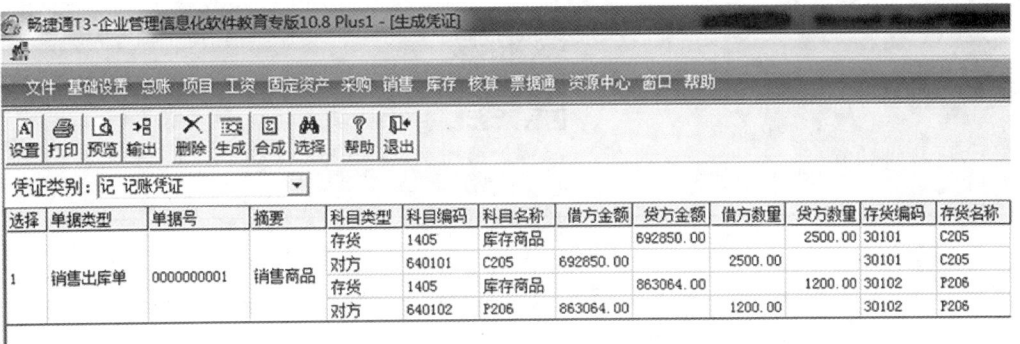

图 2-168 科目编辑

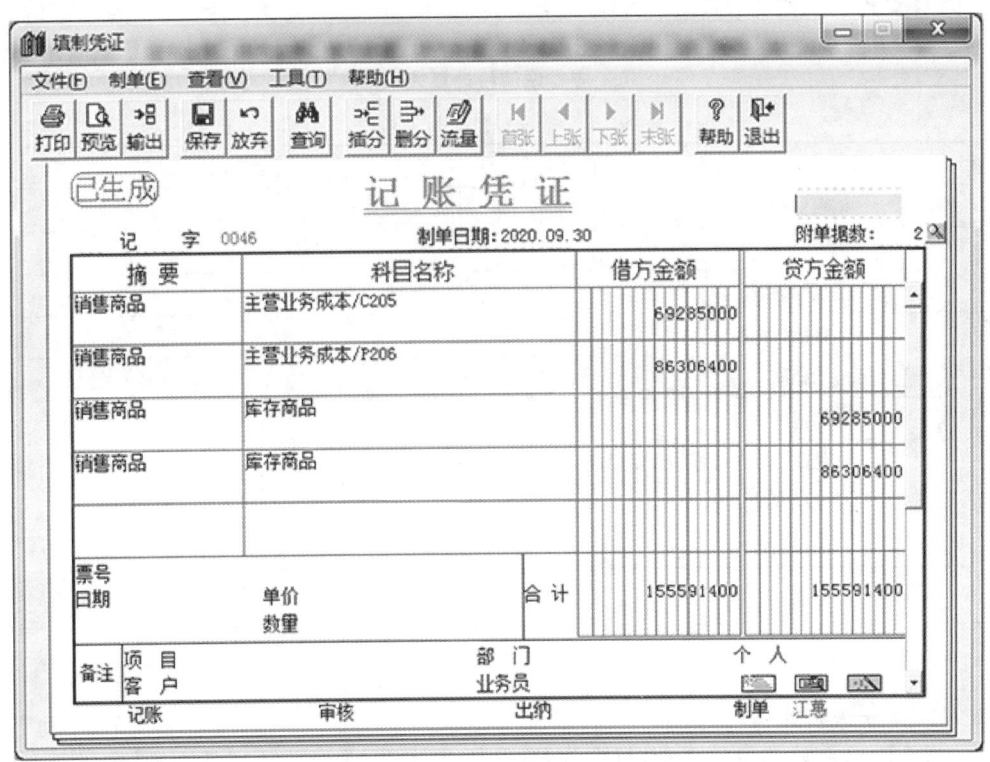

图 2-169 生成凭证

4. 任务实施评价

请扫描以下二维码,认真观看本任务规范操作视频,检查任务实施过程,并完成自我评价。

自我评价:
_____
_____

【工作任务39】结转未交增值税

1. 任务实施目标

完成结转未交增值税的业务操作。

2. 工作任务描述

2020年9月30日取得1张原始凭证(见凭2-81)。要求:在总账系统中完成操作(按会计要求合理填制凭证)。

应交增值税计算表

2020-09-30   单位:元

项　　目	金　　额
销项税额	
进项税额	
进项税额转出	
上期留抵税额	
应纳税额	
期末留抵税额	
简易征收办法计算的应纳税额	
应纳税额减征额	
应纳税额合计	

审核:李云   编制:江蕙

凭2-81

3. 任务实施过程

以53102江蕙的身份登录,日期为2020年9月30日。

(1) 执行"总账"—"账簿查询"—"明细账"命令(见图2-170)后,输入"应交税费——应交增值税"的内容,进行查询期末余额(见图2-171)。

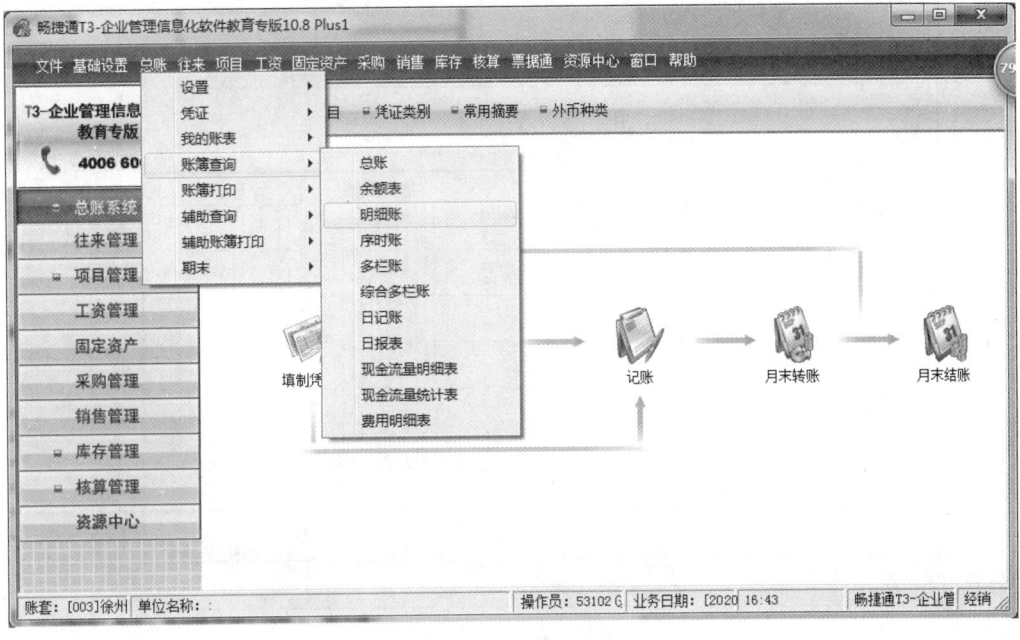

图 2-170　明细账查询

畅捷通T3-企业管理信息化软件教育专版10.8 Plus1 - [明细账]

文件 基础设置 总账 项目 工资 固定资产 采购 销售 库存 核算 票据通 资源中心 窗口 帮助

设置 打印 预览 输出 批量 查询 过滤 摘要 锁定 还原 凭证 总账 帮助 退出 金额式

应交税费明细账

科目 222101 应交增值税

2020年 月	日	凭证号数	摘要	借方	贷方	方向	余额
09	04	记-0003	*采购材料	19,590.00		借	19,590.00
09	13	记-0013	*支付聘请中介机构费	180.00		借	19,770.00
09	14	记-0014	*采购材料_赵耀	16,900.00		借	36,670.00
09	16	记-0016	*报销差旅费	47.14		借	36,717.14
09	16	记-0017	*销售商品_袁婧姝		400,400.00	贷	363,682.86
09	16	记-0018	*支付运费	90.00		贷	363,592.86
09	17	记-0019	*没收包装物押金		130.00	贷	363,722.86
09	30	记-0023	*采购现付_转账支票_2020.09.30_陈珂	15,470.00		贷	348,252.86
09	30	记-0027	*分摊水费	30.42		贷	348,222.44
09	30	记-0028	*支付分摊电费	1,528.80		贷	346,693.64

图 2-171　期末余额查询

(2) 进入“总账系统”模块,单击“填制凭证”选项,直接输入凭证(见图 2-172)。

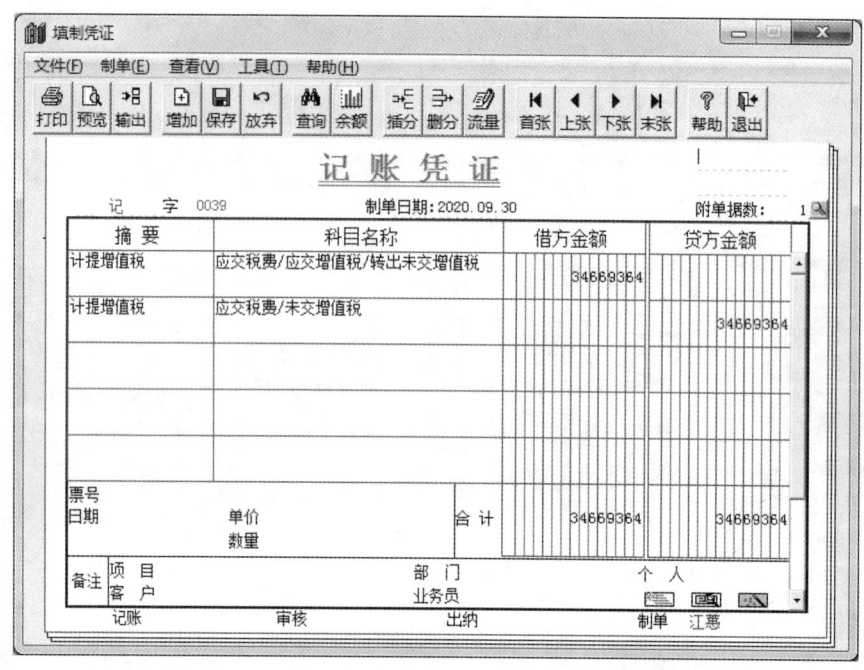

图 2-172 生成凭证

4. 任务实施评价

请扫描以下二维码,认真观看本任务规范操作视频,检查任务实施过程,并完成自我评价。

自我评价：

_____

_____

【工作任务 40】计算税金及附加

1. 任务实施目标

完成城市维护建设税、教育费附加、地方教育附加的业务操作。

2. 工作任务描述

2020 年 9 月 30 日取得 1 张原始凭证(见凭 2-82)。要求:在总账系统中完成操作(填制 1 张记账凭证)。

城市维护建设税、教育费附加、地方教育附加计算表

2020 年 09 月 30 日　　　　　　　　　　　　　单位:元

税(费)种	增值税	税率(征收率)	本期应纳税费	本期已缴税费	本期应补(退)税费
城市维护建设税(市区)					
教育费附加					
地方教育附加					
合计					

审核:李云　　　　　　　　　　　　　　　编制:江蕙

凭 2-82

3. 任务实施过程

以 53102 江蕙的身份登录,日期为 2020 年 9 月 30 日。

进入"总账系统"模块,点击"填制凭证"选项,按照上题凭证中的数字分别乘以相应计提比例,计算出数字后点击【保存】按钮(见图 2-173、图 2-174)。

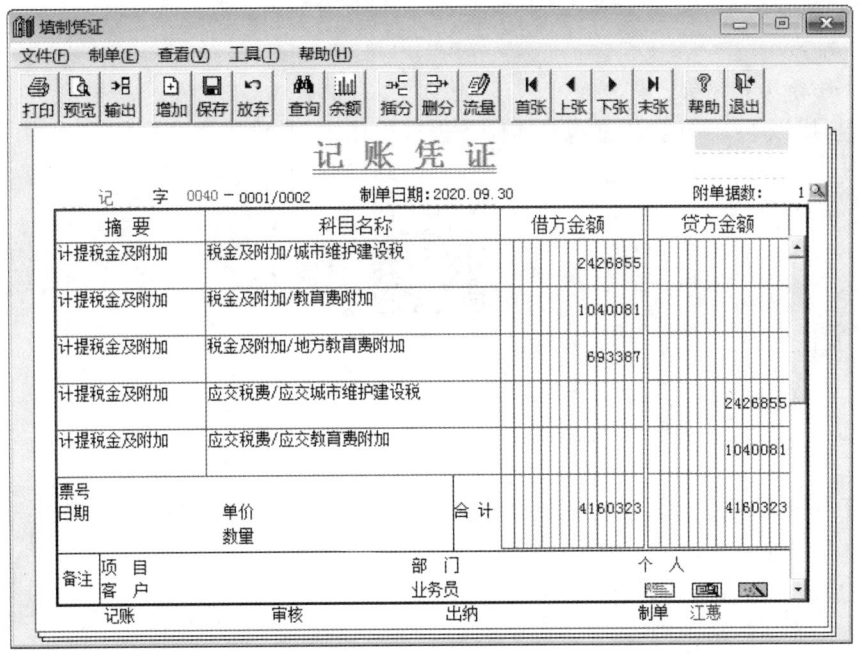

图 2-173　生成凭证 1

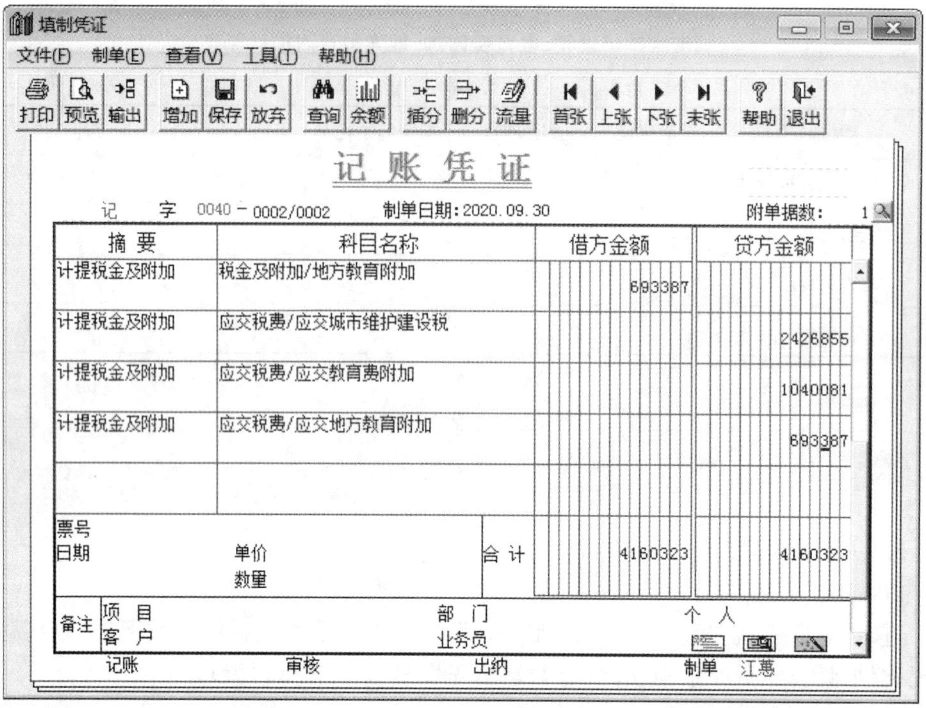

[图 2-174 填制凭证截图]

图 2-174　生成凭证 2

4. 任务实施评价

请扫描以下二维码，认真观看本任务规范操作视频，检查任务实施过程，并完成自我评价。

自我评价：
_____
_____

【工作任务 41】计算应交企业所得税

1. 任务实施目标

完成应交企业所得税计算的业务操作。

2. 工作任务描述

2020 年 9 月 30 日取得 1 张原始凭证（见凭 2-83）。要求：在总账系统中完成操作（填制 1 张记账凭证）。

应交所得税计算表

2020-09-30　　　　　　　　　　　　　　　　　　　　　　单位:元

项　目	金　额
营业收入	
营业成本	
利润总额	
加:特定业务计算的应纳税所得额	
减:不征税收入和税基减免应纳税所得额	
固定资产加速折旧(扣除)调减额	
弥补以前年度亏损	
实际利润额	
税率	
应纳所得税额	
减:减免所得税额	
实际已预缴所得税额	
特定业务预缴(征)所得税额	
应补(退)所得税额	
减:以前年度多缴在本期抵缴所得税额	
本月(季)实际应补(退)所得税额	

审核:李云　　　　　　　　　　　　　　　　　　　　　编制:江蕙

凭 2-83

3. 任务实施过程

以 53102 江蕙的身份登录,日期为 2020 年 9 月 30 日。

(1) 执行"总账"—"期末"—"转账定义"—"期间损益"命令后,在"本年利润科目"框中输入"4103"(见图 2-175),点击【确定】按钮。

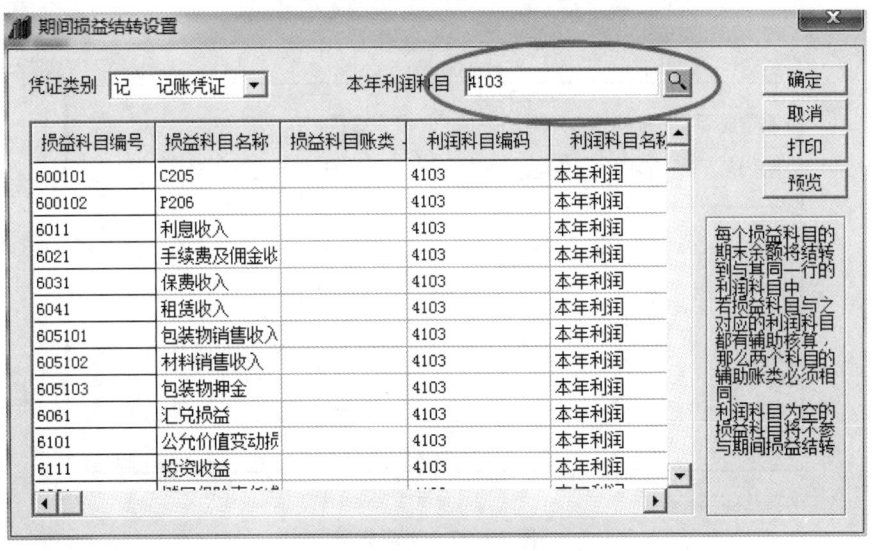

图 2-175　本年利润科目设置

(2) 执行"总账"—"期末"—"转账生成"—"期间损益结转"命令,勾选"包含未记账凭证"复选框,点击【全选】按钮(见图 2-176),再点击【确定】按钮,生成的凭证不要保存,找出凭证中"本年利润"科目的金额。

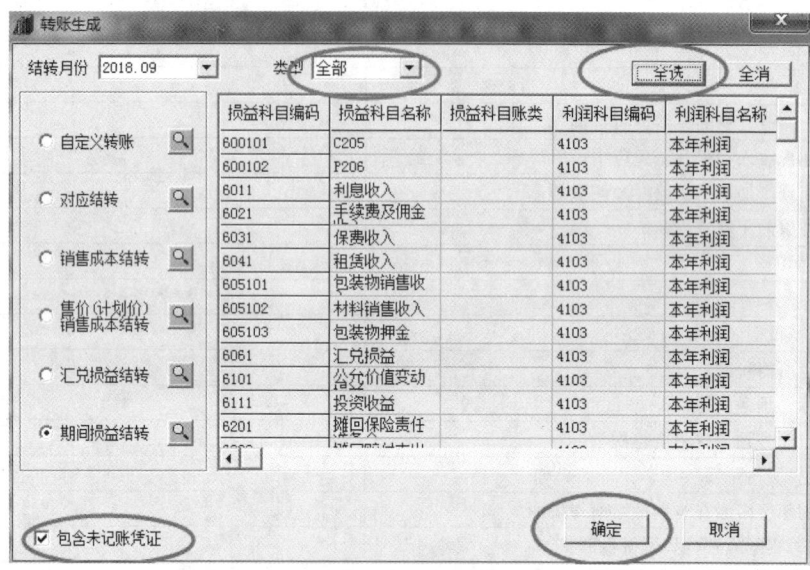

图 2-176　转账生成

(3) 执行"总账"—"填制凭证"命令,编制出计提所得税的凭证,金额为原找出的本年利润的金额乘以所得税税率,编制完成后点击【保存】按钮(见图 2-177)。

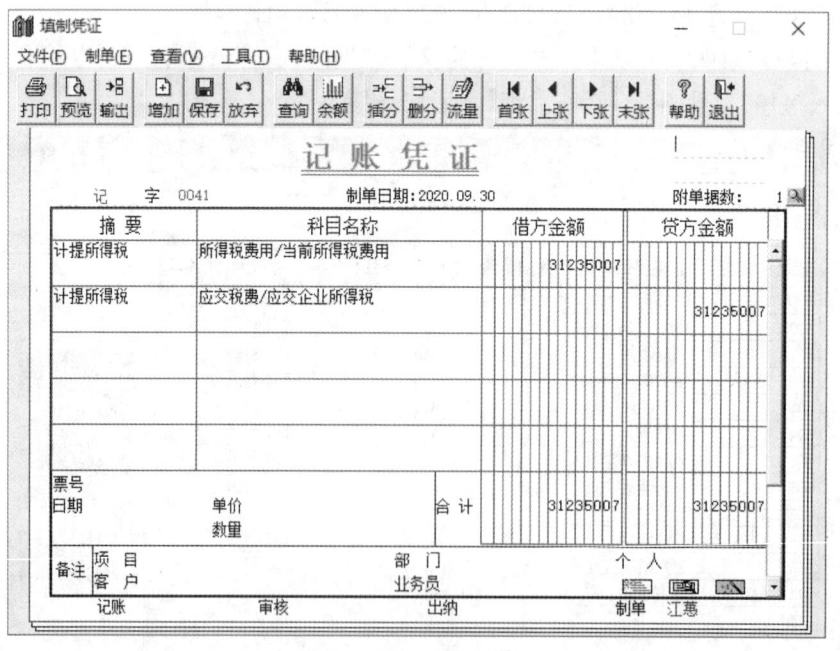

图 2-177　生成凭证

4. 任务实施评价

请扫描以下二维码,认真观看本任务规范操作视频,检查任务实施过程,并完成自我评价。

自我评价:
_____
_____

【工作任务 42】结转期间损益

1. 任务实施目标

完成期间损益结转的业务操作。

2. 工作任务描述

2020 年 9 月 30 日取得 1 张原始凭证(见凭 2-84)。要求:在总账系统中完成操作(设置期间损益结转,分别收入和支出各生成 1 张记账凭证)。

损益类账户发生额结转表		
2020-09-30		单位:元
总账科目名称	本期借方发生额	本期贷方发生额
主营业务收入		
其他业务收入		
主营业务成本		
税金及附加		
销售费用		
管理费用		
财务费用		
资产减值损失		
所得税费用		
合计		
审核:李云		编制:江蕙

凭 2-84

3. 任务实施过程

以 53102 江蕙的身份登录,日期为 2020 年 9 月 30 日。

(1) 执行"总账"—"期末"—"转账生成"—"期间损益结转",勾选"包含未记账凭证"复选框,类型选择【收入】,点击【确定】按钮(见图 2-178),生成结转收入的凭证(见图 2-179)。

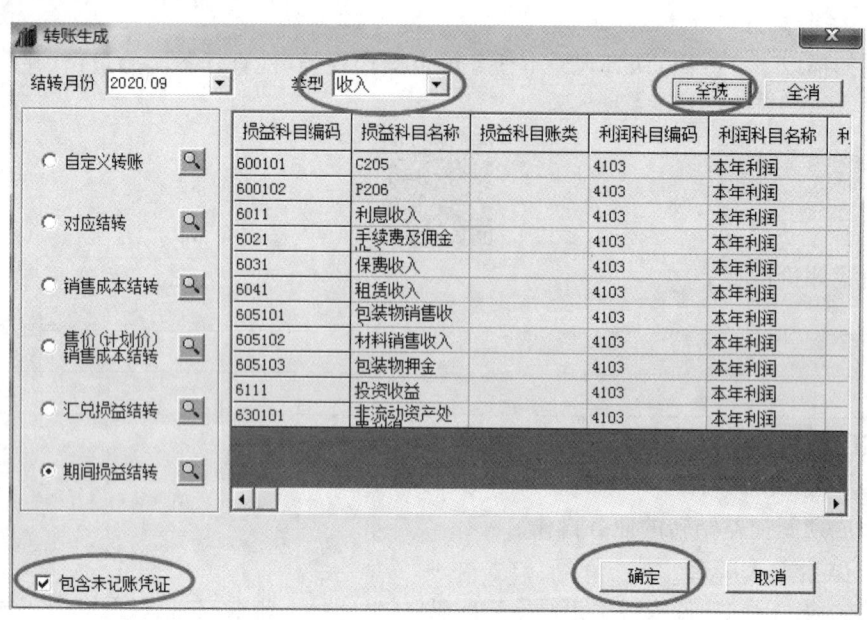

图 2-178　转账生成

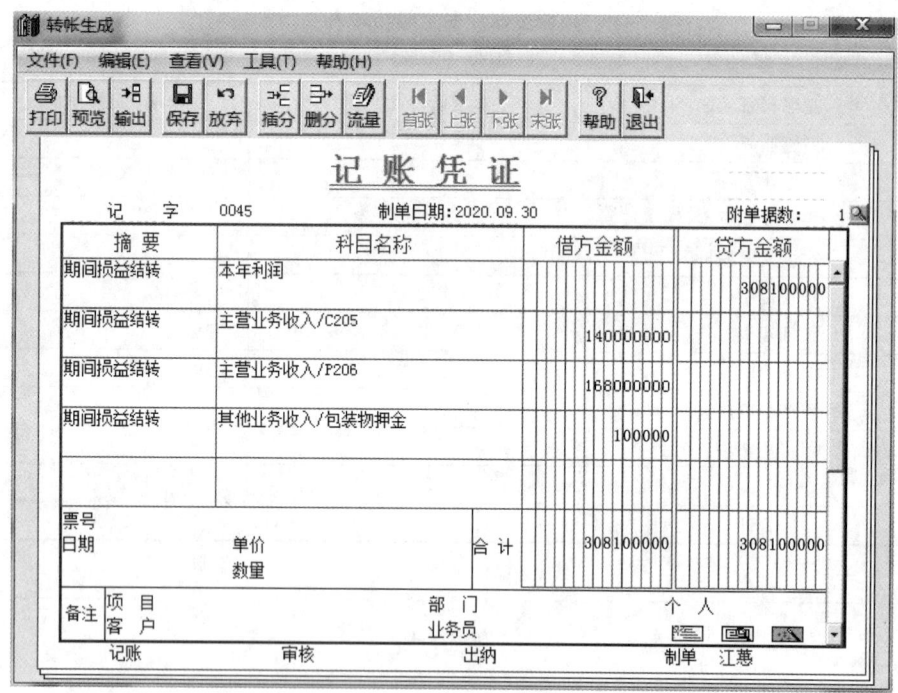

图 2-179　制单结果

(2) 重复上步骤操作结转支出(见图 2-180 至图 2-184)。

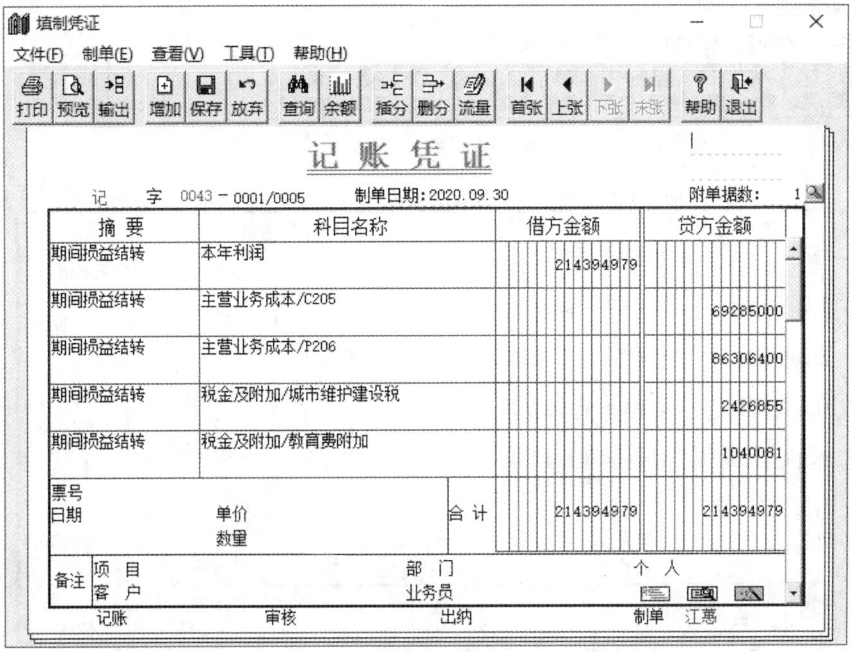

摘要	科目名称	借方金额	贷方金额
期间损益结转	本年利润	214394979	
期间损益结转	主营业务成本/C205		69285000
期间损益结转	主营业务成本/P206		86306400
期间损益结转	税金及附加/城市维护建设税		2426855
期间损益结转	税金及附加/教育费附加		1040081
票号 日期 单价 数量	合计	214394979	214394979
备注 项目 客户	部门 业务员	个人	

图 2-180 结转支出 1

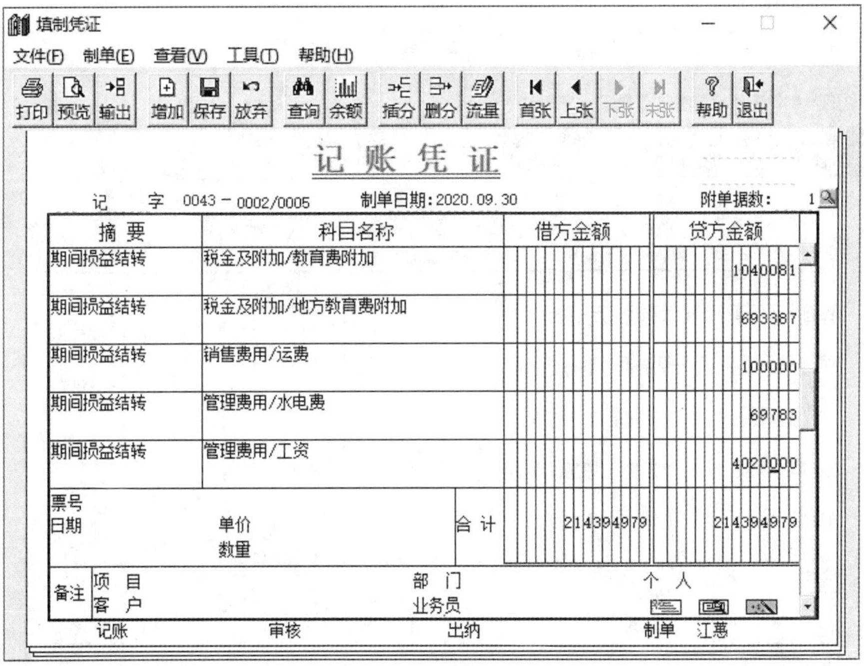

摘要	科目名称	借方金额	贷方金额
期间损益结转	税金及附加/教育费附加		1040081
期间损益结转	税金及附加/地方教育费附加		693387
期间损益结转	销售费用/运费		100000
期间损益结转	管理费用/水电费		69783
期间损益结转	管理费用/工资		4020000
票号 日期 单价 数量	合计	214394979	214394979
备注 项目 客户	部门 业务员	个人	

图 2-181 结转支出 2

图 2-182　结转支出 3

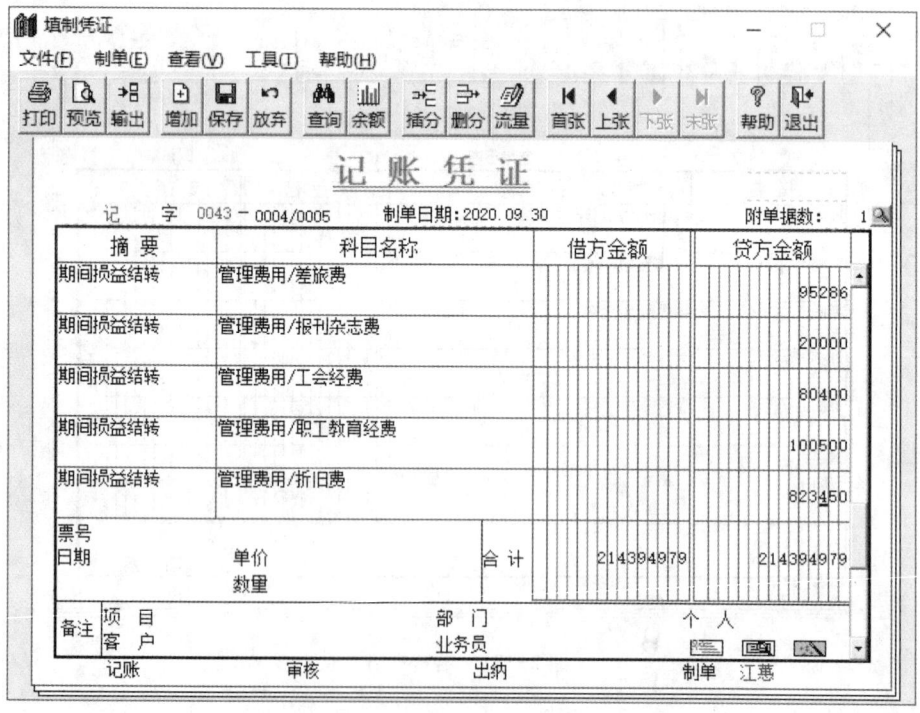

图 2-183　结转支出 4

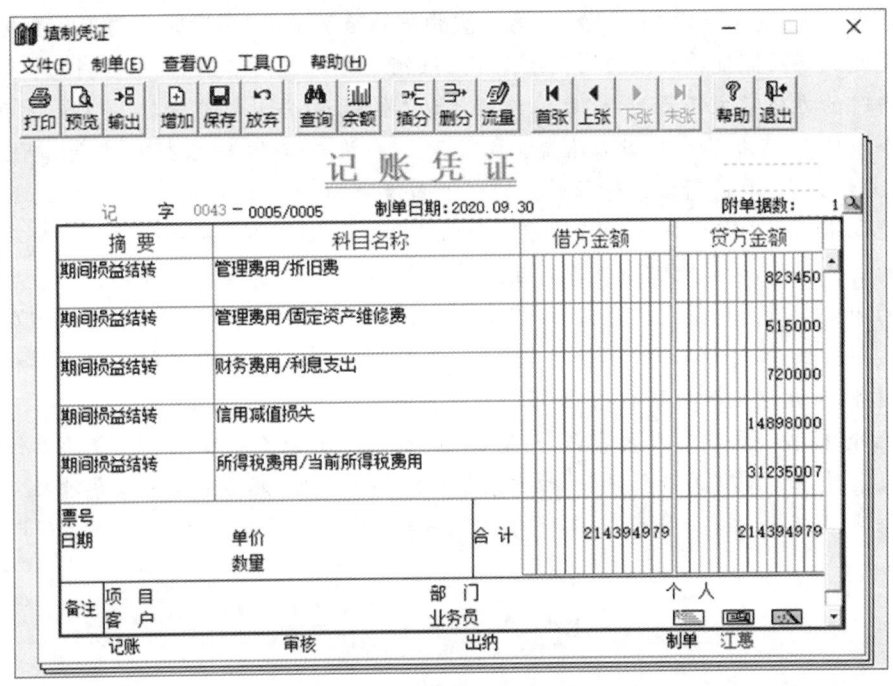

图 2-184　结转支出 5

4. 任务实施评价

请扫描以下二维码,认真观看本任务规范操作视频,检查任务实施过程,并完成自我评价。

自我评价：

_____

_____

二、思政小课堂

虚开发票假报销,套现吸金终败露

党的二十大报告指出：经过不懈努力,党找到了自我革命这一跳出治乱兴衰历史周期率的第二个答案,自我净化、自我完善、自我革新、自我提高能力显著增强。

这些年,国家"打虎""拍蝇""猎狐"多管齐下,反腐败斗争取得压倒性胜利并全面巩固,消除了党、国家、军队内部存在的严重隐患,确保党和人民赋予的权力始终用来为人民谋幸福。

2016 年,三亚市城郊人民检察院指控三亚某园林开发公司总经理周某利用职务之便,通过购买虚假发票和虚开发票的方式贪污公款。

调查发现，周某常以"会务费"的名义虚构单位旅游活动，事后通过虚开发票或从不法人员处购得的假发票交给公司财务部门，报销其个人消费。2011年6月，周某就曾授意当时的办公室主任吴某以"单位旅游活动"为由，向公司财务借款56 000元现金，供其个人使用。为了冲抵此次借款，周某通过向海南某假期旅行社支付增值税额4 480元的方式，取得了该旅行社开具的一张面值为56 000元的发票。同时，周某不知从何处取得了一份与该发票对应的旅游合同。"处事周到"的周某担心这些材料不符合公司的财务制度，于是特意在发票后面签上了自己的名字，并在旅游合同上加盖了自己公司的印章。为使材料更具可信性，周某还"发动"了办公室的两名心腹，让他们在发票后面签字验证，真可谓"用心良苦"。这样一来万事俱备，周某顺利地将这份发票和合同拿到财务处，用它们冲抵了自己的56 000元借款。

此外，根据公司内部人员指证，周某自2008年开始除了经常以未举办的单位活动套现吸金外，还常以"预借引种费"为由向公司财务借现金，然后购买假发票冲抵。

据法院调查核实，周某在位期间共贪污公款71万余元，最终被判处有期徒刑13年。

工作领域三　企业期末财务系统处理

一、会计电算化软件审核记账岗位任务

(一) 岗位任职要求

该岗位负责对输入计算机的会计数据(记账凭证和原始凭证)的真实性、合法性、完整性进行审核；操作会计软件登记机内账簿，没有审核的凭证不能记账；对打印输出的账簿、报表进行确认审核。

(二) 岗位目标能力

(1) 知识目标：负责对输入计算机的会计数据(记账凭证和原始凭证)的真实性、合法性、完整性进行审核。

(2) 能力目标：操作会计软件登记机内账簿，没有审核的凭证不能记账；对打印输出的账簿、报表进行确认审核。

(3) 素质目标：了解企业基础财务信息数据的构成、编辑和使用。

(4) 思政目标：提升自己作为未来财务人员的诚实守信、廉洁自律、客观公正、坚持准则、提高技能、参与管理、强化服务的职业精神。

(三) 典型工作任务

【工作任务 1】出纳签字

1. 任务实施目标

在适当的时间以"53103"的身份进行出纳签字。

2. 任务实施过程

以 53103 张彦宏的身份登录，日期为 2020 年 9 月 30 日。

执行"总账"—"凭证"—"出纳签字"命令(见图 3-1)，点击【确认】按钮，随意点击一条记录后依次点击【出纳】【成批出纳签字】【确定】按钮。

![出纳签字表格]

图3-1 出纳签字

3. 任务实施评价

请扫描以下二维码，认真观看本任务规范操作视频，检查任务实施过程，并完成自我评价。

自我评价：
_____
_____

【工作任务2】凭证审核及凭证记账

1. 任务实施目标

在适当的时间以"53101"的身份进行凭证审核以及凭证记账等操作。

2. 任务实施过程

以53101李云的身份登录，日期为2020年9月30日。

（1）执行"总账"—"凭证审核"命令（见图3-2），点击【确认】按钮，随意点击一条记录后依次点击【审核】【成批审核】【确定】按钮。

（2）执行"总账"—"记账"命令（见图3-3）。

查询凭证						
凭证共 43 张　　□已审核 43 张　　□未审核 0 张						
制单日期	凭证编号	摘要	借方金额合计	贷方金额合计	制单人	审核
2020.09.01	记-0001	冲销暂估	-119,000.00	-119,000.00	江蕙	李
2020.09.03	记-0002	票据贴现	210,526.32	210,526.32	江蕙	李
2020.09.04	记-0003	采购材料	170,590.00	170,590.00	江蕙	李
2020.09.06	记-0004	支付货款	114,890.00	114,890.00	江蕙	李
2020.09.09	记-0005	支付上月工资并代扣三险	70,000.00	70,000.00	江蕙	李
2020.09.11	记-0006	扣缴上月增值税	28,000.00	28,000.00	江蕙	李
2020.09.11	记-0007	扣缴上月税费	3,360.00	3,360.00	江蕙	李
2020.09.11	记-0008	扣缴企业所得税	58,620.00	58,620.00	江蕙	李
2020.09.11	记-0009	扣缴个人所得税	125.11	125.11	江蕙	李
2020.09.12	记-0010	支付社会保险费	29,840.80	29,840.80	江蕙	李
2020.09.12	记-0011	支付住房公积金	14,304.00	14,304.00	江蕙	李
2020.09.13	记-0012	接受货币资金投资	1,800,000.00	1,800,000.00	江蕙	李

图 3-2　凭证审核

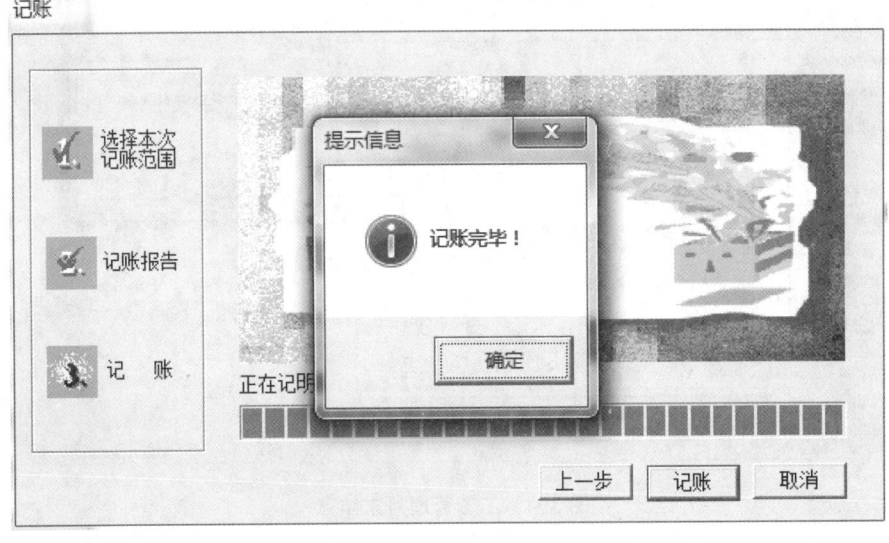

图 3-3　记账

3. 任务实施评价

请扫描以下二维码，认真观看本任务规范操作视频，检查任务实施过程，并完成自我评价。

自我评价：
_____
_____

【工作任务3】完成各个系统结账

1. 任务实施目标

在月底适当的时间以"53101"的身份完成各个系统结账。

2. 任务实施过程

以53101李云的身份登录，日期为2020年9月30日。

分别进入"工资管理"（见图3-4）、"固定资产"（见图3-5）、"核算管理"（见图3-6）模块进行月末结账，最后进入"总账系统"模块，点击【月末结账】按钮连续进行"下一步"直至结账成功（见图3-7）。

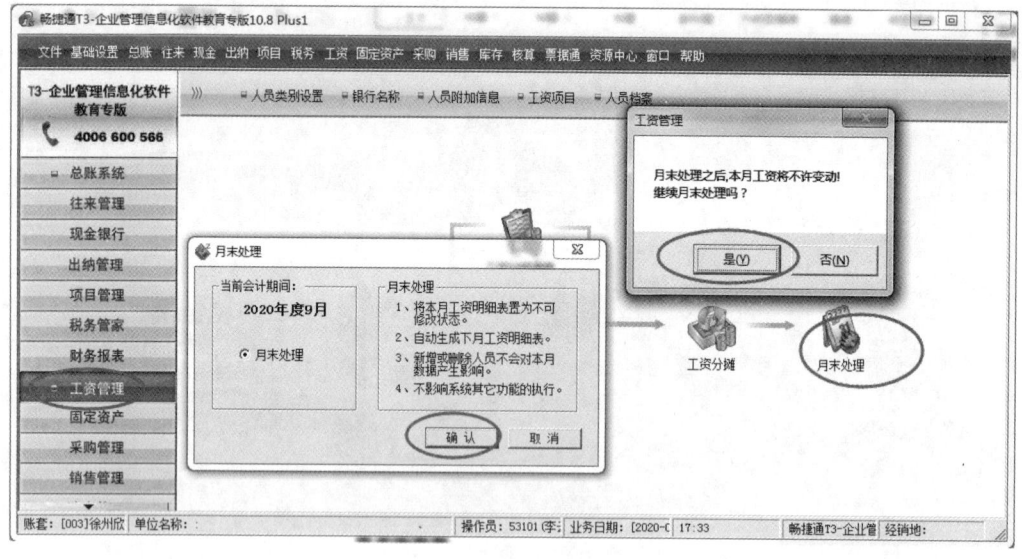

图3-4　工资管理月末结账

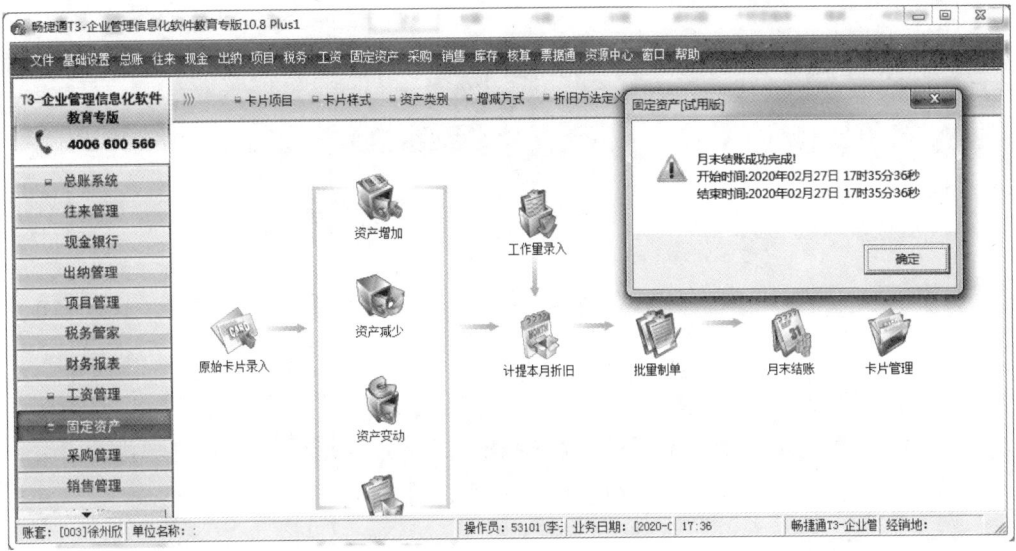

图 3-5　固定资产月末结账

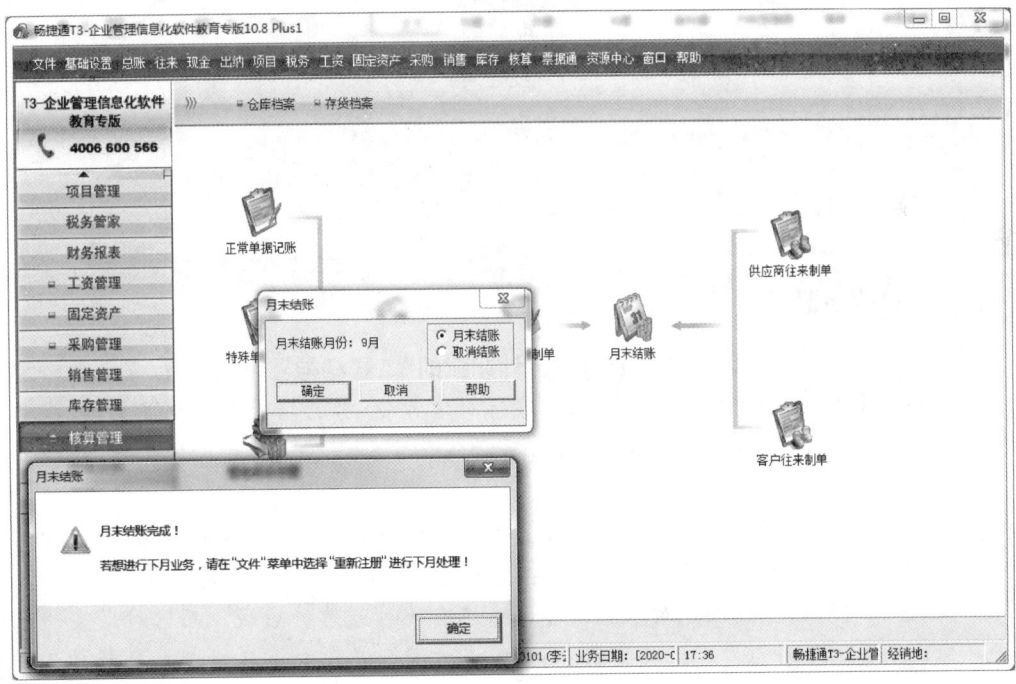

图 3-6　核算管理月末结账

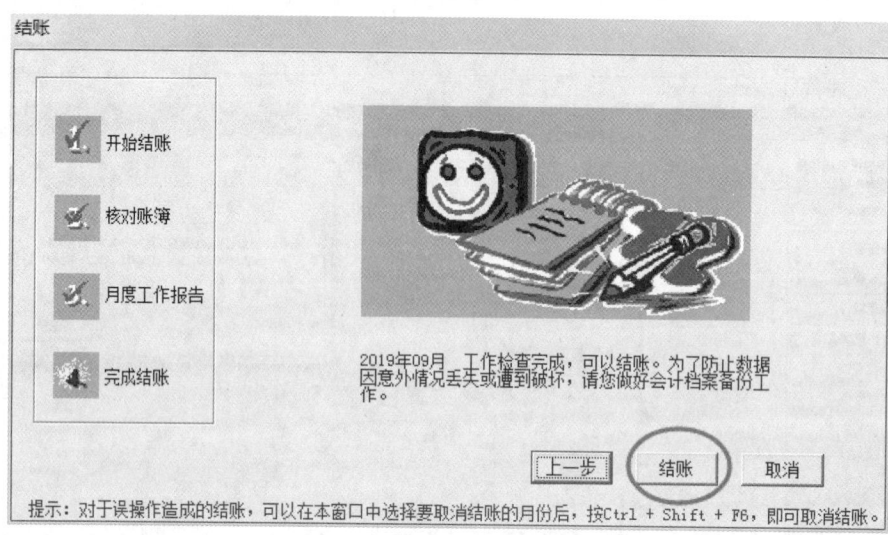

图 3-7　总账月末结账

4. 任务实施评价

请扫描以下二维码,认真观看本任务规范操作视频,检查任务实施过程,并完成自我评价。

自我评价：

_____

_____

二、思政小课堂

以敬畏之心打造会计职业的"工匠精神"

党的二十大报告提出：加快建设国家战略人才力量,努力培养造就更多大师、战略科学家、一流科技领军人才和创新团队、青年科技人才、卓越工程师、大国工匠、高技能人才。

提到人才培养就绕不开"工匠精神"。"工匠精神"的实质在于对质量的严格把控,对专业的无限专注,对事业的始终坚守,这与会计人员的精神内核高度契合。

"工匠精神",归根到底是对本职工作始终怀有一种天然的敬畏。而这种敬畏的根源一方面来自工匠对自身道德良知的考量,另一方面则是出自个体对于自身所肩负责任的一种勇敢担当。可以说,工匠精神的核心是责任心,而责任心不仅仅是一种精神,更是一种优秀的品格,体现着一个人的觉悟与修养。打造会计行业的"工匠精神",关键在于广大会计人员要以高度的责任心对待每一笔经济业务记录、每一次期末结账、每一份报告,以无限的上进心提升自身专业素养,将强烈的事业心贯穿于职业生涯的始终。

工作领域四　企业报表编辑题

一、会计电算化软件主管岗位任务

（一）岗位任职要求

该岗位由各财务核算单位设立，负责对本单位的会计事项进行会计处理并及时输入记账凭证等会计数据，输出记账凭证、会计账簿、报表，进行部分会计数据处理工作；负责会计资料的整理、登记、保管、保密工作；负责建立健全会计档案借阅、使用登记制度。

（二）岗位目标能力

（1）知识目标：利用用友畅捷通 T3 财务软件，熟练掌握识别原始凭证、完成会计核算处理、录入记账凭证、登记查询会计账簿、生成财务报表等操作流程。

（2）能力目标：根据企业典型业务原始凭证数据信息，完成企业日常典型业务核算处理。

（3）素质目标：了解企业基础财务信息数据的构成、编辑和使用。

（4）思政目标：提升自己作为未来财务人员的诚实守信、廉洁自律、客观公正、坚持准则、提高技能、参与管理、强化服务的职业精神。

（三）典型工作任务

【工作任务 1】资产负债表编制

1. 任务实施目标

调用相应模板，编辑并生成 2020 年 9 月资产负债表，以"欣阳资产负债表 2009.rep"的文件名保存到新建文件夹中。

2. 任务实施过程

以 53101 李云的身份登录，日期为 2020 年 9 月 30 日。

（1）进入"财务报表"模块，执行"文件"—"新建"命令，选择"一般企业（2007 年新会计准则）"复选框，双击"资产负债表"进行编辑（见图 4-1）。

（2）系统中默认的项目存在错误公式的，可在左下角处于【格式】状态下，双击"应收账款"项目的期末余额栏的"公式单元"格（见图 4-2），通过函数向导的用友账务函数，编辑"应收账款"的公式（见图 4-3），编辑结果如图 4-4 所示，同理，对"应付账款"（见图 4-5）"预付款项"（见图 4-6）"预收款项"（见图 4-7）"未分配利润"（见图 4-8）"应交税费"（见图 4-9）和"其他流动资产"（见图 4-10）等项目的期末余额和年初余额作相应更正。

■ 会计综合化项目实训(用友畅捷通 T3)

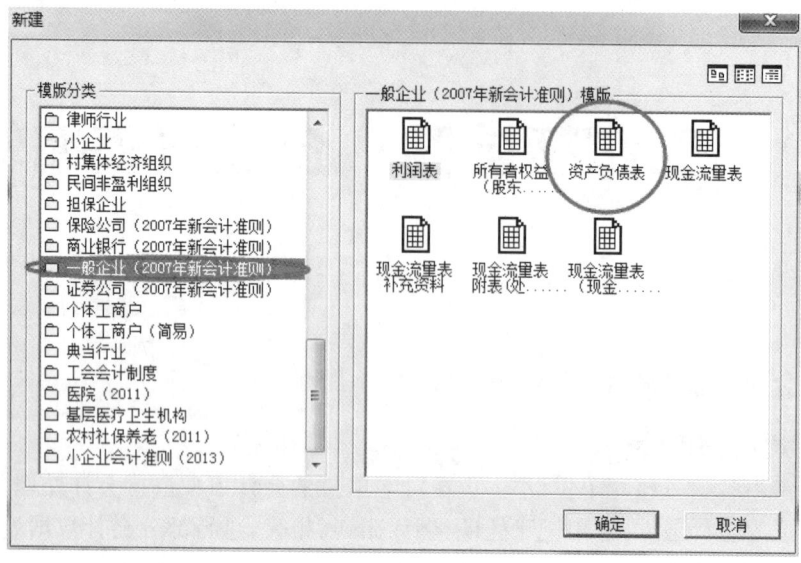

图 4-1 新建资产负债表

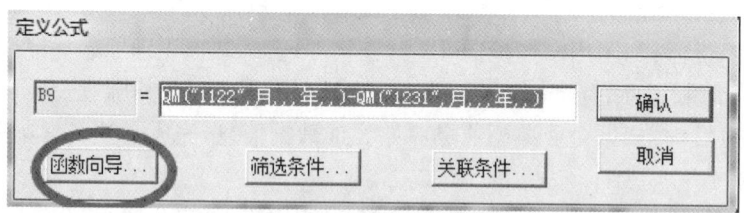

图 4-2 函数向导界面

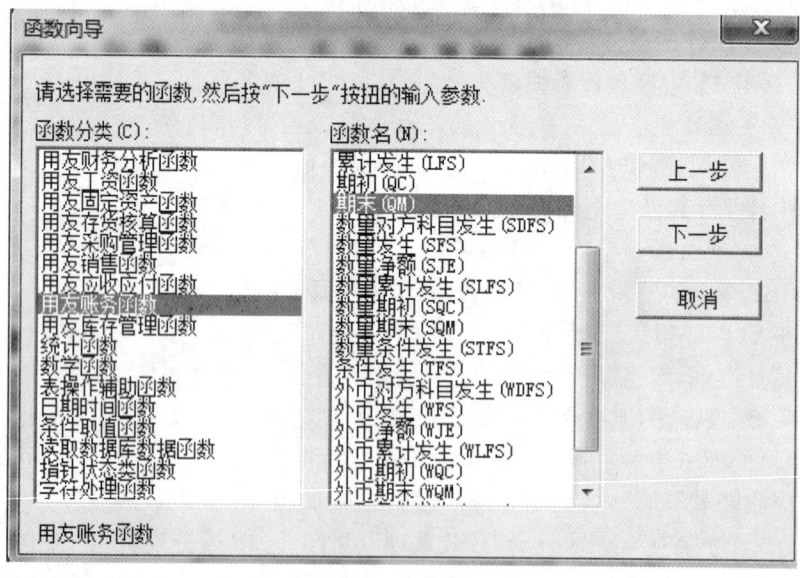

图 4-3 函数编辑

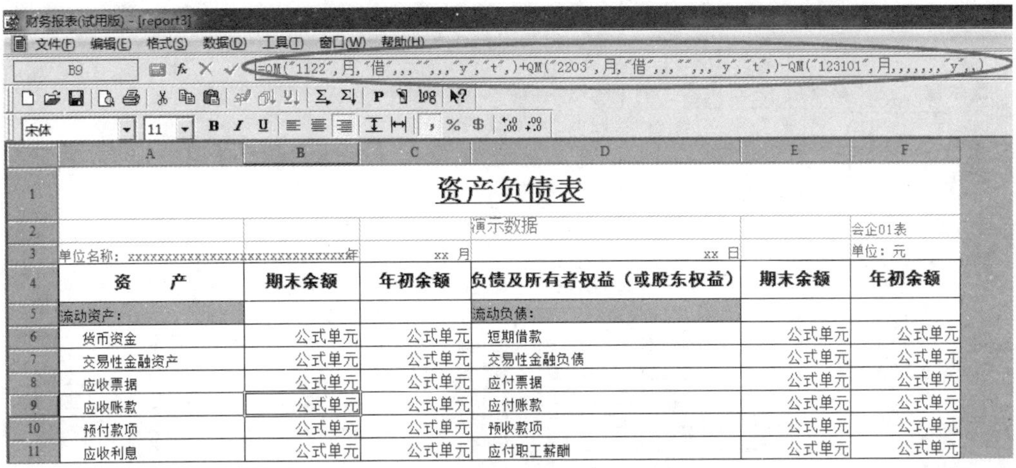

图 4-4 应收账款期末余额公式

公式栏：`=QM("1122",月,"借",,,,,,"y","t",)+QM("2203",月,"借",,,,,,"y","t",)-QM("123101",月,,,,,,,"y",,)`

资产负债表

演示数据

会企01表

单位名称：xxxxxxxxxxxxxxxxxxxxxxxx年　　xx 月　　xx 日　　单位：元

资　　产	期末余额	年初余额	负债及所有者权益（或股东权益）	期末余额	年初余额
流动资产：			流动负债：		
货币资金	公式单元	公式单元	短期借款	公式单元	公式单元
交易性金融资产	公式单元	公式单元	交易性金融负债	公式单元	公式单元
应收票据	公式单元	公式单元	应付票据	公式单元	公式单元
应收账款	公式单元	公式单元	应付账款	公式单元	公式单元
预付款项	公式单元	公式单元	预收款项	公式单元	公式单元
应收利息	公式单元	公式单元	应付职工薪酬	公式单元	公式单元

图 4-4　应收账款期末余额公式

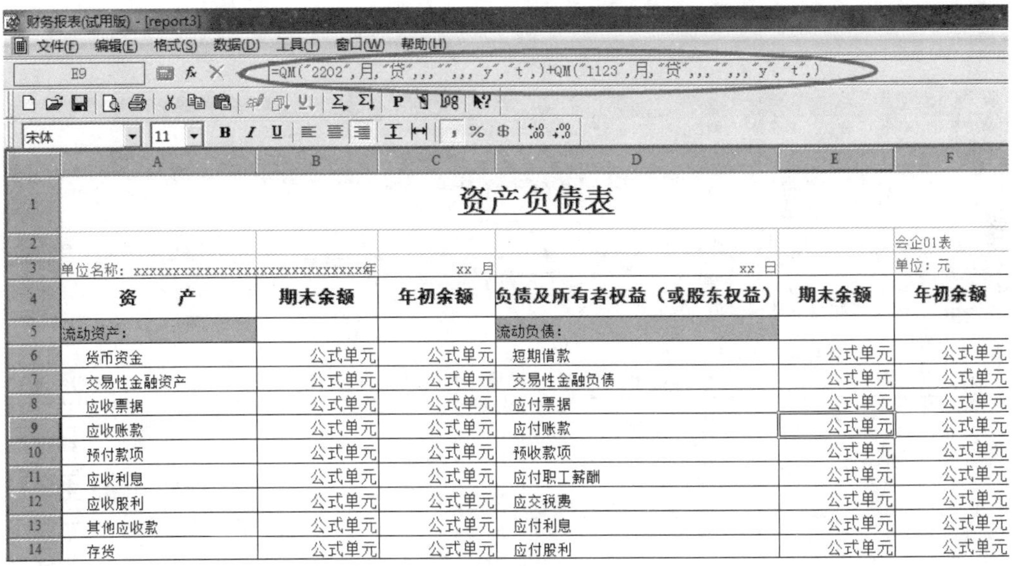

图 4-5 应付账款期末余额公式

公式栏：`=QM("2202",月,"贷",,,,,,"y","t",)+QM("1123",月,"贷",,,,,,"y","t",)`

资产负债表

会企01表

单位名称：xxxxxxxxxxxxxxxxxxxxxxxx年　　xx 月　　xx 日　　单位：元

资　　产	期末余额	年初余额	负债及所有者权益（或股东权益）	期末余额	年初余额
流动资产：			流动负债：		
货币资金	公式单元	公式单元	短期借款	公式单元	公式单元
交易性金融资产	公式单元	公式单元	交易性金融负债	公式单元	公式单元
应收票据	公式单元	公式单元	应付票据	公式单元	公式单元
应收账款	公式单元	公式单元	应付账款	公式单元	公式单元
预付款项	公式单元	公式单元	预收款项	公式单元	公式单元
应收利息	公式单元	公式单元	应付职工薪酬	公式单元	公式单元
应收股利	公式单元	公式单元	应交税费	公式单元	公式单元
其他应收款	公式单元	公式单元	应付利息	公式单元	公式单元
存货	公式单元	公式单元	应付股利	公式单元	公式单元

图 4-5　应付账款期末余额公式

图 4-6 预付款项期末余额公式

图 4-7 预收款项期末余额公式

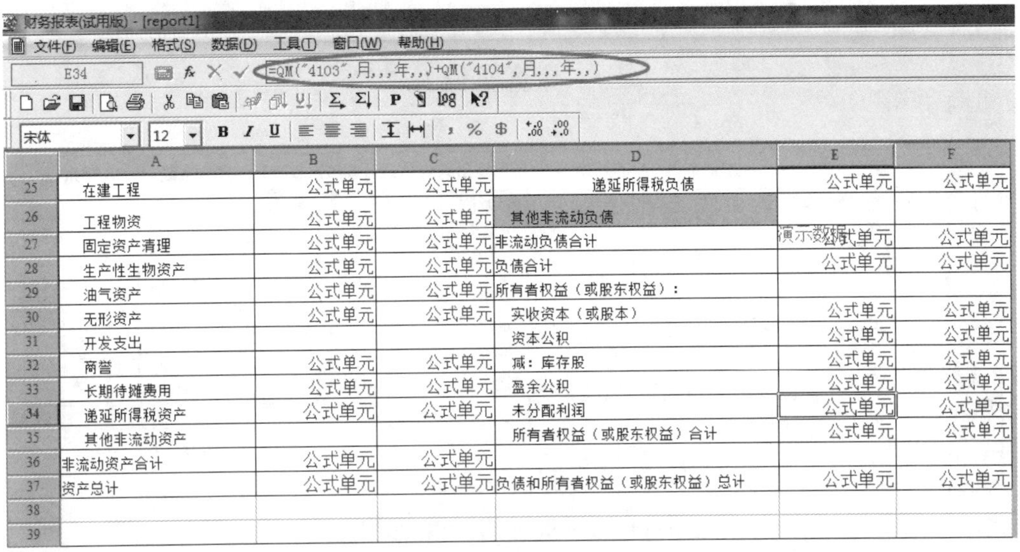

	A	B	C	D	E	F
25	在建工程	公式单元	公式单元	递延所得税负债	公式单元	公式单元
26	工程物资	公式单元	公式单元	其他非流动负债		
27	固定资产清理	公式单元	公式单元	非流动负债合计	演示数据公式单元	公式单元
28	生产性生物资产	公式单元	公式单元	负债合计	公式单元	公式单元
29	油气资产	公式单元	公式单元	所有者权益（或股东权益）：		
30	无形资产	公式单元	公式单元	实收资本（或股本）	公式单元	公式单元
31	开发支出			资本公积	公式单元	公式单元
32	商誉	公式单元	公式单元	减：库存股	公式单元	公式单元
33	长期待摊费用	公式单元	公式单元	盈余公积	公式单元	公式单元
34	递延所得税资产	公式单元	公式单元	未分配利润	公式单元	公式单元
35	其他非流动资产			所有者权益（或股东权益）合计	公式单元	公式单元
36	非流动资产合计	公式单元	公式单元			
37	资产总计	公式单元	公式单元	负债和所有者权益（或股东权益）总计	公式单元	公式单元
38						
39						

图 4-8　未分配利润期末余额公式

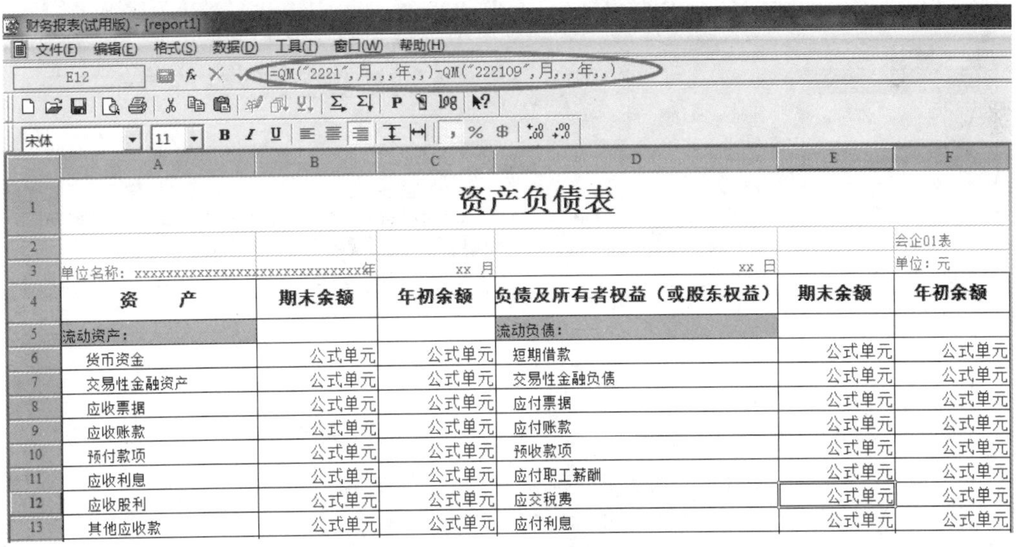

	A	B	C	D	E	F
1	资产负债表					
2						会企01表
3	单位名称：xxxxxxxxxxxxxxxxxxxxxxxxxxxxxxxx年		xx 月	xx 日		单位：元
4	资　产	期末余额	年初余额	负债及所有者权益（或股东权益）	期末余额	年初余额
5	流动资产：			流动负债：		
6	货币资金	公式单元	公式单元	短期借款	公式单元	公式单元
7	交易性金融资产	公式单元	公式单元	交易性金融负债	公式单元	公式单元
8	应收票据	公式单元	公式单元	应付票据	公式单元	公式单元
9	应收账款	公式单元	公式单元	应付账款	公式单元	公式单元
10	预付款项	公式单元	公式单元	预收款项	公式单元	公式单元
11	应收利息	公式单元	公式单元	应付职工薪酬	公式单元	公式单元
12	应收股利	公式单元	公式单元	应交税费	公式单元	公式单元
13	其他应收款	公式单元	公式单元	应付利息	公式单元	公式单元

图 4-9　应交税费期末余额公式

注："应交税费——待抵扣进项税额"科目期末出现借方余额，期末编制报表时应列示在"其他流动资产"项目中。

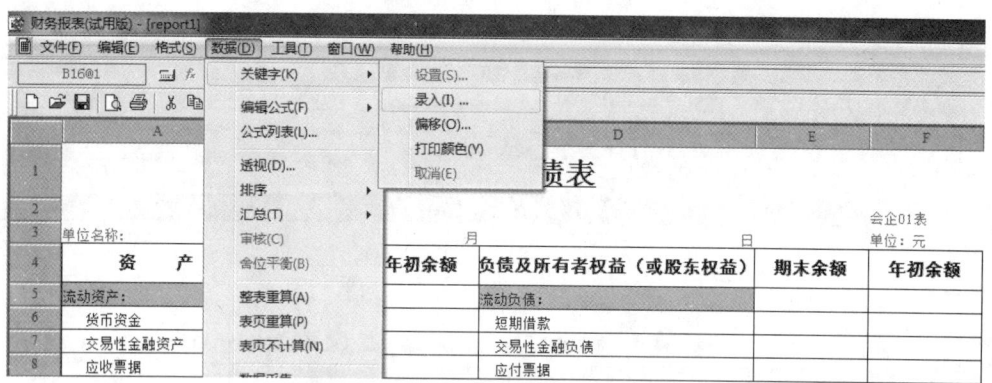

图 4-10 其他流动资产期末余额公式

（3）点击左下角【格式】按钮，切换成【数据】状态，执行"数据"—"关键字"—"录入"（见图 4-11）后录入企业名称和编制日期（见图 4-12）。重新计算后，报表结果如图 4-13 所示。

图 4-11 关键字录入

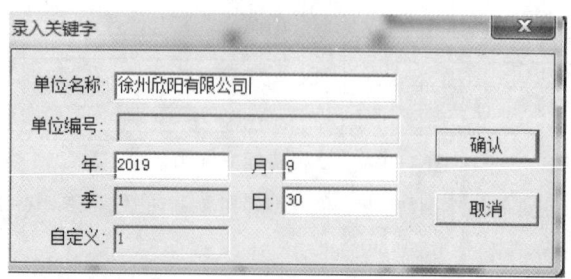

图 4-12 录入关键字界面

资产负债表

会企01表
单位名称：徐州欣阳有限公司　　2020 年 9 月 30 日　　单位：元

资产	期末余额	年初余额	负债及所有者权益（或股东权益）	期末余额	年初余额
流动资产：			流动负债：		
货币资金	4,971,409.87	2,931,375.12	短期借款		
交易性金融资产			交易性金融负债		
应收票据		210,526.32	应付票据		
应收账款	3,425,130.00	543,660.00	应付账款	220,590.00	233,890.00
预付款项	69,189.36	216,289.36	预收款项		
应收利息			应付职工薪酬	109,697.20	102,473.20
应收股利			应交税费	700,646.94	89,980.00
其他应收款	950.00	51,800.00	应付利息		
存货	750,512.42	1,907,131.43	应付股利		
一年内到期的非流动资产			其他应付款	40.00	1,170.00
其他流动资产			一年内到期的非流动负债		
流动资产合计	9,217,191.65	5,860,782.23	其他流动负债		
非流动资产：	演示数据		流动负债合计	1,030,974.14	427,513.20
可供出售金融资产			非流动负债：		
持有至到期投资			长期借款		
长期应收款			应付债券		
长期股权投资			长期应付款		
投资性房地产			专项应付款		
固定资产	2,075,107.70	2,098,564.80	预计负债		
在建工程	1,657,558.83	1,650,000.00	递延所得税负债		
工程物资			其他非流动负债		
固定资产清理			非流动负债合计		
生产性生物资产			负债合计	1030974.14	427513.20
油气资产			所有者权益（或股东权益）：		
无形资产			实收资本（或股本）	4,800,000.00	3,000,000.00
开发支出			资本公积	500,000.00	500,000.00
商誉			减：库存股		
长期待摊费用			盈余公积	400,000.00	400,000.00
递延所得税资产			未分配利润	6218884.04	5281833.83
其他非流动资产			所有者权益（或股东权益）合计	11,918,884.04	9,181,833.83
非流动资产合计	3732666.53	3748564.80			
资产总计	12949858.18	9609347.03	负债和所有者权益（或股东权益）总计	12949858.18	9609347.03

图 4-13　资产负债表

（4）执行"文件"—"另存为"将文件按照题目要求命名并保存到指定位置。

3. 任务实施评价

请扫描以下二维码，认真观看本任务规范操作视频，检查任务实施过程，并完成自我评价。

自我评价：
_____
_____

【工作任务 2】利润表编制

1. 任务实施目标

调用相应模板，编辑并生成 2020 年 9 月利润表，以"欣阳利润表 2009.rep"的文件名保存到新建文件夹中。

2. 任务实施过程

以 53101 李云的身份登录，日期为 2020 年 9 月 30 日。

(1) 进入"财务报表"模块，执行"文件"—"新建"命令，选择"一般企业（2007 年新会计准则）"，双击【利润表】按钮进行编辑（见图 4-14）。

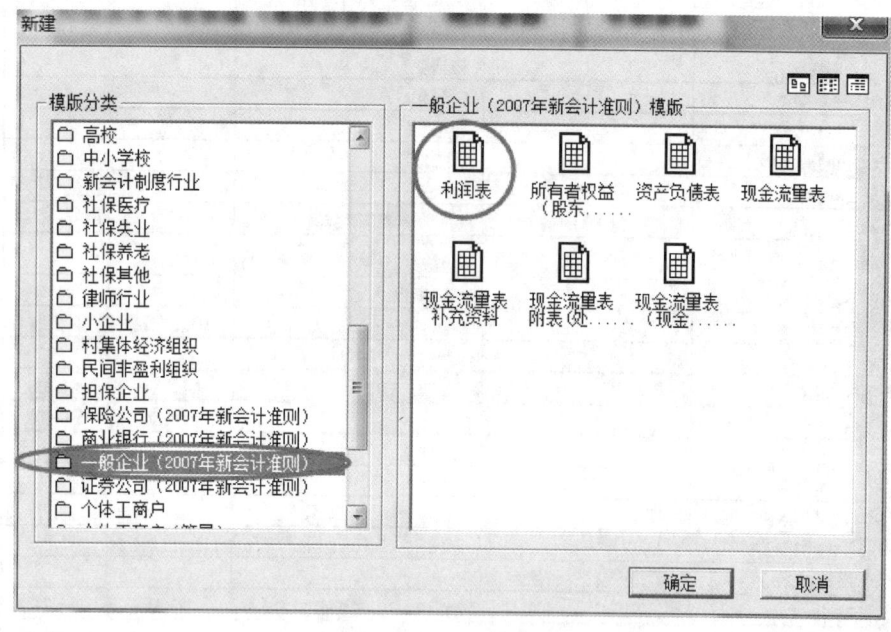

图 4-14　新建利润表

(2) 系统中默认的项目中存在错误公式，在【格式】状态下，对"营业利润"本期金额作相应更正（见图 4-15）。

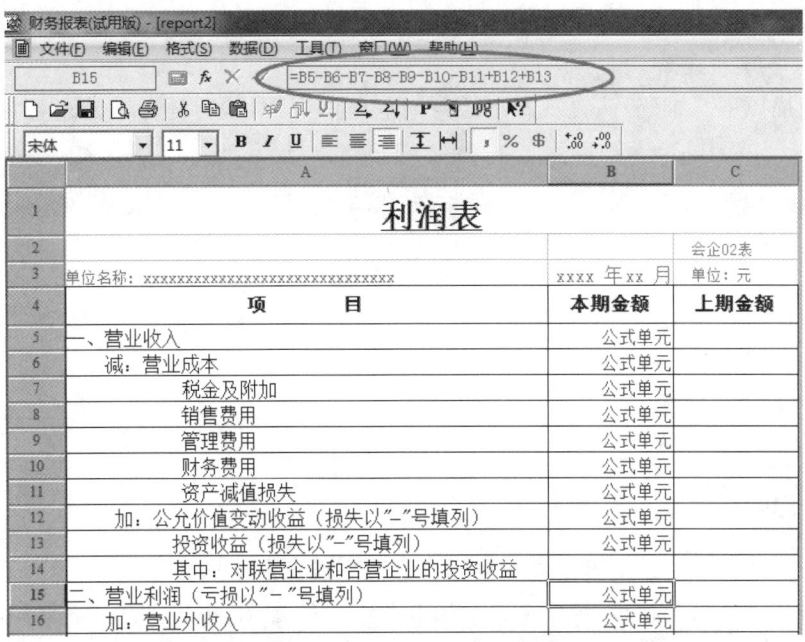

图 4-15 "营业利润"本期金额公式

(3) 点击左下角【格式】按钮,切换成【数据】状态,执行"数据"—"关键字"—"录入"后录入企业名称和编制日期,重新计算后,利润表结果(见图 4-16)。

	A	B	C
1	利润表		
2			会企02表
3	单位名称:徐州欣阳有限公司	2020 年 9 月	单位:元
4	项 目	本期金额	上期金额
5	一、营业收入	3081000.00	
6	减:营业成本	1,555,914.00	
7	营业税金及附加	41,603.23	
8	销售费用	1,000.00	
9	管理费用	76,902.49	
10	财务费用	7,200.00	
11	资产减值损失	148,980.00	
12	加:公允价值变动收益(损失以"-"号填列)		
13	投资收益(损失以"-"号填列)		
14	其中:对联营企业和合营企业的投资收益		
15	二、营业利润(亏损以"-"号填列)	1,249,400.28	
16	加:营业外收入		
17	减:营业外支出		
18	其中:非流动资产处置损失		
19	三、利润总额(亏损总额以"-"号填列)	1,249,400.28	
20	减:所得税费用	312,350.07	
21	四、净利润(净亏损以"-"号填列)	937,050.21	
22	五、每股收益		
23	(一)基本每股收益		
24	(二)稀释每股收益		

图 4-16 利润表

(4) 执行"文件"—"另存为"将文件按照题目要求命名并保存到指定位置。

3. 任务实施评价

请扫描以下二维码，认真观看本任务规范操作视频，检查任务实施过程，并完成自我评价。

自我评价：

二、思政小课堂

上市公司财务报表造假手段及危害探讨

党的二十大报告指出：增强全党全国各族人民的志气、骨气、底气，不信邪、不怕鬼、不怕压，知难而进、迎难而上，统筹发展和安全，全力战胜前进道路上各种困难和挑战，依靠顽强斗争打开事业发展新天地。

在前进道路上，财务人员必须坚持发扬斗争精神，杜绝财务造假行为。

经济高速发展背景下，企业间的竞争愈发激烈，为进一步凸显自身核心竞争力，重视经营管理有效性，企业需依托内部各类财务报表分析，准确估测其实际运营水平及财务状况，判定企业发展前景。然而，由于部分上市公司为达到高层的业绩目标，利用超出相关法律红线之外方式对财务报表造价，致使财务信息失真，不仅影响国家及投资者利益，而且不利于我国证券公司良好发展。因此，我们需准确辨识财务报表造假特征，采取针对性防范措施。

（一）不利于上市公司自身长远发展

从本质层面分析，财务报表作为上市公司经营活动及成果反映，若在报表中进行作假，无法客观、真实反映公司内部经营状况，管理决策者基于此类数据信息采取决策，对企业未来经营活动预测、规划等方面失真，不利于凸显公司核心竞争力。若上市公司管理者出乎利益考量对财务报表进行作假，即便获取短期利益，但从战略层面观测此类会计信息难以持续性维系，最终会计价值难以发挥，长此以往公司管理层难以获取全面、真实的数据，管理和决策均无据可依，致使管理难以实现可控化。

（二）损害利益相关方利益

现阶段，部分潜在的投资人员主要将目光放置于企业披露财务报表中，以及判定上市公司实际经营状况，未来发展趋势，譬如银行机构凭借财务报表决定是否为企业贷款、金额等；上市企业员工也会根据公司季度、年度财务报表，判定企业未来发展趋势，企业实际状况是否与自身期望匹配；政府根据上市公司财务报表，宏观掌握国家经济营运状况，以此出台相关政策，失真的财务报表信息难以为政府提供决策参考，最终影响企业良好发展。

附　　录

教学测试

二维码中设置了一个完整月份的经济业务，请打开二维码中的文件，完成相应的账务处理。

题目

云训练